A propensão das coisas

FUNDAÇÃO EDITORA DA UNESP

Presidente do Conselho Curador
Mário Sérgio Vasconcelos

Diretor-Presidente
Jézio Hernani Bomfim Gutierre

Superintendente Administrativo e Financeiro
William de Souza Agostinho

Conselho Editorial Acadêmico
Carlos Magno Castelo Branco Fortaleza
Henrique Nunes de Oliveira
João Francisco Galera Monico
João Luís Cardoso Tápias Ceccantini
José Leonardo do Nascimento
Lourenço Chacon Jurado Filho
Paula da Cruz Landim
Rogério Rosenfeld
Rosa Maria Feiteiro Cavalari

Editores-Assistentes
Anderson Nobara
Leandro Rodrigues

FRANÇOIS JULLIEN

A propensão das coisas
Por uma história da eficácia na China

Tradução
Mariana Echalar

© Éditions du Seuil, 1992

Título original: *La Propension des choses: Pour une histoire de l'efficacité en Chine*

Cet ouvrage, publié dans le cadre du Programme d'Aide à la Publication 2015, a bénéficié du soutien de l'Institut Français du Brésil.

Este livro, publicado no âmbito do Programa de Apoio à Publicação 2015, contou com o apoio do Instituto Francês do Brasil.

Direitos de publicação reservados à:

Fundação Editora da Unesp (FEU)
Praça da Sé, 108
01001-900 – São Paulo – SP
Tel.: (0xx11) 3242-7171
Fax: (0xx11) 3242-7172
www.editoraunesp.com.br
www.livrariaunesp.com.br
feu@editora.unesp.br

CIP – Brasil. Catalogação na publicação
Sindicato Nacional dos Editores de Livros, RJ

J91p

Jullien, François, 1951-
 A propensão das coisas: por uma história da eficácia na China / François Jullien; tradução Mariana Echalar. – 1.ed. – São Paulo: Editora Unesp, 2017.

Tradução de: *La Propension des choses: Pour une histoire de l'efficacité en Chine*
 ISBN: 978-85-393-0663-3

 1. China – Usos e costumes. 2. China – Língua e cultura.
3. China – História. I. Echalar, Mariana. II. Título.

17-40537   CDD: 951
                  CDU: 94(510)

Editora afiliada:

A minha mãe,
o último verão.
Guillestre, 1990.

Sumário

Lista das ilustrações . *11*

Introdução . *13*
I. Entre estatismo e dinamismo – II. Uma ambiguidade embaraçosa: a palavra *che* ("posição", "circunstâncias" – "poder", "energia") – III. Convergências entre campos: potencialidade em ação na configuração, bipolaridade funcional, tendência à alternância – IV. Uma palavra que revela uma cultura – V. O arrostamento de nossos *partis pris* filosóficos – VI. Remontando às origens de nossas interrogações

Advertência ao leitor . *23*

I

1 O potencial nasce da disposição (em estratégia) . *27*
I. A vitória é determinada antes do confronto – II. Noção de potencial nascido da disposição – III. Prioridade da relação de força sobre as virtudes humanas e eliminação de qualquer determinação sobrenatural – IV. Variabilidade circunstancial

François Jullien

e renovação do dispositivo – V. Principal originalidade: dispensar do confronto

2   A posição é o fator determinante(em política) . *47*
I. A eficácia é extrínseca à personalidade – II. A posição política é exercida como relação de força – III. A posição de soberania como instrumento do totalitarismo – IV. Automaticidade do dispositivo do poder – V. Radicalidade da concepção chinesa

Conclusão I – Uma lógica da manipulação . *73*
I. Analogias dos dispositivos estratégico e político – II. Moralistas contra realistas – III. Compromissos teóricos e convergências de base – IV. O compromisso histórico e a originalidade chinesa – V. A arte da manipulação

II

3   O elã da forma, o efeito do gênero . *93*
I. Ausência de *mímesis*: a arte concebida como atualização do dinamismo universal – II. Forma-força na caligrafia – III. Tensão da configuração na pintura – IV. O dispositivo estético – V. Configuração literária e propensão de efeito – VI. Diferença em relação à noção de estilo

4   Linhas da vida através da paisagem . *115*
I. Linhas da vida na geomancia – II. Efeito de distanciamento e redução estética – III. O movimento de conjunto da paisagem – IV. O efeito da distância no espaço poético

5   Disposições eficazes, por séries . *135*
I. Listas técnicas – II. Disposições eficazes da mão e do corpo – III. Posições que melhor encarnam a eficácia do movimento –

8

A propensão das coisas

IV. Disposições estratégicas na poesia – V. O dispositivo discursivo e a "profundidade" poética

6 O dinamismo é contínuo . *167*
I. Uma *comunhão de evidências* – II. A propensão ao encadeamento: na caligrafia – III. Na pintura – IV. Na poesia – V. No romance

Conclusão II – O motivo do dragão . *195*

III

7 Situação e tendência em história . *223*
I. O que é uma situação histórica? – II. Necessidade histórica da transformação (do feudalismo à burocracia) – III. A tendência à alternância – IV. A lógica da contraversão – V. Estratégia moral: a situação histórica como dispositivo que se deve manipular – VI. Ilustração: a tendência à renovação na literatura – VII. A concepção chinesa da História não leva a uma conclusão e não consiste em um relato de eventos – VIII. Explicação causal e interpretação tendencial

8 A propensão em ação na realidade . *283*
I. O pouco interesse da tradição chinesa pela explicação causal – II. O sentido da propensão natural – III. Desmistificação religiosa e interpretação tendencial – IV. O dispositivo da realidade e sua manipulação – V. A noção de "tendência lógica" e a interpretação dos fenômenos da natureza – VI. Tendência e lógica são indissociáveis – VII. Crítica do idealismo metafísico e ideologia da ordem – VIII. A tendência concreta revela o princípio regulador; reversibilidade da relação entre eles – IX. Crítica do "realismo" político: princípio e tendência acom-

François Jullien

panham-se – X. A concepção chinesa não é nem mecanicista nem finalista – XI. Ausência de uma teoria da causalidade: nem sujeito nem motor – XII. Propensão por interação espontânea ou aspiração a Deus

Conclusão III – Conformismo e eficácia . 335
I. Nem heroísmo trágico nem contemplação desinteressada. II. O sistema fechado de uma disposição evoluindo exclusivamente em função da interação dos polos – III. Sabedoria ou estratégia: conformar-se à propensão

Lista das ilustrações

I: Extraído do *Jardim do grão de mostarda*.

II: Extraído do *Jardim do grão de mostarda*.

III: Extraído do *Jardim do grão de mostarda*.

IV: Extraído do *Jardim do grão de mostarda*.

V: Acima: *Evolução da estrutura de um telhado*, extraído do *Grand Atlas de l'architecture mondiale*, Encyclopaedia Universalis, Paris, 1981. Embaixo: *Torre do sino, Xi'an*, extraído do *Grande tratado do som supremo*.

VI: Extraído das pranchas do *Grande tratado do som supremo*.

VII: Extraído das pranchas do *Grande tratado do som supremo*.

VIII: Extraído do *Jardim do grão de mostarda*.

IX: Extraído do *Jardim do grão de mostarda*.

X: Acima: *Ziyantie*, de Zhang Xu, extraído de *L'Art chinois de l'écriture*, de Jean-François Billeter, Genève, Albert Skira, 1989. Embaixo: Caligrafia de Zhao Mengfu, extraído de *L'Art chinois de l'écriture*.

XI: *Luz do entardecer sobre uma vila de pescadores* (atribuído a Muqi), extraído de *Peinture chinoise et tradition lettrée*, de Nicole Vandier--Nicolas, Paris, Seuil, 1983.

François Jullien

XII: Detalhe de *Nove dragões aparecendo através das nuvens e das ondas* (atribuído a Chen Rong), extraído de *Peinture chinoise et tradition lettrée.*

Introdução

I. De um lado, pensamos a disposição das coisas – condição, configuração, estrutura; de outro, tudo que é força e movimento. O estático de um lado, o dinâmico de outro. Mas essa dicotomia, como toda dicotomia, é abstrata; trata-se de uma facilitação da mente, um meio temporário – esclarecedor, mas simplificador – de conceber a realidade: o que acontece, devemos nos perguntar, com aquilo que, situado no entremeio, é condenado à inconsistência teórica e, por conseguinte, permanece amplamente impensado, mas no qual se dá, como bem pressentimos, o que existe de fato? A questão, embora rechaçada por nossa aparelhagem lógica, continua a nos atormentar: como pensar o dinamismo *através* da disposição? Ou ainda: como uma situação pode ser percebida *ao mesmo tempo* como curso das coisas?

II. Uma palavra chinesa *(che)* * nos servirá de guia nesta reflexão. Trata-se de um termo relativamente comum, ao qual normal-

---

* *Shi* em *pinyin*. Manteremos a transcrição *che* para a análise, já que é mais apropriada a nossa pronúncia. O *pinyin* é utilizado uniforme-

François Jullien

mente não se atribui alcance filosófico e geral. Entretanto, esse termo é em si uma fonte de dificuldade, e foi dessa dificuldade que nasceu este livro.

Os dicionários dão como significado da palavra *che* tanto "posição" ou "circunstâncias" quanto "poder" ou "potencial". Já os tradutores e exegetas, salvo em campos específicos (em política), na maioria das vezes compensam a imprecisão em relação ao termo com uma nota de fim de página em que se limitam a expor essa polissemia – sem dar grande importância ao fato. Como se estivéssemos lidando com mais uma das muitas imprecisões do pensamento chinês (insuficientemente "rigoroso"), diante das quais é preciso tomar partido e às quais acabamos nos habituando. Simples termo prático, inventado pelas necessidades da estratégia e da política, empregado na maioria das vezes em expressões tipificadas e glosado quase exclusivamente por certas imagens recorrentes: não há nada nele que lhe possa garantir a consistência de uma verdadeira noção – como nos impõe a filosofia grega – com finalidade descritiva e desinteressada.

Ora, foi precisamente a *ambivalência* do termo que me atraiu, na medida em que perturba insidiosamente as antíteses bem acabadas sobre as quais repousa – e nas quais se fia – nossa representação das coisas: como o termo oscila ostensivamente entre os

---

mente nas notas e referências. O termo *che*, 势, é o mesmo que *yi*, que supostamente representa uma mão segurando alguma coisa, símbolo da potência, e ao qual foi acrescentado o radical diacrítico da força. Para Xu Shen, o que a mão segura é um torrão de terra, e este poderia simbolizar um local, uma "posição". Como tal, a palavra *che* corresponde, no espaço, à palavra *che*, 時, tempo, tomado no sentido de oportunidade ou ocasião, e às vezes acontece de este ser escrito para aquele.

A propensão das coisas

pontos de vista do estatismo e do dinamismo, é-nos dado um fio que nos guia por trás da oposição de planos na qual nossa análise da realidade se deixa emparedar. Mas o próprio *status* do termo nos faz refletir. Porque, ao mesmo tempo que constatamos que essa palavra, nos diversos contextos em que se encontra, escapa a interpretações unívocas e permanece insuficientemente definida, sentimos que ela tem um papel determinante na articulação do pensamento: uma função discreta na maioria das vezes, raramente codificada, muito pouco comentada, mas cujo uso parece subentender, e fundamentar na razão, algumas das mais importantes reflexões chinesas. Portanto, foi também sobre a *comodidade* própria desse termo que me questionei.

Assim, há uma primeira aposta na origem deste livro: a de que essa palavra desconcertante, apesar de se dividir entre perspectivas aparentemente divergentes, é uma palavra *possível*, cuja coerência pode ser descrita. Melhor ainda: cuja lógica nos ilumina. Essa lógica não ilumina apenas o pensamento chinês, e isso no espectro mais amplo, ele que, como sabemos, dedicou-se desde os primórdios a pensar o real em transformação. Ela ilumina também, transcendendo as diferenças de ótica próprias de cada cultura, aquilo sobre o qual o discurso tem tão pouco domínio em geral: a eficácia que não tem origem na iniciativa humana, mas é resultado da disposição das coisas. Em vez de impor ao real nossa aspiração ao sentido, vamos nos abrir a essa força de imanência e aprender a captá-la.

III. Decidi aproveitar esse viés de uma palavra que serve de instrumento, mas nem por isso corresponde a uma noção global e definida (de âmbito já estabelecido e função marcada de antemão), vendo-a como uma oportunidade de enganar o sistema categorial

François Jullien

em que nossa mente corre sempre o risco de se enredar. Mas essa oportunidade também tem seu reverso. Como esse termo nunca levou a uma reflexão de conjunto, ao modo geral e unificador do conceito, por parte dos próprios chineses (nem mesmo em Wang Fuzhi, no século XVII, embora ele tenha sido o que foi mais longe nesse sentido) e, como dissemos, nem mesmo faz parte das grandes noções (o "Caminho", *Tao*; o "princípio organizador", *li* etc.) que serviram à tematização de suas concepções, somos obrigados a segui-lo de campo em campo para compreender sua pertinência: do campo da guerra ao campo da política; ou da estética da caligrafia e da pintura à teoria da literatura; ou ainda da reflexão sobre a História à "filosofia primeira". Assim, somos conduzidos a examinar sucessivamente esses diversos modos de condicionamento do real e, aparentemente, nas mais diferentes direções: primeiro, o "potencial que nasce da disposição" (em estratégia) e o caráter determinante da "posição" hierárquica (em política); em seguida, a força em ação na forma do caractere caligrafado, a tensão que emana da disposição na pintura ou o efeito que resulta do dispositivo textual na literatura; enfim, a tendência que decorre da situação, em história, e a propensão que rege o grande processo da natureza.

De passagem, e por meio desse termo, somos levados a examinar a lógica de todos esses grandes domínios do pensamento chinês. Disso surgem perguntas de interesse geral. Por que, por exemplo, a reflexão estratégica da China Antiga, como também certa vertente de seu pensamento político, rejeitam a intervenção de qualidades pessoais (coragem dos combatentes, moralidade do governante) para alcançar o resultado desejado? Ou ainda: a que se deve, para os chineses, a beleza de um traço de escrita, o que justifica a montagem de uma pintura em rolos ou de onde vem

A propensão das coisas

o espaço poético, para eles? Ou, finalmente, como os chineses interpretam o "sentido" da História e por que precisam postular a existência de Deus para justificar a realidade?

Sobretudo, fazendo-nos ir de domínio em domínio, essa palavra nos permite descobrir interseções. Da dispersão inicial procede uma série de convergências. Temas comuns se impõem: o da *potencialidade em ação na configuração* (seja a disposição dos exércitos em campo, a que é dada pelo ideograma caligrafado e pela paisagem pintada ou a que é instituída pelos signos da literatura...); o da *bipolaridade funcional* (seja entre soberano e súditos na política, entre alto e baixo na representação estética, entre "Céu" e "Terra" como princípios cósmicos...); ou ainda o de uma *tendência* gerada *sponte sua*, por simples interação, que se desenvolve por alternância (quer se trate, também nesse caso, do curso da guerra ou do desenrolar de uma obra, situação histórica ou processo da realidade).

Todos esses aspectos, corroborando-se, tornam-se significativos da tradição chinesa. Mas será que ainda podemos falar tão simplesmente – e tão ingenuamente – de "tradição", quando sabemos que uma corrente importante da reflexão sobre as ciências humanas, sobretudo depois de Foucault, tornou essa representação suspeita? Seríamos tão influenciados pela própria civilização chinesa, ela que tanto empregou a referência ao passado e deu tanta atenção às relações de transmissão? Ou será que a civilização chinesa foi mais unitária e contínua que as outras? (Mas sabemos também que a impressão de "imobilismo" que ela nos dá não passa de ilusão, porque ela também evoluiu muito fortemente.) Não será, ao contrário, que *nosso ponto de vista de exterioridade* em relação à cultura chinesa – o ponto de vista de "heterotopia" que Foucault evoca no início de *As palavras e as coisas* – nos permite notar, por comparação, modos de permanência e homogeneidade que não aparecem tão nitidamente aos olhos dos que consideram de dentro as "configurações discursivas" que estão sempre se substituindo? Há, então, uma segunda aposta neste livro: é que, apesar de decepcionante do ponto de vista de uma história nocional do pensamento chinês, esse termo é precioso ao estudo porque *revela* esse pensamento: na interseção de todos esses domínios, temos a mesma intuição de base que parece veiculada, em grande medida, e durante séculos, como evidência adquirida: a da realidade – de toda a realidade – concebida como um *dispositivo* no qual devemos nos apoiar e o qual devemos empregar; consequentemente, a arte, a sabedoria, do modo como são concebidas pelos chineses, é explorar *estrategicamente* a propensão que emana desse dispositivo – para um efeito máximo.

IV. Essa intuição da eficácia é difundida geralmente na China para levar à reflexão abstrata e disseminada demais para ser perceptível em estado isolado. Entranhada na língua, constitui uma *base de entendimento* absolutamente sólida, porque não precisa ser comentada. Sempre aquém das explicitações do discurso, não aflora completamente em nenhum termo em particular, mas é ela que o termo *che* nos faz entrever – *en passant*, mas significativamente; é ela que o *che* reflete a partir de um domínio próprio, como um exemplo privilegiado: ele não a expressa sozinho, mas é ele que nos permite detectar sua presença e descobrir sua lógica.

Portanto, compete a nós, partindo dele e remontando à fonte através dele – e esse será meu intuito – tentar conceber, tirar do silêncio e desenvolver em teoria essa intuição. É claro que, de nossa parte, nenhuma noção dada será suficiente para apreender aquilo que se esgueira no discurso chinês, como se fosse evidente. Não

A propensão das coisas

porque se trate, como na China, de um consenso do pensamento, mas, ao contrário, porque essa intuição, para ser entendida, implica que não sejam dissociados os planos cuja oposição é, no entanto, o que nos serve para pensar (e cujo sintoma característico é a difração da palavra *che* entre os pontos de vista do estatismo e do dinamismo, assim que é traduzida para as línguas ocidentais). Para iniciar o diálogo, portanto, não há outro meio senão começar a descentrar nossa visão, atacar de viés, recorrer a conceituações, que, embora secundárias até aqui, oferecem, por aquilo que delineiam, um novo ponto de partida possível. Para isso servirão precisamente aqui – pelas novas relações que, conjugando-se, eles estabelecem entre si – os termos "dispositivo" e "propensão": pegos à margem de nossa língua filosófica, eles estabelecerão o quadro nocional a partir do qual trataremos, progressivamente, de uma cultura para outra, da diferença em questão.

V. Evidência, de um lado; impensamento, de outro. Ao mesmo tempo que por efeito da interseção se destaca um modelo comum – implícito em todas as culturas – que é o de uma disposição que se dá por oposição e correlação e serve de sistema de funcionamento, vemos que são postas em questão, porque deixam de ser pertinentes, muitas das categorias que serviram de base para a elaboração de nosso próprio pensamento: em especial meio e fim, ou causa e efeito. Comparativamente, aparece certo *parti pris* da filosofia ocidental, cujo caráter de "tradição" a partir daí – visto de fora – também parece mais pronunciado: fundamentando-se mais na hipótese e na probabilidade do que na automaticidade, inclinando-se mais para uma polarização única e "transcendente" do que para a interdependência e a reciprocidade, e valorizando mais a liberdade do que a espontaneidade.

François Jullien

Em relação ao desenvolvimento do pensamento ocidental, a originalidade dos chineses deve-se ao fato de que eles não se preocuparam com um *télos*, como realização das coisas, e tentaram interpretar a realidade unicamente a partir dela mesma, do ponto de vista apenas da lógica interna dos processos em curso. Devemos nos libertar definitivamente, portanto, do preconceito hegeliano segundo o qual o pensamento chinês teria permanecido na "infância" porque não soube evoluir, a partir do ponto de vista cosmológico comum às civilizações antigas, para os estágios de desenvolvimento mais "refletidos" – e, portanto, superiores – que seriam representados pela "ontologia" ou pela "teologia". Ao contrário, devemos reconhecer a extrema coerência subjacente desse modo de pensamento, ainda que este não tenha privilegiado a formalização conceitual, e fazê-la servir para decifrar de fora nossa própria história intelectual – que não conseguimos ler por nos ser tão familiar – e apontar melhor nossos *a priori* mentais.

VI. Certamente, a filosofia ocidental atribuiu a si mesma, e desde o início, a vocação de fazer de seu livre questionamento o princípio de sua atividade (partindo, como fez, em busca de um pensamento cada vez mais emancipado). Mas também sabemos que, ao lado das perguntas que nos fazemos, que *podemos* nos fazer, há também tudo aquilo *a partir de que* nos interrogamos e, por isso mesmo, não temos condições de interrogar: esse fundo do nosso pensamento que foi tramado pela língua indo-europeia, formado pelos recortes implícitos da razão especulativa, orientado por uma expectativa peculiar da "verdade".

A excursão pela cultura chinesa que propomos aqui tem também a finalidade de verificar mais amplamente a medida desse condicionamento. Não, como poderia pensar o leitor, por desejo

A propensão das coisas

ingênuo de evasão e fascínio pelo exotismo, ou para servir de argumento à má consciência ocidental e aos novos dogmas do relativismo cultural (simples reversos do etnocentrismo), mas simplesmente para tentar, por meio desse *desvio*, ir mais além em nossa apreensão das coisas. E, a partir daí, renovar nossa interrogação, reencontrar o elã – vivo, alegre – pela reflexão.

Advertência ao leitor

Este livro é continuação direta de meu ensaio precedente, *Procès ou création* (ed. Seuil, 1989, col. "Des travaux") e, mais particularmente, de seu último capítulo (17: "Un même mode d'intelligibilité"). O ângulo de ataque, em contrapartida, é quase o oposto: enquanto no trabalho precedente parti do pensamento de um único autor, Wang Fuzhi (1619-1692), com o intuito de analisar sua coerência, o termo chinês que tento explicar no presente estudo propicia um passeio, de um domínio ao outro, por mais de cinquenta nomes (que se distribuem da Antiguidade ao século XVII). Todavia, o espírito do trabalho é o mesmo: seja a propósito de uma única obra, seja a respeito da palavra *che*, o objetivo é encontrar, concentradas, as linhas mestras subjacentes a uma cultura. E, neste estudo também, o pensamento de Wang Fuzhi encontra-se no horizonte de minhas preocupações.

A ambição também é a mesma: entre o perigo de uma especialização sinológica que, por se encerrar em si mesma, não tem mais em que pensar e torna-se estéril, e o perigo contrário da vulgarização que, a pretexto de fazê-lo acessível, deturpa seu objeto e torna-o inconsistente, o único caminho possível é o caminho estreito de

François Jullien

um esforço de teoria. As exigências do filólogo e do filósofo devem ser conjugadas: convém ler mais de perto (descendo à individualidade do texto e de seu trabalho) e mais de longe (por diferença e perspectivação). A fim de transcender estas duas formas tão comuns de ilusão: a assimilação ingênua de que tudo se transpõe de uma cultura para outra; e o comparatismo simplista que procede como se tivesse *a priori* os quadros capazes de apreender a alteridade em questão. O procedimento aqui é, mais prudentemente, o de uma *abertura* problemática por interpretação progressiva. Daí as poucas escolhas que ditaram a concepção desta obra.

Na apresentação de cada um dos domínios da cultura chinesa que invocamos, a filiação histórica é sempre respeitada e serve de fundamento à análise, mas não poderia ser desenvolvida por si mesma: isso é feito para que as articulações lógicas se deem plenamente e, ao mesmo tempo, o propósito sinológico (as referências contextuais são dadas em nota) decante-se ao máximo e torne-se mais fácil para o não especialista. Do mesmo modo, as comparações não são propostas de imediato, na forma de paralelo, mas entram, como hipóteses de conclusão, para servir de referência e indício da diferença procurada: a posição chinesa torna-se mais significativa, mesmo que as partes sejam desiguais entre as duas tradições (uma vez que se considerou, por princípio, que as referências à China estavam ainda por descobrir, ao passo que as referências à filosofia ocidental já eram familiares e podiam ser mencionadas alusivamente).

Algumas figuras, no meio do livro, tentam tornar sensível ao leitor não iniciado a dimensão estética do *che*; as expressões chinesas, em nota, permitirão ao leitor sinólogo verificar no texto certas ocorrências características do termo.

A ausência de índice, enfim, é voluntária.

De fato, visei prioritariamente o prazer de seguir uma ideia.

I

1
*O potencial nasce da disposição (em estratégia)**

A reflexão sobre a arte da guerra que floresceu na China no fim da Antiguidade (do século V ao III, na época dos "Reinos Combatentes") vai muito além de seu próprio objeto: não apenas a sistematização peculiar que a caracteriza constitui uma inovação notável do ponto de vista da história geral das civilizações, como também o tipo de interpretação que ela origina projeta sua forma de racionalização

---

* O principal texto da China Antiga sobre estratégia é o *Sunzi*, datado comumente do século IV a.C., e é ele que serve de base para este capítulo. Foram utilizados, complementarmente, o *Sun Bin bingfa*, também do século IV a.C., que foi parcialmente encontrado num túmulo de Shandong em 1972, assim como o capítulo 15 do *Huainanzi*, compilação mais tardia, já que data do início dos Han (fim do século II a.C.), mas que conservou, e até desenvolveu, essa concepção do *che* (transcrito abaixo em *pinyin*: shi).
O texto do *Sunzi* utilizado aqui é o *Sunzi shijia zhu, Zhuzi jicheng* (reed., Shanghai Shudian, 1986), v.6; o *Huainanzi* é citado na mesma edição, *Zhuzi jicheng*, v.7; o *Sun Bin* é citado na edição de Deng Zezong, *Sun Bin bingfa zhuyi* (Beijing, Jiefangjun Chubanshe, 1986).

François Jullien

sobre o conjunto da realidade. A guerra pareceu muitas vezes o domínio privilegiado do imprevisível e do acaso (ou da fatalidade); ora, os pensadores chineses acreditaram notar, ao contrário, que seu desenrolar obedece a uma necessidade puramente interna, que pode ser logicamente prevista e, portanto, perfeitamente gerida. Uma concepção bastante radical para não revelar um frutuoso trabalho de elaboração: graças a ele, o pensamento estratégico esclarece exemplarmente como se dá a determinação do real e fornece uma teoria geral da eficácia.

Sunzi séc. IV a.c.

I. A intuição inicial é a de um processo que evolui unicamente em função da relação de força que ele próprio põe em jogo. Cabe ao bom estrategista calcular com antecedência, e de forma exata, todos os fatores implicados para fazer a situação evoluir constantemente de modo que esses fatores lhe sejam o mais inteiramente benéficos: a vitória não será mais do que a consequência necessária – e a consumação previsível – do desequilíbrio, agindo a seu favor, ao qual ele soube levar. Nesse sentido, não há "desvio" possível, um resultado vantajoso decorre infalivelmente das medidas apropriadas.[1] A arte do estrategista consiste, portanto, em conduzir a esse resultado, antes que ocorra o verdadeiro confronto: percebendo suficientemente cedo – em estágio inicial – todos os indícios da situação, de modo que possa influenciá-la antes mesmo que tome forma e se efetive. Porque quanto mais cedo essa orientação favorável é adotada,

---

1 *Qi zhan sheng bu te* 其战胜不忒。*Sunzi*, cap. 4, "Xing pian", p.59-60.

A propensão das coisas

mais facilmente ela atua e se realiza. Em seu estágio ideal, a "ação" do bom estrategista nem transparece: o processo que leva à vitória é determinado com tanta antecedência (e seu desenrolar é tão sistematicamente progressivo) que parece natural, e não resultado de cálculo e manipulação. A frase é paradoxal apenas na aparência: o verdadeiro estrategista alcança apenas vitórias "fáceis".[2] Compreenda-se: vitórias que parecem fáceis porque, no momento em que se concretizam, não necessitam mais nem de proeza tática nem de grande esforço humano. As verdadeiras qualidades estratégicas passam despercebidas; o melhor general é aquele cujo êxito não é aplaudido: aos olhos do vulgo, ele não oferece para que se "louvem" nem "valentia" nem "sagacidade".

O ponto forte desse pensamento estratégico é *reduzir* **Sunzi** *ao mínimo* o confronto armado. Até chegar à seguinte expressão: "as tropas vitoriosas [*i.e.*, fadadas à vitória] procuram o enfrentamento em combate apenas depois de já ter triunfado, enquanto as tropas derrotadas [*i.e.*, fadadas à derrota] procuram vencer apenas depois de iniciado o combate".[3] Quem busca a vitória apenas na última etapa, a da luta armada, por mais talentoso que seja, sempre correrá o risco da derrota. Tudo deve definir-se previamente, num estágio anterior da determinação dos acontecimentos, quando disposições e manobras, ainda dependendo apenas de nossa iniciativa, podem ser espontaneamente adaptadas e, encadeando-se e reagindo logicamente, são sempre eficazes ("espontaneidade" ou "lógica" do processo: ambos os

---

2 *Sheng yu yi sheng zhe ye* 胜于易胜者也。Ibid., p.58-9.
3 Ibid., p.60-1.

termos significam a mesma coisa – como veremos amplamente nas próximas páginas – sob dois ângulos diferentes). Isso permite o controle efetivo do curso posterior dos acontecimentos, ou até que não seja mais necessário travar combate:[4] um bom estrategista – como nos garantem – "não é belicoso". Mas que o leitor não se engane: esse ideal de não enfrentamento não se deve a uma preocupação moral; trata-se de fazer a vitória ser absolutamente certa, já que é predeterminada. Tampouco está ligado a uma concepção abstrata, já que a atenção se volta para a maneira o mais precisa possível como a orientação futura se conduz, no estágio mais ínfimo, porém mais decisivo. A léguas de distância de qualquer utopia, trata-se "simplesmente" de fazer intervir em seu sentido, e em seu proveito, o efeito operante, coercivo, que caracteriza toda situação dada.*

II. É em função dessa perspectiva que emerge pela primeira vez, de forma significativa, a concepção de um *potencial nascido da disposição* denotada mais usualmente, nesse contexto, pelo termo *che*.[5] A arte da estratégia pode

---

4 *Sunzi*, cap. 3, "Mou gong", p.35, e *Huainanzi*, cap. 15, "Bing lüe xun", p.257.

* Trata-se de uma concepção comum na China Antiga. O *Laozi*, texto fundador da tradição taoista, compartilha em especial a ideia de que "é fácil gerir uma situação enquanto os sintomas não são manifestos" (§64); e também afirma como princípio que "o bom guerreiro não é belicoso" e é "capaz de vencer o inimigo" que "não entra em combate com ele" (§68).

5 Para um estudo sistemático dos diversos empregos de *shi* "as a special military term", recorrer a Roger T. Ames, *The Art of Rulership: A Study in Ancient Chinese Political Thought*, Honolulu,

A propensão das coisas

ser reexpressa de forma mais precisa por ele: dizer que a "habilidade" para a guerra "repousa sobre o potencial nascido da disposição" (*che*)[6] significa que o estrategista deve visar explorar a seu favor, e de acordo com o máximo efeito que podem dar, as condições encontradas. A imagem ideal desse dinamismo que decorre da configuração e que se deve captar é a do curso da água: quando se abre uma brecha para a água acumulada no alto, ela só pode se precipitar para baixo;[7] e, em seu elã impetuoso, arrasta até os seixos.[8] A partir disso, dois traços caracterizam tal eficiência: de um lado, ela advém apenas como consequência, implicada por uma necessidade objetiva; e, de outro, dada sua intensidade, é irresistível.

Sun Bin séc. IV a.C.

Sunzi

Mas que conteúdo se deve dar, de um ponto de vista estratégico, à "disposição" da qual nasce esse potencial? Porque não é possível interpretá-lo somente, como na comparação anterior, em relação à configuração do relevo — mesmo que esta última intervenha também, como fator determinante, enquanto terreno de operações: um estrategista deve tirar o melhor partido de seu caráter distante ou próximo, inferior ou elevado, acessível ou acidentado, fechado ou aberto.[9] Também conta a disposição moral dos protagonistas, que sejam desmotivados ou cheios de

---

University of Hawaii Press, 1983, p.66 et seq.; cf. também D. C. Lau, "Some Notes on the Sun Tzu", *BSOAS*, v.28, 1965, parte 2, em especial p.332 et seq.

6 *Qi qiao zai yu shi* 其巧在于势。*Sun Bin bingfa*, cap. "Cuanzu", p.26.

7 *Sunzi*, cap. 4, p.64.

8 Ibid., cap. 5, "Shi pian", p.71.

9 Ibid., cap. 10, "Di xing pian".

François Jullien

Huainanzi séc. II a.C.

entusiasmo; assim como todos os outros fatores "circunstanciais": que as condições climáticas sejam favoráveis ou desfavoráveis, que as tropas estejam em formação ou dispersas, cansadas ou em forma.[10] Seja qual for o aspecto considerado, o caráter coercivo da situação pode e deve agir nos dois sentidos: positivamente, levando as tropas a

Sun Bin

investir todas as suas forças na ofensiva;[11] e negativamente, privando as tropas inimigas de qualquer iniciativa e reduzindo-as à passividade. Estas, por mais numerosas que sejam, não poderão resistir, dado o *che*.[12] O simples recurso numérico inclina-se diante desses graus superiores – mais determinantes – de condicionamento.

Sabemos que o uso da besta, de invenção chinesa (por volta de 400 a.C.), revolucionou em grande medida a condução da guerra: tanto pela precisão da trajetória retilínea como pela força extraordinária do impacto. De forma muito natural, o "disparo" do "mecanismo" serviu para simbolizar a súbita liberação da energia em potência de

Sunzi

um exército:[13] uma "besta retesada ao máximo", assim é o *che*.[14] Além da pertinência própria do motivo (o potencial é dado pela imagem do retesamento), a inovação que a besta representou no plano técnico foi decerto um progresso

---

10 *Qi shi, di shi, yin shi* 气势, 地势, 因势。*Huainanzi*, cap. 15, p.259-60.

11 *Shi zhe, suoyi ling shi bi dou ye* 势者, 所以令士必斗也。*Sun Bin bingfa*, cap. "Wei wang wen", p.13.

12 *Ren sui zhong duo, shi mo gan ge* 人虽众多, 势莫敢格。*Huainanzi*, cap. 15, p.261.

13 *Sunzi*, cap. 11, "Jiu di pian".

14 *Shi ru kuo nu* 势如扩弩。*Sunzi*, cap. 5, p.72.

32

A propensão das coisas

decisivo, análogo à capacidade de exploração rigorosa do *che* no plano estratégico. Essa imagem pode ser desenvolvida de maneira ainda mais precisa: a vantagem da besta é que, **Sun Bin** "o ponto de onde parte a seta é próximo (entre o ombro e o peito), mas uma pessoa pode ser morta a mais de cem passos, sem que as outras nem se deem conta de onde foi disparada a seta".[15] Ora, o mesmo acontece com o bom estrategista que, utilizando o *che*, vence com um dispêndio mínimo para atingir um efeito máximo, à distância (de tempo e espaço), por simples proveito dos fatores em jogo, sem que a opinião comum perceba de onde provém o resultado e lhe dê o crédito.

Última imagem, que fixa definitivamente esses diversos aspectos do *che* e lhe serve de motivo privilegiado: se **Sunzi** considerarmos paus ou pedras, em terreno plano, eles permanecem estáveis, portanto imóveis; em terreno inclinado, eles entram em movimento; se são quadrados, param, mas, se são redondos, rolam. "Para aquele que é especialista no emprego de suas tropas, esse potencial nascido da disposição é como fazer pedras redondas rolarem do pico mais elevado."[16] Contam, na qualidade de *disposição*, a configura-

---

15 *Sun Hin bingfa*, cap. "Shi bei", p.38; outra imagem característica (cap. "Bing qing", p.41): a flecha simboliza a tropa; a besta, o general; a mão que atira, o soberano.

16 *Sunzi*, cap. 5, p.80. Como bem observou D. C. Lau (op. cit., p.333), a mesma imagem do desnível é usada a propósito de *xing* e *shi*, no fim dos capítulos 4 e 5; contudo, mesmo em Sunzi, parece que o aspecto de efeito resultante da manipulação (*fazer* as pedras rolarem, do mesmo modo que, mais acima, os seixos são carregados pelo curso da água) é mais marcado a propósito de *shi* do que de *xing*.

François Jullien

ção própria do objeto (redondo ou quadrado) e a situação em que este se encontra implicado (em solo plano ou inclinado); o máximo de potencial, por sua vez, é dado pelo caráter extremo do desnível.

III. Essa comparação revela ainda outra coisa: que pedras redondas prontas para rolar com tanta força, do alto do declive, sirvam de imagem para tropas bem manobradas dá a entender que conta menos a qualidade pessoal do combatente do que o dispositivo no qual ele é levado a agir. O mais antigo tratado de arte militar aponta claramente: o bom estrategista "demanda a vitória do potencial nascido da disposição e não dos homens que tem debaixo dele".[17] O que é determinante é a propensão objetiva que decorre logicamente da situação, tal como esta última é estruturada, e não a boa vontade dos indivíduos. Formulação mais radical ainda: "coragem e covardia são uma questão de *che*".[18] O comentário acrescenta: "Se as tropas obtêm o *che* [*i.e.*, aproveitam o potencial nascido da disposição], então os covardes são valentes; se o perdem, então os valentes são covardes"; e ainda: "coragem e covardia são variações do *che*".[19] Expressões lacônicas, que intervêm apenas como indicação prática, mas cuja incidência filosófica, para nós, é considerável. Implicam nada menos do que a ideia de que as virtudes humanas não são possuídas intrinsecamente,

---

17 *Qiu zhi yu shi, bu ze yu ren* 求之于势, 不责于人。*Sunzi*, cap. 5, p.79.

18 *Yong qie, shi ye* 勇怯, 势也。

19 *Sunzi*, comentário de Li Quan e Wang Xi.

A propensão das coisas

visto que o homem não tem nem a iniciativa nem o domínio dessas virtudes, mas são "produto" (até no sentido materialista do termo) de um condicionamento externo que, ao contrário, é totalmente manipulável. Apenas à custa de uma máxima racionalização, conduzida pelo mais rigoroso dos imperativos, o da eficácia prática, é que se pode construir tal ponto de vista. A época dos "Reinos Combatentes" (séculos V-III) é de exacerbação da guerra, desenvolvida em grau inaudito em principados rivais que aspiram à hegemonia, e a luta mortal que eles travam entre si – em perfeita consonância com o princípio do "desenvolvimento aos extremos", que nossos teóricos modernos usaram para conceber a guerra "absoluta" – não podia deixar o mais ínfimo espaço à simples crença ou mesmo a uma posição o mais minimamente "idealista". Ao menos nesse domínio específico – mas a tendência na época é precisamente que a guerra deixe de poder ser considerada um domínio "específico", ganhe uma importância cada vez mais exorbitante (e isso ao longo de dois séculos), invada tudo e torne-se o único dado em questão. É lógico que, nessas condições, a reflexão estratégica tenha contribuído para apressar uma evolução mais geral do pensamento, e que sua obstinação em penetrar, para além de todas as ilusões possíveis, a natureza real dos determinismos implicados, levado a esse ponto extremo, tenha conseguido fazer da concepção do *che*, como potencial nascido da disposição, o ponto crucial da teoria.

De fato, devemos levar em conta que, na época imediatamente anterior (até cerca de 500 a.C.), não apenas a guerra ainda era concebida sobretudo como um ritual, regido por um código de honra e praticado em campanhas sazonais que evitavam extermínios radicais, como também nada era empreendido sem antes os adivinhos se pronunciarem a respeito do caráter fasto ou nefasto do empreendimento. Ora, eis que agora não apenas "o *che* leva a melhor sobre o homem",[20] o dispositivo tático sobre as qualidades morais, como também toda determinação transcendente ou sobrenatural é eliminada em benefício exclusivo da iniciativa estratégica. De todos os fatores levados em consideração, o *che* é o único verdadeiramente decisivo.[21] Quem pega um machado para cortar lenha não tem de se preocupar se a data é apropriada e o dia é propício; em compensação, se não tem o cabo bem seguro na mão para imprimir sua força, o resultado será nulo, e isso apesar dos augúrios mais favoráveis.[22] O exemplo é proposto aqui para mostrar que apenas o *che* dá *poder* sobre o processo da realidade. Do mesmo modo, escolher uma madeira muito nobre para fazer uma flecha, ou adorná-la artisticamente, não acrescenta estritamente nada a seu alcance. Interessa apenas que a besta esteja retesada. Somente do *che* se pode esperar um efeito real.

Huainanzi

---

20 *Shi sheng ren* 势胜人。*Huainanzi*, cap. 15, p.262.

21 Ibid.: *suoyi jue sheng zhe, qian shi ye* (*qian* para *quan*, cf. Roger T. Ames, op. cit., p.223, nota 23).

22 Ibid., p.263. Influenciado pela especulação cosmológica que se torna preponderante sob os Han, esse capítulo do *Huainanzi* não é sempre tão categórico em sua negação dos fatores "sobrenaturais", baseados na inter-relação do Céu, do Homem e dos Cinco Elementos, como no exemplo dado aqui. Aquém das concepções – muito claras sobre esse ponto – dos tratados estratégicos da Antiguidade (cf. *Sunzi*, cap. 11, "Jiu di", e cap. 13, "Yong jian").

A propensão das coisas

IV. Resta especificar mais concretamente como procede essa eficácia. De maneira geral, a estratégia tem a ambição de determinar, em função de uma série de fatores, os princípios fixos com os quais se pode avaliar a relação de força e conceber com antecedência as operações. Mas é sabido também que a guerra, que é ação e, além do mais, é regida pela reciprocidade, é o domínio por excelência do imprevisível e da mudança, portanto é sempre relativamente alheia às previsões teóricas. Isso era considerado de hábito, e como um traço de simples bom senso, o limite *prático* de qualquer estratégia. Ora, os teóricos chineses da guerra não parecem preocupados com essa aporia, na medida em que se apoiam na concepção do *che* para resolver essa contradição. ***Sunzi*** A frase deve ser lida com muita precisão: "Uma vez que foram determinados os princípios que nos são vantajosos, é necessário criar-lhes as disposições favoráveis [dotadas de eficácia: *che*] a fim de auxiliar o que [no momento das operações] se revela exterior [a esses princípios]".[23] Daí a definição que encontraremos aplicada a muitos outros domínios da tradição chinesa: "o *che* [enquanto dispositivo concreto] consiste em dirigir o circunstancial em função do ganho".[24] No centro do capítulo que inicia o mais

---

23 *Ji li yi ting, nai wei zhi shi, yi zuo qi wai* 计利以听, 乃为之势, 以佐其外。 *Sunzi*, cap. I, "Ji pian", p.12. Esse "exterior" (*qi wai*) foi entendido de duas maneiras pelos comentadores: ou como o que é exterior às "regras constantes" (*chang fa*, interpretação de Cao Cao), ou como o exterior constituído pelo campo de batalha em relação ao interior do templo onde se decide a estratégia (Mei Yaochen); no entanto, ambas as interpretações concordam entre si.

24 *Shi zhe, yin li er zhi quan* 势者, 因利而制权。

antigo tratado chinês de estratégia, essas expressões cumprem o papel de transição entre a determinação liminar de elementos abstratos e constantes ("cinco fatores" e "sete avaliações") e a descrição de uma tática que, baseando-se na simulação, deve sua eficácia ao fato de casar perfeitamente com a evolução da situação e submeter melhor o inimigo porque consegue adaptar-se a ele: através do *che*, aquilo que depende da conjuntura e parece escapar dos cálculos iniciais é naturalmente reinvestido por eles.

Mas a riqueza da intuição estratégica chinesa não é tanto fornecer um conceito intermediário que permita articular melhor o constante e o mutável (teoria e prática, princípios e circunstâncias...), mas demonstrar de maneira pertinente como a evolução circunstancial, inseparável do curso de qualquer guerra, constitui o principal trunfo tático que permite *renovar o potencial* do dispositivo estratégico e, portanto, sua eficácia. A arte do chefe de guerra é levar o inimigo a adotar uma disposição relativamente fixa, portanto discernível, que propicia poder sobre ele, e ao mesmo tempo renovar continuamente sua própria disposição tática para desorientar sistematicamente o adversário – enganando-o e pegando-o no contrapé – e, assim, privá-lo de qualquer predomínio.[25] Tornando-se assim tão insondável quanto o grande processo do Mundo, considerado em sua infinitude **Huainanzi** (o *Tao*), que, pelo fato de nunca estacionar numa disposição específica, é normalmente o único a não dar indício de sua

---

25 Princípio do *xing ren er wo wu xing*, *Sunzi*, cap. 6, "Xu shi pian", p.93.

realidade.[26] Voltemos então à imagem da água, mas considerando-a desta vez em seu curso horizontal e pacífico. "Do *Sunzi*
mesmo modo que a disposição da água é evitar qualquer
elevação para tender para baixo, a das tropas [bem dirigidas]
é evitar os pontos fortes do inimigo para atacar seus pontos
fracos; do mesmo modo que a água determina seu curso
em função do terreno, as tropas determinam a vitória em
função do inimigo."[27] Assim, a *água* como motivo contrário
da rigidez é elevada, pelo fato de sua extrema variabilidade
(função de sua disponibilidade máxima), a símbolo da força
mais penetrante e decidida.

Portanto, é na própria medida em que se renova que uma
disposição produz sua eficácia e pode servir de *dispositivo*.
Porque dizer que o *che*, como dispositivo estratégico, deve
ser tão movente quanto a água em seu curso,[28] e que é
"transformando-se em função do inimigo que se alcança a
vitória",[29] significa mais do que a necessidade, movida por
simples bom senso, de saber adaptar-se. A intuição é, mais
profundamente, que a potencialidade se esgota no interior
de uma disposição *que se imobiliza*. Ora, o objetivo fundamental de qualquer tática não é justamente assegurar em
nosso benefício a continuidade do dinamismo (privando o

---

26 *Suoyi wu zhen zhe, yi qi wu chang xingshi ye* 所以无朕者，以其无常
形势也。*Huainanzi*, cap. 15, p.253.

27 *Sunzi*, cap. 6, p.101-2.

28 *Bing wu chang shi, shui wu chang xing* 兵无常势，水无常形。

29 *Sunzi*. Também encontramos no *Sun Bin* (cap. "Jian wei wang",
p.8) a expressão *fu bing zhe, fei shi heng shi ye*, que pode ser entendida nesse sentido (cf. edição de Fu Zhenlun, Chengdu,
Bashu Shushe, 1986, p.7).

François Jullien

outro de iniciativa e paralisando-o)? E, para reativar o dinamismo inerente à disposição, há outro meio que não seja abri-la para a alternância e praticar a reversibilidade? É aqui que a teoria estratégica se une à concepção mais central da cultura chinesa: a que se baseia na eficácia em perpétua renovação do curso da natureza, e é ilustrada pela sucessão do dia e da noite, pelo ciclo das estações. No estágio supremo, a eficiência absoluta constituída pelo *Tao* (o "Caminho") nunca se perde e continua inesgotável porque não estaciona em nenhuma disposição particular.

V. Inscrita no cerne do pensamento estratégico da China Antiga, a concepção de um potencial nascido da disposição acabou servindo de representação comum,* e a tradição posterior jamais abandonou esse ponto de vista.[30] No século XX, Mao Tsé-tung recorreu a ela, com toda a naturalidade, para evocar a tática mais oportuna na guerra

---

* Os tratados sobre o jogo de *go* recorrem a essa concepção em especial para explicar a relação de força que se encontra no tabuleiro e evolui no decorrer da partida. Ora, sabemos que o *go* é apenas uma ilustração lúdica dos princípios fundamentais da estratégia chinesa.

30 Como no início do capítulo 15, "Yi bing", de Xunzi, ou no capítulo de sumário, "Yao lüe", do *Huainanzi*, p.371-2. O capítulo bibliográfico do *Hanshu* ("Yiwenzhi") designa uma das quatro categorias de obras relativas à estratégia como a dos especialistas do *shi* (*bing xing shi*); para uma apreciação do conteúdo desse item, segundo as obras remanescentes, recorrer a Robin D. S. Yates, "New Light on Ancient Chinese Military Texts: Notes on their Nature and Evolution, and the Development of Military Specialization in Warring States China", *T'oung Pao*, LXXIV, 1988, p.211-48.

A propensão das coisas

de resistência – guerra "prolongada" – contra o Japão:[31] uma tática que sabe permanecer "alerta", reagindo espontaneamente à ocasião e à situação, e tanto mais eficaz quanto não se deixa reificar por imobilização e "bloqueio" – rapidamente sem sustentação – em determinada disposição.[32] A perspectiva em ação, portanto, é a de um processo do qual basta utilizar oportunamente a propensão para que ele evolua a nosso favor. Lendo a literatura chinesa da Antiguidade sobre estratégia, percebemos que o tipo de representação que ela incarna é o oposto de qualquer visão que seja ao mesmo tempo heroica e trágica (e por que a China Antiga permaneceu tão estranha a essa visão). O confronto está no âmago dessa visão, levado ao paroxismo de uma situação sem saída. Mas para quem sabe explorar estrategicamente o potencial nascido da disposição, o antagonismo é *conduzido* a se resolver por si mesmo em função de uma lógica interna que pode ser perfeitamente controlada. Enquanto o homem trágico se choca irrevogavelmente com forças que o excedem e resiste para não ceder (*eikein*, palavra-chave do teatro sofoclesiano), o homem da estratégia acredita-se capaz de gerir todos os fatores que se encontram em jogo, porque sabe casar-se com sua lógica e adaptar-se a eles. Um descobre *fatalmente* tarde demais o que lhe cabe – como "destino"; o outro sabe discernir de antemão a propensão em ação, a ponto de poder dispor dela.

---

31 *Shen shi du shi* 审时度时。 *Lun chijiuzhan* (*Da guerra prolongada*), § 87, in Mao Zedong xuanji, v.2, p.484.

32 Forma como é traduzida a noção de "linghuoxing"; a tradução usual por "flexibilidade" (cf. Mao Tsé-tung, *Œuvres choisies*, v.2, p.182) não é satisfatória.

François Jullien

De um ponto de vista mais estritamente militar, é igualmente diametral a oposição entre a teorização chinesa baseada no *che* e o "modelo ocidental de guerra" que herdamos dos gregos (e sobre o qual John Keegan e Victor Davis Hanson lançaram uma luz nova). Vimos que o objetivo da estratégia chinesa era desviar a seu favor, e por todos os meios, a tendência resultante da relação de força, antes mesmo de iniciar-se o verdadeiro confronto e para evitar que este constitua o momento decisivo – sempre arriscado. Ora, o ideal grego, uma vez passado o tempo do conflito de escaramuças ou combates singulares descrito por Homero, não era, ao contrário, o "tudo ou nada" da batalha campal? Priorizando a infantaria pesada dos hoplitas, em detrimento das formações mais leves dos peltastas ou dos cavaleiros, e dando desse modo mais importância ao uso imediato das forças alinhadas frente a frente no campo de batalha do que à arte do cerco ou da esquiva e todas as manobras de desgaste, os gregos do século V chegaram a uma concepção da guerra em que o *choque frontal* das duas falanges, esperado deliberadamente por ambos os lados, é o elemento determinante. Combate próximo e à luz do dia (segundo Quinto Cúrcio, Alexandre se recusava a chegar à vitória "por uma astúcia de ladrões e salteadores, cujo único desejo é passar despercebidos"). Combate relativamente breve também, que consiste inteiramente em sua carga destruidora, e cujo desfecho é a derrota ou a morte. "Ganhar uma batalha antes mesmo de começar", diz Hanson, "era permitir [...] a um campo cometer 'fraude' numa vitória conquistada por outro meio que não a bravura de seus homens durante

A propensão das coisas

o combate."[33] A lança é o instrumento e o símbolo desse confronto heroico. As armas de arremesso, ao contrário, são menosprezadas na Grécia Antiga, porque matam à distância e sem consideração ao mérito pessoal dos combatentes: estamos muito longe da valorização do *che* à qual a besta, a mais perfeita arma de arremesso, servia de imagem.

Ora, o *confronto direto* e decisivo da batalha está no centro das concepções modernas da guerra na Europa, em especial em Clausewitz. A fama deste último, como se sabe, deve-se ao fato de que foi ele o primeiro pensador ocidental a tentar explicar globalmente a realidade da guerra pelo modo teórico: reagindo contra os "pedantes" que acumulam saber militar unicamente a partir de questões práticas relativas ao armamento e à munição; contra os que acreditam que se pode conceber a guerra como uma ciência exata, a partir de cálculos de ângulo e com base em princípios imutáveis (os mais célebres na época: Von Bülow, De Jomini); e contra os que, no outro extremo, negam que a guerra, vista como uma simples função humana e, portanto, perfeitamente "natural", possa servir de objeto à teoria. Para "pensar" realmente a guerra, Clausewitz não tem alternativa senão conceber sua condução em termos de *arte*. E, concebendo-a em termos de arte, ele a representa logicamente de acordo com a relação aristotélica de *meio* e *fim*, *Mittel* e *Zweck* ou *Ziel* (*Zweck* como alvo final e *Ziel* como objetivo intermediário), já tradicional na filosofia ocidental: como a utilização dos meios mais apropriados com vista a um fim predetermina-

---

33 Victor Davis Hanson, *Le Modèle occidental de la guerre* (*The Western Way of War*), Paris, Les Belles Lettres, 1990, p.283.

43

do, podendo este último servir de etapa intermediária para um objetivo mais geral que, em último estágio, é de ordem política (segundo a regra enunciada por Clausewitz, desde a sua juventude, na forma de uma máxima kantiana: "Visarás o objetivo mais importante, mais decisivo que sentirás a força em ti de alcançar; escolherás para esse fim o caminho mais curto que sentirás a força em ti de seguir").[34] Ora, como pudemos constatar, no pensamento estratégico da China Antiga, essa relação de meio e fim não se encontra explicitada; e são precisamente as noções de dispositivo e eficácia[35] que desempenham sua função.

Porque concebe a guerra sob o ângulo da *finalidade*, Clausewitz não apenas é levado a atribuir uma importância máxima ao confronto direto (visado como objetivo), como também deve reconhecer a importância intrínseca dos fatores morais, inquantificáveis, como a coragem e a determinação, e, consequentemente, pensar a guerra em termos de probabilidade (os meios que serão utilizados são somente os que têm mais chances de conduzir ao resultado desejado). Ora, vimos que sucede o contrário nos teóricos chineses da guerra, na medida em que a concebem sob o ângulo da

---

34 Karl von Clausewitz, *De la Révolution à la Restauration, écrits et lettres* (seleção de textos traduzidos e apresentados por Marie-Louise Steinhauser), Paris, Gallimard, 1976, p.33. Essa relação de meio e fim é objeto, em particular, do capítulo 2 do livro primeiro de *De la guerre*, que é capital; sobre a importância dessa concepção em Clausewitz, ver Michael Howard, *Clausewitz*, Oxford, Oxford University Press, "Past Masters", 1983, cap. 3, e os estudos de Raymond Aron, *Penser la guerre*, Paris, Gallimard, 1977, e *Sur Clausewitz*, Paris, Complexe, 1987.

35 *Shi* e *li* 势 利。

A propensão das coisas

propensão e de um *condicionamento do efeito*: eles são conduzidos a privilegiar o que Clausewitz considera com desdém uma "simples destruição indireta" – prévia e proveniente da paralisia e da subversão (ao passo que a batalha campal, *die Schlacht*, que é o essencial para Clausewitz, para eles é um simples resultado). Mais ainda: os chineses também são levados logicamente a ver as qualidades morais, essenciais à guerra, como apenas *implicadas* pela situação – e não como fatores próprios, à maneira de Clausewitz. Isso lhes permite conceber o processo da guerra em termos não mais de probabilidade, mas de "inevitabilidade" e "automaticidade".

Sabemos, enfim, o papel que desempenha, na reflexão de Clausewitz, a teoria da *fricção*, que ele concebe precisamente para tentar explicar o fosso que ronda desde sempre nossa reflexão estratégica, separando o plano estabelecido de antemão (marcado pela idealidade) e sua concretização (que o torna aleatório). Ora, a concepção chinesa do *che*, intercalando-se no que separamos como "prática" e "teoria", e, portanto, eliminando toda oposição entre esses termos, orienta a concepção da execução no sentido daquilo que, em função da propensão em ação, opera sozinho e *sponte sua*, sem incerteza e desperdício possíveis: sem usura e sem "fricção".

Che, de um lado; "meios" e "fim", de outro: dessa diferença implícita das categorias em jogo resulta uma diferença *de conjunto* – que pode ser estruturada. Em particular, esse contraste entre as concepções estratégicas reflete-se, de um lado e de outro, no domínio da política. A escolha do choque frontal da batalha de hoplitas encontrava-se em correspondência estreita – como forma direta, imediata e inequívoca de obter a decisão – com esta outra invenção

45

grega: o voto em assembleia. Do mesmo modo, a atenção que se dava à propensão, como modo de eficácia decorrente da disposição, será encontrada, mais abertamente ainda, na concepção chinesa da autoridade.

2
A posição é o fator determinante (em política) *

I. Estratégia e política remetem ao mesmo problema fundamental: de onde procede a eficácia que nos permitirá reger o mundo no sentido desejado? Da intervenção das capacidades individuais ou da relação de força que se encontra em jogo? Do investimento subjetivo – moral, intelectual – ou da tendência implicada objetivamente pela situação? O pensamento chinês do fim da Antiguidade (séculos IV-III) nos conduz a pensar essas duas opções em oposição uma a outra, e excluindo-se mutuamente, por levar tão longe a

---

* Os principais textos utilizados neste capítulo são o de Shen Dao, do século IV a.C. (cap. I), o *Guanzi*, obra compósita datada em geral do século III a.C. (sobretudo o cap. 67) e o *Hanfeizi* (280?-234 a.C.), a obra mais profunda e desenvolvida da tradição legista. Complementarmente, foram usados o *Shangjunshu* (*O livro do senhor Shang*), de Shang Yang, do século IV a.C. (cap. 24), e o *Lüshi chunqiu* (cap."Shen shi"). A edição de referência é o *Zhuzi jicheng*, v.5 e 6. Para o *Hanfeizi* e o *Lüshi chunqiu* é indicada, entre parênteses, a referência à edição de Chen Qiyou, *Hanfeizi jishi*, Shanghai Renmin Chubanshe, 1974, 2v., e *Lüshi chunqiu xiaoshi*, Xurlin Chubanshe, 1984, 2v.

François Jullien

radicalização teórica: especialmente no que diz respeito ao segundo termo da alternativa, a de uma determinação do curso das coisas *externa à personalidade.*

Trata-se, em primeiro lugar, de um caminho traçado pela sabedoria do modo mais geral (em termos taoistas): deixar que a propensão das coisas opere, fora de nós, em função de sua disposição própria; não projetar sobre as coisas nem valores nem desejos, mas harmonizar-nos constantemente com a necessidade de sua evolução. Porque da própria disposição das coisas resulta uma orientação que não vacila nem se desvia jamais, que nem "escolhemos" nem "instruímos":[1] as coisas "tendem" por si mesmas, infalivelmente, sem nunca "penar".[2] Em relação a isso, toda intervenção da subjetividade é sempre uma ingerência que cria obstáculo, introduzindo suputações e cálculo, a essa impecabilidade da tendência. Assim, ambos os termos revelam um ao outro por sua incompatibilidade recíproca: em face da atividade da consciência, a espontaneidade natural – quando a injunção opera imediata e integralmente por simples reação. A iniciativa, portanto, pertence inteiramente ao mundo – como alhures o indivíduo se fez completamente passivo e disponível a Deus: em vez de querermos dirigir imperiosamente o mundo por nossa ação, deixemo-nos

Zhuangzi
séc. IV a.C.

---

1 *Zhuangzi*, cap. 33, "Tian xia", parágrafo dedicado a Shen Dao. Trecho difícil e, ao mesmo tempo, fascinante, cuja tradução é sobretudo uma interpretação; cf. o que já dizia Arthur Waley em *Three Ways of Thought in Ancient China* (trad. fr. de George Deniker, *Trois courants de la pensée chinoise antique*, Paris, Payot, 1949, p.190).

2 *Qu wu er bu liang* 趣物而不两。

A propensão das coisas

conduzir ao sabor das coisas; em vez de desejarmos impor ao mundo nossas preferências, deixemo-nos ir pelo fio dos seres, abraçando a linha de menor resistência. "Somente avançava se fosse empurrado, somente recuava se fosse puxado." "Como rodopia o vento", "como viravolta a pluma", "como gira a mó"...

Traduzindo-se para o plano político essa redução da realidade ao jogo de suas implicações funcionais: a *disposição* das coisas da qual procede infalivelmente a tendência, como curso do mundo, encontra-se, através do corpo social, enquanto "posição" hierárquica.[3] De novo intervém aqui o termo *che* para designar, analogicamente com o dispositivo estratégico, o do poder. E, do mesmo modo que a sabedoria pôde ser concebida como o ideal de deixar operar a propensão inscrita na realidade, *sponte sua* e segundo seu máximo efeito, a ordem política pode ser logicamente pensada como procedendo "necessariamente" – por determinação puramente objetiva – da relação de autoridade.

Dois aspectos caracterizam de início a capacidade de efeito que decorre da posição hierárquica: de um lado, ela é independente do valor pessoal, especialmente moral, daque-

---

3 Sobre o problema da relação que se deve estabelecer entre o Shen Dao "taoista" que é apresentado no *Zhuangzi* e o Shen Dao legista que conhecemos por outras obras (cf. *Hanshu*), consultar P. M. Thompson, *The Shen Tzu Fragments*, Oxford, Oxford University Press, 1979, p.3 et seq., e Léon Vandermeersch, *La Formation du légisme*, Paris, École Française d'Extrême-Orient, 1965, p.49 et seq.; para um estudo das principais referências do termo *che* (*shi*) no âmbito político, recorrer a Roger T. Ames, op. cit., p.72 et seq.

François Jullien

Shen Dao séc. IV a.C.

le que a usa; de outro, podemos tanto nos servir como nos privar dela, mas jamais dispensá-la. Ela entra como suporte, a título puramente instrumental. E, ao mesmo tempo, de modo absolutamente decisivo. Carruagem, droga, adorno: por mais diverso que seja o registro, todos os exemplos demonstram o caráter indispensável do que à primeira vista parece apenas um coadjuvante.[4] Se pegarmos as mais lindas mulheres, ainda nos dão como exemplo, e se a cobrirmos com os mais lindos adornos, elas atrairão todos os olhares. Mas se as privarmos desses enfeites e as vestirmos com trapos, elas afugentarão as pessoas. Outro motivo é privilegiado para evocar essa função de suporte dotado de efeito: o do vento. Apoiando-se nele, a seta da besta pode subir alto no céu; deixando-se carregar por ele, a folha do capim pode ir longe. Transposição mítica do mesmo motivo: o dragão voa majestosamente cavalgando sobre as nuvens; no entanto, que estas se dispersem e ele acaba como um verme, rastejando na terra: ele perdeu o *che* que lhe servia de apoio em seu elã.

Interpretemos essas imagens em termos políticos: o homem, se não tira proveito do *suporte* de uma *posição* (*che*), por mais sábio que seja, não pode exercer influência sobre os outros — nem mesmo estando próximo deles. Inversamente, que o pior patife se aproveite de tal suporte e pode reduzir à obediência até os maiores sábios.[5] Do mesmo modo que, na estratégia, o que é importa não é tanto o nú-

---

4 Shen Dao, cap. I, "Weide", v.5, p.1-2; cf. P. M. Thompson, op. cit., p.232 et seq.

5 *Shi wei zu yi qu xian* 势位是以屈贤。

A propensão das coisas

mero de tropas, simples dado bruto, mas o aproveitamento do potencial nascido da disposição, assim também, na política, não é em sua "força", mas em sua "posição" que o governante "toma apoio".[6] A oposição desses termos, que normalmente pensaríamos associados, não deixa de ser significativa: a noção de força ainda parece muito marcada de investimento pessoal, não se libertou o suficiente da capacidade inata; apenas a ideia de posição pode explicar o caráter absolutamente extrínseco da determinação.

Shang Yang séc. IV a.C.

Por a argumentação filosófica ter se desenvolvido menos na China que na Grécia Antiga, poderíamos pensar – indevidamente – que não havia espaço para ela. Ora, para além de todos os exemplos que servem para ilustrá-la, essa concepção política da posição como suporte dotado de efeito foi objeto de debate teórico, tese contra tese.[7] A refutação da tese inicial, a do caráter determinante da posição, procede por etapas progressivas que podem ser resumidas da seguinte maneira: 1) embora ela intervenha como fator, esse fator não pode ser suficiente e, paralelamente a ela, conta também o valor pessoal. Invertendo-se o exemplo anterior: por mais densas que sejam as nuvens, uma minhoca não saberia encontrar apoio nelas para voar – ao contrário do dragão. 2) Como pode agir de maneira tanto negativa como positiva, o fator da posição se revela neutro e, portanto, indiferente: permite tanto ao bom soberano exercer um império benfazejo como ao mau de estabelecer a pior tira-

Hanfeizi séc. III a.C.

---

6 *Bu shi qi qiang er shi qi shi* 不恃其强而恃其势。*Shangjunshu*, cap. 24, "Jin shi", p.39.
7 *Hanfeizi*, cap. 40, "Nan shi", p.297 (p.886).

51

François Jullien

nia. 3) Visto que a natureza humana é, em geral, mais má do que boa, o trunfo fornecido pela posição corre o risco, em resumo, de mais prejudicar do que beneficiar. Daí a conclusão: tudo depende, em última análise, da capacidade da pessoa. O Estado é como uma carruagem, e a "posição de autoridade", os cavalos que a puxam:[8] nas mãos de um bom cocheiro, a carruagem avança rápido e longe; nas mãos de um mau cocheiro, o resultado é o inverso.

Essa refutação parece ligada ao senso comum, independentemente das opções culturais particulares. Consequentemente, a crítica sistemática à qual ela dá lugar não pode ser senão interessante, na medida em que torna original, *Hanfeizi* por sua radicalização, a concepção do *che* que é pregada aqui.[9] Mas essa refutação da refutação somente é possível porque intervêm primeiro um deslocamento do que está em jogo e em seguida uma distinção de sentido: a ordem política visada aqui não é a ordem moral ideal com que sonham os utopistas, mas a ordem da máquina de Estado, em seu funcionamento regular;[10] por outro lado, é preciso distinguir entre o *che* entendido como disposição natural e o *che* entendido como relação "institucional" de autoridade.[11] Porque o segundo deve ser tirado do primeiro a fim de

---

8 Mesma comparação em *Hanfeizi*, cap. 34, p.234 (p.717).

9 Chen Qiyou (p.894, nota 27) considera que esse segundo desenvolvimento não é de Han Fei, mas seus argumentos não me parecem determinantes. De todo modo, essa argumentação é bem desenvolvida demais para não valer o interesse.

10 *Yi shi wei zu shi yi zhi guan* 以势为足恃以治官。

11 *Wu suo wei yan shi zhe, yan ren zhi suo she* 吾所为言势者, 言人之所设。

A propensão das coisas

servir à instauração de um quadro propriamente político. O primeiro só age completamente na história em situações extremas — tanto para o bem como para o mal — e, nesse sentido, portanto, excepcionais — era dourada ou tempo de calamidades —, e então priva o homem da margem de manobra que normalmente lhe permite a administração dos negócios. Ora, mesmo nesse estágio, santos ou tiranos não devem seu advento a suas qualidades boas ou más, mas ao condicionamento da necessidade. E, em tempos ordinários, é a posição hierárquica, instituída como poder positivo, que serve por si mesmo de determinação suficiente para fazer reinar a ordem através da humanidade.

Não é possível afirmar, como no início da tese precedente, que, paralelamente ao fator da posição, existe o da capacidade pessoal. Essas duas determinações se excluem, de acordo com a concepção chinesa da "contradição" pensada à imagem do indivíduo que, vendendo "lança" e "escudo", gaba-se de ser capaz de transpassar tudo e o outro de ser *Hanfeizi* intranspassável... Portanto, não podemos esperar um sábio salvador, cujo reino virá uma vez em mil, mas fazer operar desde já a posição de autoridade segundo seu máximo efeito para garantir o bom funcionamento do Estado: a existência da relação hierárquica é suficiente para produzir a ordem. Daí resulta que a comparação da carruagem do Estado merece ser invertida: se a carruagem é sólida e os cavalos são bons — e, como anteriormente, estes últimos representam a capacidade de efeito atribuída à posição —, é desnecessário esperar um cocheiro superdotado: basta instalar postos de muda a distâncias regulares para que qualquer cocheiro, mesmo reles, possa seguir rápido e bem. Postos que, de um para o outro, permitam manter os cavalos em toda a sua capacidade: o governante terá apenas a tarefa – se explicitarmos a lógica da imagem – de criar, a partir de sua posição dominante, "postos de muda" políticos suficientes para manter inteiro o impulso que decorre de sua autoridade.

II. De um lado, os que afirmam a primazia da moralidade pessoal; de outro, os que atribuem eficácia apenas à posição ocupada: esse debate opõe, na China do fim da Antiguidade (séculos IV-III), os partidários do "confucionismo" e os que são tradicionalmente chamados "legistas". Tanto uns como outros concordam ao menos num ponto: a forma monárquica do poder. Porque – e essa é uma diferença fundamental em relação ao Ocidente – nunca se concebeu na China outro regime político que não fosse a monarquia. A diferença está na maneira de entendê-la. Os confucianos a concebem como uma ascendência essencialmente moral, expressão de um "mandato celeste", que se exerce pela influência exemplar que emana do sábio soberano. Para os legistas, ao contrário, a monarquia não é a manifestação de um querer superior, e sua ascendência se deve à pressão que apenas a posição monárquica pode exercer.[12] Essa oposição remete também a uma diferença de meios, sociais e culturais, e, consequentemente, de mentalidades na China Antiga, e por isso é ideológica: de um lado, aqueles que pertencem, ao menos por afinidade, aos antigos círculos da corte são apegados aos valores do ritual e da tradição

---

12 *Wei wu shi ye, wu suo li* 威无势也, 无所立。Cf., por exemplo, *Guanzi*, cap. 31, "Jun chen", p.177.

A propensão das coisas

e servirão como "letrados" junto aos príncipes; de outro, aqueles que são abertos à influência do mundo do empreendimento e do negócio — que na época passa por um desenvolvimento extraordinário na China — e projetam sua visão realista e conquistadora, sobre a gestão não apenas do poder, mas também de todo o corpo social. Todavia, essa diferença não é de "classe" e não opõe progressistas a conservadores, pois, apesar de seu espírito modernista, longe de conduzir à reivindicação de novos direitos, os legistas empregarão a preocupação com a eficácia positiva que os caracteriza no sentido apenas de um cesarismo despótico: mais teóricos do *autoritarismo* e do *totalitarismo* do que "legistas" propriamente ditos (apesar da tradução usual, que se baseia numa falsa aparência), porque, no conjunto, a teoria política chinesa pensou o poder, mas não o direito, e essa categoria particular de pensadores contribuiu para fincar ainda mais as raízes dessa orientação, radicalizando-a — em vez de tentar mudá-la.

Posição por excelência, portanto, a posição do soberano. Embora trate eventualmente da posição influente das grandes famílias ou dos ministros poderosos,[13] somente da *posição monárquica* é que o pensamento político chinês concebeu — em termos de *che* — a teoria: precisamente por eliminação decidida de qualquer outra posição que, como tal, somente se afirmaria em detrimento da posição soberana. Príncipe e súditos são percebidos pelos autoritaristas chineses segundo uma relação estritamente antagônica. Porque, se a soberania existe

---

13 Ibid., cap. 78, "Kui duo", p.385.

François Jullien

Guanzi séc. III a.c.

somente pela posição,[14] esta não deve contar com nenhum sentimento de amor ou devoção da parte do povo – ao contrário do paternalismo com que sonham os confucianos – para impor-se sobre ele. Considerada com todo o rigor, ela só pode consistir em um poder de recompensa e punição que obriga todo indivíduo que não seja o que a detém a sujeitar suas ambições particulares à autoridade de um só:[15] nessa qualidade, a posição política serve de dispositivo suficiente e completo, porque age de forma tanto positiva como negativa, incitativa e ao mesmo tempo repressiva. O fato de que o soberano tenha de "ocupar" plenamente sua posição[16] significa, portanto, que ele não delega a ninguém a dupla alavanca do medo e do interesse. Se, ao contrário, o príncipe permite que outros o privem de seu *che*, passa inevitavelmente para o controle deles e deixa-se manipular.[17] Disso nascem, a longo prazo, sedições e revoltas. Não para derrubar o trono, mas para usurpá-lo, tomando simplesmente o lugar de seu detentor: um perigo ainda maior porque, como vimos, esse dispositivo funciona independentemente das qualidades morais, individualizantes, de quem o tem nas mãos e pode, portanto, passar facilmente para as mãos de outros.

A monarquia concebida dessa forma revela-se objeto de um conflito permanente, ainda que na maioria das vezes seja apenas latente, opondo o déspota a todos os outros: **Hanfeizi** em primeiro lugar, é claro, nobres, ministros e conselhei-

---

14 *Fan ren jun zhi suoyi wei jun zhe, shi ye* 凡人君之所以为君者，势也。*Guanzi*, cap. 16, "Fa fa", p.91.

15 Ibid., cap. 67, "Ming fa jie", p.343.

16 *Chu shi* 处势。

17 *Ren jun shi shi, ze chen zhi zhi* 人君失势, 则臣制之。

A propensão das coisas

ros; mas também esposa, mãe, concubinas, bastardos ou filho herdeiro. A teoria da posição é acompanhada de uma fina psicologia da captação: o príncipe deve desconfiar, acima de tudo, dos que antecipam seus desejos e opinam regularmente a seu favor, pois criam para si mesmos um capital de confiança que um dia lhes permitirá ter poder sobre ele.[18] Ao contrário, a ascendência do príncipe cresce proporcionalmente à distância que sabe manter entre ele e seus súditos. À semelhança dos animais selvagens, que nos impressionam apenas porque se escondem no fundo das florestas.[19] O privilégio da posição não deve ser diluído nem partilhado;[20] e favoritos e familiares são piores que o insubordinado. Inteiramente exclusiva e monopolizada, a posição não deve ser disputada por nenhuma rivalidade.

Guanzi

A lógica é a mesma no âmbito do feudalismo.[21] Assim como entre soberano e súditos, cabe ao suserano, em relação aos vassalos, enfraquecê-los ao máximo para dobrá-los com mais facilidade a sua autoridade. Não é por bondade que se distribuem feudos em grande quantidade, mas para melhor assentar sua preeminência; e esses feudos devem ser tanto menores quanto mais afastados, para compensar a perda de influência em razão da distância. De modo geral, o poder é mais bem exercido — isto é, de acordo com sua ótica, mais comodamente — quanto maiores a desigualdade das

Lüshi chunqiu
séc. III a.C.

---

18 *De cheng xin xing zhi shi* 得乘信幸之勢。*Hanfeizi*, cap. 14, p.68 (p.245).

19 *Guanzi*, cap. 64, "Xing shi jie", p.325.

20 Ibid., cap. 31, "Jun chen", p.178, e *Hanfeizi*, cap. 48, cânone 3, p.332. (p.1006); cf. também cap. 34 e 38.

21 *Lüshi chunqiu*, cap. "Shen shi", v.6, .p.213 (p.1108).

François Jullien

posições e o desequilíbrio decorrente.[22] Cabe ao suserano, do mesmo modo que antes ao estrategista, fazer funcionar a seu favor essa relação de força para subjugar o outro.

Aliás, concepções política e estratégica coincidem no que diz respeito a seus domínios respectivos:[23] o maior trunfo em relação aos inimigos de fora (como *che* estratégico) é o **Hanfeizi** apoio que o príncipe recebe por sua posição de autoridade dentro (como *che* político), em relação a seus súditos.

III. Mas a posição de soberania não deve ser concebida apenas de um ponto de vista defensivo contra as usurpações de todos que a ameaçam. Ela também deve ser dotada de um efeito próprio, e em primeiro lugar no plano da informação, já que permite ao soberano ter conhecimento de tudo que se trama no império. A esse aspecto de autoritarismo, comum nas sociedades antigas, associa-se outro que, levado a esse grau de sistematização, parece pertencer a nossa modernidade: o de servir de instrumento do totalitarismo.

A inteligência dos teóricos chineses a respeito do despotismo foi, de fato, compreender com grande clareza – e isso desde a formação de seu pensamento, no fim da Antiguidade – que o poder político repousava fundamentalmente sobre o caráter integral e rigoroso do saber que se adquire sobre as pessoas e, a partir dele, sobre a transparência forçada em que são mantidas. Eles se inspiraram, aqui, naqueles que antes deles – os "mozistas", opondo-se ao privilégio que a tradição confuciana, no domínio do conhecimento,

---

22 *Duo jian feng, suoyi bian qi shi ye* 多建封, 所以便其势也。
23 *Hanfeizi*, cap. 38, p.288 (p.864).

A propensão das coisas

atribuía à intuição moral da consciência – foram os primeiros a tentar definir as condições de possibilidade de um saber científico que repousasse sobre a investigação, a experiência e a verificação.[24] No pensamento chinês, não encontramos essa dúvida metafísica em relação à aparência, em oposição à realidade, que marcou tão profundamente nossa tradição. Em compensação, mostra-se particularmente preocupado com o fato de que conhecimento individual seja fatalmente fragmentário, lacunar e, portanto, manchado de subjetividade. É necessário que haja socorro do outro, porque, como diz o ditado, "dois olhos veem mais do que um". Para chegar à objetividade, o conhecimento deve ser ao mesmo tempo totalizado e confrontado: para isso servirá idealmente, aos olhos dos teóricos do despotismo, num modo não mais unanimista, mas coercivo, a posição de soberania.

O rigor epistemológico transformou-se numa maravilhosa ferramenta para controlar as pessoas. Instituindo-se *Hanfeizi* no centro de tudo o funcionamento do Estado, a posição de soberania torna-se apta para fazer convergir para ela – e apresentar-se diante dela – toda informação; pelo poder que detém, ela tem condições, além do mais, de dobrar a informação obstinada e desmascarar a que seria mentirosa. Para isso, basta que o príncipe recorra sistematicamente ao duplo procedimento de *dissociação* e *solidarização*:[25] "dissociando" as opiniões, o príncipe pode saber precisamente

---

24 A esse respeito, cf. Léon Vandermeersch, op. cit., p.225 et seq.

25 *Can e wu* 参伍。

de onde vem cada uma, considerá-las metodicamente uma por uma, antes de confrontá-las e responsabilizar seus autores; paralelamente, "solidarizando" as pessoas, ele as faz distinguir-se umas das outras e favorece a denúncia. Assim o príncipe poderá trazer à luz as opiniões interesseiras, em vez de deixar que prosperem impunemente sob a aparência, mais anônima, de deliberações comuns; ao mesmo tempo, poderá cortar pela raiz qualquer formação partidária, brandindo a ameaça de uma punição coletiva.[26] Agindo sutilmente de maneira inversa e complementar, esses dois procedimentos são suficientes para erigir a posição do soberano em verdadeira *máquina de saber*:[27] por essa captação forçada de qualquer informação, por essa limpeza minuciosa dos dados, ele consegue, dos confins de seu palácio, "ver" tudo e "ouvir" tudo. Sua força não tem mais nada de físico: vem simplesmente do fato de poder dispor dos outros para observar para ele e, portanto, como consequência, graças ao arrostamento mútuo que isso provoca necessariamente entre todos os súditos, serem vistos por ele. Como tal, ela é politicamente suficiente, porque permite detectar a tempo qualquer sinal de contestação e aniquilá-la em estado embrionário – pelo simples fato de ter sido descoberta –, sem ter de se dar o trabalho de punir. Não se pede ao soberano que seja moral, em sua pessoa, mas, por sua posição, que seja "esclarecido".[28]

---

26 *Hanfeizi*, cap. 48, cânone 4, p.334 (p.1017).

27 *Guan ting zhi shi* 观听之势。

28 *Cong ming zhi shi xing* 聪明之势兴; ele é qualificado de *ming zhu* 明主. *Hanfeizi*, cap. 14, p.71 (p.247).

A propensão das coisas

A posição do soberano repousa, portanto, sobre um duplo fundamento: um, bem visível, ao qual a lei imposta a todos exige respeito; o outro, cuidadosamente oculto, é constituído pelo esquadrinhamento meticuloso da sociedade. Desse modo, ela une os dois pilares que serviram para edificar o despotismo chinês: de um lado, a "norma" pública, draconiana, igual para todos, estabelecendo recompensas e punições; de outro, a "técnica" política, subterrânea, procedendo por investigações paralelas e desinformação enganosa, crítica, confrontação e corroboração.[29] Permite ao mesmo tempo comandar às claras e manipular às escondidas.

Ei-nos, portanto, em condições de dar um sentido positivo, mais preciso, a essa ideia de suporte eficaz que a posição de soberania constitui em si, pois a arte do príncipe é fazer todo o resto da humanidade concorrer para sua própria posição:[30] não investindo sua própria pessoa, mas levando o outro a esforçar-se por ele. Do mesmo modo que percebe poucas coisas por seus sentidos, o príncipe, se apela para suas próprias capacidades, esgota-se rápido e não dá conta de governar tudo. Portanto, a gradação corresponde primeiro a uma lógica econômica: "um príncipe de nível inferior utiliza a fundo suas próprias capacidades, um príncipe de nível médio utiliza a fundo a força do outro, um príncipe de nível superior utiliza a fundo a inteligência do outro".[31] Os outros servem ao soberano para ascender,

Huainanzi séc. II a.C.

Hanfeizi

---

29 *Fa e shu* 法 术。

30 *Yi zhong wei shi* 以众为势。 *Huainanzi*, cap. 9, p.133, 145.

31 *Hanfeizi*, cap. 48, cânone 2, p.331 (p.1001).

do mesmo modo que, anteriormente, as nuvens serviam ao dragão para voar. Ou ainda, o príncipe é suportado pela massa como o barco é carregado pela água. Ele é como um tronco seco que, do alto da montanha, projeta-se sobre os vales vizinhos:[32] pouco importa o tamanho do tronco, o que conta é a altitude do maciço onde se encontra encarapitado.

Como questão teórica sobre a arte de governar: um príncipe estaria errado se abandonasse a capital, se lhe viesse o desejo, e partisse para o litoral? Não, responde o teórico chinês do totalitarismo, porque esse príncipe poderia muito bem permanecer conscienciosamente em seu palácio, no centro de seus Estados, e ainda assim não ocupar sua posição.[33] Como também pode muito bem, permanecendo à distância, ter perfeito controle sobre o dispositivo do poder e dirigir tudo. Isso equivale a reconhecer que a posição não deve ser ocupada por investimento pessoal, mas *tecnicamente*. Ela não é da ordem da presença física, local e reduzida, mas do manejo do comando. Por isso pode pretender exercer o poder a fundo e em totalidade.

IV. A natureza do dispositivo constituído, nessas condições, pela posição de soberania pode resumir-se neste duplo aspecto: de um lado, esse dispositivo é puro produto da invenção dos homens, não emana de nenhum desígnio transcendente, mas é montado tecnicamente por eles; de outro, esse dispositivo do poder funciona sozinho e de maneira

---

32 Ibid., cap. 28, p.155 (p.508).

33 *Chu shi er bu neng yong qi you* 处势而不能用其有。*Hanfeizi*, cap. 38, p.284 (p.849).

A propensão das coisas

automática, independentemente das qualidades de quem dispõe dele, apenas com a condição de que possa gozá-lo plenamente, sem ser incomodado. Artificial e, ao mesmo tempo, funcionando *naturalmente*: a conjunção desses dois aspectos é que estabelece sua capacidade de servir – precisamente – de dispositivo.

Essa naturalidade mesma é dupla. Do lado dos súditos, os dois comandos que o príncipe tem nas mãos, como "cabos" ou "manípulos", e constituem sua posição de soberania,[34] **Hanfeizi** fazem funcionar dentro deles, de forma instintiva e primária, no modo elementar da bipolaridade, os dois sentimentos que lhes são inatos: a punição suscita espontaneamente a repulsão, assim como a recompensa suscita a atração.[35] E, na outra ponta do cabo, o príncipe não faz nada além de ocupar esse posto de comando e deixá-lo operar: não tem nem de vigiar nem de se esforçar. Porque, do mesmo modo que, na estação própria, os frutos amadurecem naturalmente, sem que tenhamos de fazer esforço, assim também, na posição que pertence ao príncipe, o renome do "mérito" vem a ele "sem que ele tenha de se mexer":[36] do mesmo modo que a água tende indefinidamente a correr ou o barco a flutuar, assim também da posição de soberania decorre uma propensão natural – e, portanto, em si mesma "inesgotável" – a que as ordens emitidas sejam incansavelmente executadas. Ocupando sua posição, o príncipe rege os homens como se

---

34 *Zhi bing yi chu shi* 执柄以处势。

35 *Hanfeizi*, cap. 48, cânone I, p.330 (p.997).

36 *De shi wei ze bu jin er ming cheng* 得势位则不进而多成。*Hanfeizi*, cap. 28, p.155 (p.508).

ele próprio fosse o "Céu" (a Natureza); ele os faz funcionar como se ele próprio pertencesse ao reino invisível dos "espíritos".[37] Isso significa que, deixando simplesmente que opere o dispositivo de poder constituído por sua posição, ele (da mesma forma que o curso do céu) não pode desviar-se da regularidade de sua conduta nem prestar-se, por conseguinte, à crítica;[38] e, frequentando o mundo humano num modo invisível (à semelhança dos espíritos), jamais terá de "penar", porque seus súditos se sentem determinados não por uma causalidade externa, mas por efeito de sua pura espontaneidade.[39] Eles são agidos como se agissem por si mesmos, prestam-se à manipulação como se se tratasse da expressão de sua própria interioridade. Portanto, contanto que "a posição funcione", por mais rigorosa que seja a injunção, ela não poderia encontrar obstáculo.[40]

Como analisaram finamente os teóricos chineses da Antiguidade, toda a força do autoritarismo totalitário cabe nesta constatação, que não tem nada de paradoxal: basta

---

37 *Ming zhu zhi xing zhi ye tian, qi yong ren ye gui* 明主之行制也天，其用人也鬼。*Hanfeizi*, cap. 48, p.330 (p.997).

38 Conforme se entenda de uma forma ou de outra, igualmente possíveis, a expressão *tian ze bufei* (cf. Chen Qiyou, p.999, nota 10).

39 Conforme se leia *kun* ou *yin*; sobre esse ponto, cf. Chen Qiyou, p.999, nota 11, e Léon Vandermeersch, op. cit., p.246.

40 *Shi xing jiao yan (ni) er bu wei* 势行教严（逆）而不违。Sobre o caráter natural da manipulação, cf. Jean Lévi, "Théories de la manipulation en Chine ancienne", *Le Genre Humain: Les Manipulations*, n.6, 1982-1983, p.9 et seq., e "Solidarité de l'ordre de la nature et de l'ordre de la société: 'loi' naturelle et 'loi' sociale dans la pensée légiste de la Chine ancienne", *Extrême-Orient Extrême-Occident*, PUV, Paris VIII, n.5, p.23 et seq.

A propensão das coisas

que a opressão seja levada a seu extremo para que não seja mais percebida como tal, mas como seu oposto – para que pareça evidente, faça parte da natureza das coisas e não tenha mais de se justificar. Não só porque com o tempo a pressão exercida cria um *habitus* que se constitui como segunda natureza nos indivíduos que a sofrem, mas também, mais fundamentalmente, porque a lei dos homens, *tornando- -se inumana*, dota-se das características de uma lei natural: insensível e implacável como ela, e ao mesmo tempo onipresente, coagindo todos e a todo instante. No pensamento dos "legistas" chineses, a lei que eles instituem é puro prolongamento do curso do Mundo (o *Tao*) e encontra-se em perfeita harmonia com a razão das coisas: ela não faz mais do que traduzir para a física social a ordem inerente à natureza. Por isso a posição do soberano é concebida por eles essencialmente como um poder rigoroso de vida e morte, que se deve exercer constantemente em relação a todos os súditos, e exige-se acima de tudo do príncipe que ele seja o único a detê-la: pertence a ele fazer viver ou morrer com a inexorabilidade do destino. Porque o príncipe reproduz exatamente, a partir de sua posição, as condições de possibilidade que são aquelas do funcionamento natural, o corpo social é tornado perfeitamente permeável, de parte a parte, às injunções que emanam de sua autoridade, e estas, por conseguinte, não apresentam o risco de se desvirtuar ou se gastar: porque se exerce de maneira uniforme e geral – num estágio absoluto –, a posição ocupada pelo príncipe permite que ele incarne, na ordem particular da política, o grande processo regulador da realidade. Ela constitui, no nível humano, o ponto único e preciso pelo qual este último se fixa no dinamismo original (obviamente, encontramos aqui a influência do "taoismo" filosófico).[41] É por isso que, ocupando sua posição, o príncipe encontra-se habilitado para captar a eficácia que está na própria totalidade das coisas; e as molas da manipulação funcionam por si sós, sem haver necessidade de pressão.

Assim, compreende-se melhor o conflito que opõe esses teóricos chineses do despotismo ao moralismo confuciano. *Hanfeizi* Para eles, a extrema facilidade com que se exerce o poder a partir da posição de soberania é prova da superioridade de sua política. Porque aquele que governa em nome da moralidade deve, ao contrário, esforçar-se cada vez mais, sem nunca chegar a êxitos confiáveis e definitivos. É como aquele que persegue a pé os animais mais velozes: a corrida é extenuante, e há um grande risco, no fim das contas, de que ele pene em vão. Ao passo que, se montamos na carruagem do Estado e nos deixamos levar pelos cavalos (símbolo, como recordamos, da eficácia da posição), conseguimos chegar naturalmente ao resultado visado e, ainda por cima, da forma mais cômoda do mundo.[42] No dizer dos confucianos, o maior dos sábios, Confúcio, não conseguiu atrair mais do que setenta discípulos – e isso depois de muito esforço –, ao passo que, na mesma época, o duque Ai, seu suserano, embora fosse um homem medíocre, não teve nenhum trabalho, enquanto príncipe, para submeter

---

41 Sobre a inspiração taoista do pensamento legista, ver os excelentes desenvolvimentos de Léon Vandermeersch, op. cit., p.257 et seq.

42 *Jie (he) she shi zhi yi ye er dao xing zhi nan* 皆（合）舍势之易也而道行之难。 *Hanfeizi*, cap. 34, p.231 (p.711), e p.234 (p.717).

A propensão das coisas

todos os outros, inclusive Confúcio.[43] O primeiro erro dos confucianos é dar muito crédito à moral e confundir, em especial, a atitude que se deve ter em relação aos súditos com a atitude que se pode ter em relação aos discípulos. Mas os confucianos cometem um erro ainda mais grave. Pregando a bondade ao príncipe, recomendando-lhe clemência, eles perturbam o exercício do dispositivo político, tal como implicado pela posição soberana, levando-o a sair *Hanfeizi* do trilho da regularidade dos processos. Porque mesmo o amor entre pais e filhos – que os confucianos tomam como modelo para fundar na natureza seu paternalismo político – está longe de ser isento de exceções e rebeliões. E o que é a bondade, senão conceder uma recompensa a quem não a mereceu? O que é a clemência, senão dispensar de punição aquele que, no entanto, é justo punir? Dando mostra de uma ou outra dessas virtudes, o soberano certamente aliviará sua consciência – mas a sociedade caminhará para a desordem.[44] Porque, do lado dos súditos, estes não se sentirão mais obrigados a investir todo a sua energia a serviço do príncipe, e em breve considerarão apenas seus interesses privados. E, do lado do príncipe, quando ele se engaja no caminho da "humanidade" e da "compaixão", passa a funcionar de modo puramente humano e, como consequência, vê-se em concorrência com todos os que gostariam de competir com ele nesse terreno: ele saiu de sua posição.

---

43 *Fei huai qi yi, fu qi shi ye* 非怀其义, 服其势也。 *Hanfeizi*, cap. 49, p.342-3 (p.1051).
44 Ibid., cap. 14, p.74 (p.249).

Portanto, toda tentação de moralidade é prejudicial – e os que pregam a moral são perversos –, no sentido de que ela introduziria um jogo estranho naquilo que, sozinho, funciona perfeitamente bem. A única orientação de uso em relação ao dispositivo constituído pela posição soberana[45] é o respeito a sua *automaticidade*.[46] *Por isso mesmo, aquele que dispõe dele, longe de se manifestar perante os outros com favores, como faz o rei confuciano, dissimula-se na máquina, confunde-se com as engrenagens. Ele, que tudo vê, não deixa que se veja nada dele. Enquanto os outros são submetidos à transparência, ele se protege com sua opacidade.*[47] *De modo que, todo-poderoso, passa despercebido (é até mais imperceptível quanto mais sua posição se exerce realmente).* À semelhança do *Tao*, termo último do grande Processo das coisas, do qual sabemos apenas que "Ele existe".

V. Podia-se ir mais longe no sentido de uma desumanização do poder. Entre os pensadores chineses da Antiguidade, como analisou extraordinariamente Léon Vandermeersch, os teóricos do despotismo contribuíram para o progresso do pensamento político elevando-se a uma noção mais abstrata do Estado: em especial no que diz respeito à administração pública, concebida agora como pura função, totalmente liberada da antiga aristocracia dirigente. Mas o limite de seu sistema, devido à dominação absoluta do princípio monárquico na China, foi não ter

---

45 *Shan chi shi* 善持势。
46 *Hanfeizi*, cap. 38, p.285 (p.853).
47 Ibid., cap. 48, cânone 5, p.335 (p.1026), e também cap. 8, p.29 (p.121).

A propensão das coisas

conseguido dissociar a fundo, de modo análogo, o Estado do príncipe. Daí a *despersonalização* máxima do soberano, à qual eles chegam logicamente ao reduzir este último a sua *posição*: dispositivo político rigorosamente montado, mas cujo funcionamento, polarizado no príncipe, não pode desembocar numa finalidade que transcenda o aparelho encarnado por ele e torna-se, em sua própria lógica, perfeitamente monstruoso.*

É comum hoje comparar esses autoritaristas chineses ao pensamento de um Maquiavel. De ambas as partes, de fato, a reflexão política apresenta-se sob a mesma perspectiva de conselhos dirigidos ao príncipe com o intuito de alcançar o único objetivo que interessa: o fortalecimento de seu poder.

---

* Embora nunca tenham cogitado questionar o príncipe monárquico, os chineses criticarão o modelo legista da monopolização do poder em nome da necessária reciprocidade: o dispositivo político não deve ser bloqueado num funcionamento de sentido único – de cima para baixo – como tanto desejaram os legistas, mas deve estar aberto à interação e pressupõe uma bipolaridade: *entre* o topo e a base, o suserano e o vassalo, o príncipe e o povo. Como veremos adiante, esse princípio de dualidade de instâncias é comum a todos os aspectos do pensamento chinês, e é nesse sentido que será efetivamente corrigida, por influência dos letrados, a ideologia imperial.

A concepção legista do *che* é importante para a nossa investigação na medida em que é a mais teorizada. Ao mesmo tempo, representa uma perda em relação à intuição da eficácia que se expressa comumente por esse termo, pois, embora tenham evidenciado a dimensão de condicionamento objetivo próprio do *che*, assim como seu caráter de automaticidade, os legistas conseguiram privar a representação da variabilidade que lhe é essencial. E, fixando-a dessa forma, eles a esterilizaram.

"O ponto", podemos ler em *O Príncipe*, "é manter-se em sua autoridade."[48] De ambas as partes, sobretudo, o pensamento político libertou-se da moral e das justificações finalistas e agora concebe o poder apenas segundo aquilo que Maquiavel chama de "verdade efetiva": ele procede apenas de instituições puramente humanas, interpreta-se como puro confronto de interesses, traduz-se somente na realidade das relações de força. De sua parte, Maquiavel também se abstém — o que é novo no pensamento político do Ocidente — de distinguir entre formas legítimas e ilegítimas do poder e, em sua noção de *princípio*, monarca ou tirano permanecem cuidadosamente confundidos. Mas a comparação termina aí: precisamente porque Maquiavel não considera reduzir o príncipe a sua posição. Longe de querer despersonalizá-lo, como homem do Renascimento que é, ele apela grandemente para as capacidades individuais do soberano, com o risco de que estas não sejam mais concebidas em termos de qualidades morais, como em todos os *Espelhos de príncipes* da época, mas como eficácia da *virtù*. Para ele, a política é uma arte às voltas com a *fortuna* e não a marcha regular de um dispositivo, recomendada por sua automaticidade. Ele desvendou, com uma inteligência sutil, os princípios secretos do autoritarismo, mas não tem ainda nenhuma ideia do que poderia ser um funcionamento político totalitário.

Esse ideal de um reino absoluto da vigilância começaria a ser encontrado, da parte da reflexão ocidental, no que Michel Foucault descreve como o sonhado controle da cidade que é declarada em quarentena porque foi infectada

---

48 Maquiavel, *O príncipe*, cap. 18.

A propensão das coisas

pela peste:[49] quando todo o espaço é minuciosamente esquadrinhado, assim como os indivíduos são continuamente seguidos e apontados, de maneira que – o mais rigoroso regulamento penetrando nos mais ínfimos detalhes da vida – fique assegurado "o funcionamento capilar do poder". Do mesmo modo, a figuração adequada desse dispositivo perfeito que o privilégio da posição constitui por si só não será encontrada entre nós antes do famoso *Panóptico* de Bentham, apresentado na sequência:[50] na periferia, um edifício circular, dividido em células individuais que atravessam toda a largura do edifício, e com uma janela de cada lado para que a luz varra a célula de ponta a ponta; no centro, uma torre também com janelas que dão para o interior do círculo; nas células, os que são vigiados, mantidos em estado consciente e permanente de visibilidade; na torre, o que os vigia, vendo-os continuamente, mas não sendo nunca vistos por eles, a ponto de o efeito de vigilância continuar mesmo que o vigia abandone o local. Quer se trate de um sistema ou de outro, a dissimetria funcional é a mesma, entre a transparência imposta a uns e a opacidade em que se esconde o outro (seja ele o príncipe ou o guardião): na teoria chinesa também, como nos recordamos, o soberano podia ocupar perfeitamente sua "posição", mesmo que abandonasse seu palácio.

"Dispositivo importante", comenta Foucault, "porque automatiza e desindividualiza o poder": não saberíamos

---

49 Michel Foucault "Le panoptisme", in *Surveiller et punir: naissance de la prison*, Paris, Gallimard, 1975, p.197 et seq.

50 Ibid., p.201 et seq.

François Jullien

dar definição melhor do *che* político. Porque esse "dispositivo funcional que deve melhorar o exercício do poder, tornando-o mais rápido, mais leve, mais eficaz", tem seu princípio "menos em uma pessoa do que [...] em uma aparelhagem cujos mecanismos internos produzem a relação na qual estão presos os indivíduos". Aquele que é submetido ao campo de visibilidade do *Panóptico* — como ao campo instaurado pela posição do soberano — e, ainda por cima, sabe disso, assume para si as coerções do poder e "fá-las funcionar espontaneamente sobre si mesmo", de maneira que "o poder externo pode aliviar-se de seus fardos físicos"; e mais "ele tende ao incorpóreo", "mais seus efeitos são constantes, profundos, adquiridos de uma vez por todas, incessantemente recomeçados".

"Um grande e novo instrumento de governo", congratula-se Bentham, inventor desse esquema panóptico, já que é uma maneira de obter poder "em quantidade até então sem igual". Michel Foucault, de sua parte, vê essa invenção como o símbolo de uma transformação histórica essencial na época moderna, porque leva ao advento da sociedade disciplinar. Ora, na China, essa invenção já havia sido rigorosamente aprimorada pelos teóricos do *che* desde o fim da Antiguidade; e não na escala tímida e modesta de uma prisão, mas na escala — soberana — de toda a humanidade.

Conclusão I
Uma lógica da manipulação*

I. Condução da guerra – gestão do poder: ao mesmo tempo que pressentimos uma afinidade entre esses dois objetos, parece que, tradicionalmente, houve reticências e escrúpulos em determinar mais precisamente o que poderiam ter em comum – em ultrapassar esse estágio da simples metáfora (a "estratégia política") e interpretá-los segundo o mesmo esquema. A "manipulação" é reservada às ciências da natureza, as pessoas hesitam – ou resistem – a conceber uma teoria da manipulação humana.

Ora, muitos pensadores da Antiguidade chinesa não tiveram esses escrúpulos ou essas reticências. Quanto mais in-

---

* Os textos utilizados neste capítulo são de Mêncio, datados da segunda metade do século IV a.C. (sobretudo VII, A, 8, e VI, A, 2), e de Xunzi, de cerca de 298-235 a.C. (sobretudo cap. 9, 11, 15 e 16), assim como a compilação do início do Império, o *Huainanzi* (cap. 9 e 15).

As referências ao *Mencius* são dadas segundo James Legge, *The Chinese Classics*, v.2; as referências ao *Xunzi* e ao *Huainanzi*, segundo o *Zhuzi jicheng*, v.2 e 7.

sistente foi a afirmação do ponto de vista ritualista e moral na China Antiga, mais viva – e radical – foi a reação que o desmoronamento dessa concepção suscitou no contexto de crise social e política extrema do fim da Antiguidade. Como pudemos constatar, o que une profundamente estratégia e política na época é dado nesse "núcleo" comum que é o *che*. Comunhão de objetivos, em primeiro lugar: para os "estrategistas" chineses (quero dizer: os teóricos da estratégia), não se deve visar o extermínio do inimigo – o que seria uma perda, e a guerra não deve ser mortífera –, mas forçá-lo a ceder, preservando tanto quanto possível as forças inimigas para revertê-las para seu próprio uso; do mesmo modo, a política não poderia ter outro alvo, na opinião dos teóricos chineses do despotismo, senão "submeter o outro", e todo súdito, lembram eles insistentemente, deve sempre ser visto como um inimigo em potencial: que o outro seja súdito ou inimigo, tudo é feito para paralisar seus planos e seu querer próprio, e fazê-lo contribuir completamente, contra sua própria vontade, para a orientação que lhe é imposta. Comunhão de procedimentos também: de ambas as partes, não se deve fazer nada a não ser explorar ao máximo, em seu próprio benefício, a relação de força presente na situação. Tudo que possa atenuar ou cobrir essa nudez da coerção deve ser descartado; assim como tudo que possa contribuir para o efeito de coerção, sem o conhecimento do outro e contra ele – artimanha, armadilha, dissimulação – deve ser reforçado. Por isso, quer se trate da condução da guerra, quer da gestão do poder, no fundo o uso do dispositivo é o mesmo: de um lado, não há o desejo de destruir o inimigo, apenas sua capacidade de resistência; de outro, há disposi-

A propensão das coisas

ção para exterminar qualquer súdito, tão logo se torne um estorvo.

Além do mais, seja na guerra, seja na política, o dispositivo em jogo apresenta as mesmas características de funcionamento. Em primeiro lugar, a perfeita automaticidade dos processos desencadeados: se sabe operar o dispositivo que tem nas mãos, o estrategista tem a certeza de triunfar sobre o inimigo, antes mesmo que o combate seja iniciado, do mesmo modo que o príncipe tem a certeza de impor obediência a seus súditos, sem nem mesmo ter de forçá-los a obedecer. O resultado decorre de si mesmo — *sponte sua* — como puro efeito. Como consequência: tal dispositivo, visto que funciona "naturalmente", não pode esgotar-se: sua propensão, por si mesma, leva-o a renovar-se incessantemente no campo de batalha e, paralelamente, faz parte da lógica do dispositivo do poder emitir ordens ao infinito, e sem gastar-se.

Outro ponto de semelhança: a anulação do manipulador. Um bom general passa duplamente despercebido: do simples ponto de vista tático, porque não deixa transparecer suas disposições (ao mesmo tempo que obriga o inimigo a deixar transparecer as dele); do ponto de vista estratégico, porque nunca mostra perspicácia ou coragem — que, no entanto, sempre lhe valem a admiração de todos —, mas faz de modo que a vitória possa decorrer infalivelmente da situação. Ora, o mesmo acontece com o príncipe esclarecido: em sua relação imediata com os outros, ele cuida para não deixar transparecer nada de seu foro íntimo (enquanto obriga seus súditos à mais perfeita visibilidade); e, em seu uso do poder, evita manifestar clemência e generosidade — que, no entanto, poderiam assinalá-las favoravelmente ao povo como "virtudes" –, mas zela escrupulosamente para não perturbar a autorregulação do corpo social mantida graças à imparcialidade das retribuições. A mesma análise, portanto, vale para um lado e para o outro: no plano prático, deixar-se ver é abrir o flanco para o outro e dar-lhe poder sobre si; no plano teórico, o verdadeiro manipulador confunde-se com o funcionamento do dispositivo, dilui-se nele. Como consequência, o comportamento moral não é mais do que um produto da manipulação. O soldado é corajoso e o súdito é devotado não por obra e graça das belas virtudes que se desejam dele, mas simplesmente porque são obrigados a sê-lo. A eficácia procede de uma determinação objetiva – ou, mais precisamente, disposicional – e apenas dela decorre – de forma discreta e tanto mais infalível – o êxito.

II. Tanto mais a concepção do *che*, como dispositivo funcional, é importante para os estrategistas e teóricos do despotismo, tanto menos ela o é, como bem imaginamos, para a reflexão dos moralistas; tanto mais é carregada positivamente de um lado, tanto o é negativamente de outro. E é justo: o que é moralidade senão afirmar, em seu próprio princípio, a primazia dos valores sobre o caráter mais ou menos favorável da situação, assim como a superioridade da determinação subjetiva diante da pressão das relações de força? Os "realistas", enquanto teóricos do *che*, contra os moralistas, *alias* confucianos: esse é um dos principais debates nos quais redundou o pensamento chinês, quando amadureceu, no fim da Antiguidade, com o florescimento das "cem escolas".

A propensão das coisas

No campo da guerra, em primeiro lugar. Os moralistas não dão nenhuma importância ao *che*, visto que não têm o mínimo interesse pela estratégia. Segundo eles, a guerra se resolve por si mesma, graças à influência moral que emana do bom soberano. Portanto, não há por que considerá-la tecnicamente, em si mesma, mas apenas como consequência da política, que, por sua vez, só deve ser considerada consequência da moral. Quando um soberano desenvolve realmente, em sua consciência, as primícias de virtude que lhe são inatas, "infalivelmente" os povos mais distantes e os mais hostis lhe abrirão suas portas e se anteciparão, seduzidos por sua bondade, a fim de gozar da bondade de seu reino.[1]

Mêncio séc. IV a.C.

No campo social e político, por outro lado, prega-se uma indiferença total com relação ao poder ligado à posição, em nome da superioridade dos valores morais (mas é claro que não por uma crítica à hierarquia social, que os confucianos, ao contrário, respeitam mais do que qualquer um). Diz Mêncio:

Os Sábios Reis da Antiguidade amam o Bem e não fazem nenhuma conta do poder ligado a sua posição (*che*).[2] Os sábios letrados – como poderiam ser exceção e não conduzir-se da mesma maneira? Eram enamorados do

---

1 Cf., por exemplo, *Mencius*, III, B, 5, p.271; sobre esse assunto, cf. nosso estudo "Fonder la morale, ou comment légitimer la transcendance de la moralité sans le support du dogme ou de la foi", *Extrême-Orient Extrême-Occident*, PUV, Paris VIII, n.6, p.62.

2 *Hao shan er wang shi* 好善而忘势。

François Jullien

Caminho que lhes cabia e não faziam nenhuma conta do poder ligado à posição de outrem.[3]

E Mêncio prossegue:

Se não lhes manifestassem respeito e não cumprissem inteiramente os ritos que lhes eram devidos, os reis e os duques não obtinham permissão de visitá-los amiúde. Assim, como cabia aos príncipes visitar os letrados e, além do mais, não obtinham com frequência permissão de fazê-lo, como os príncipes poderiam submetê-los?

Parágrafo eminentemente revelador: em primeiro lugar, pela projeção, desde o início, num passado idealizado (em perfeito contraste com o apego realista ao presente que caracteriza os "legistas"); mas, sobretudo, pela retórica empregada para atender às necessidades da denegação (por rejeição de uma submissão dos letrados ao poder – diante da qual são impotentes): o trecho começa modestamente pondo o letrado à sombra do príncipe e chega, manhosamente, à completa inversão dos papéis. *En passant*, esboça uma gradação oposta: o rei "ama" simplesmente o Bem; os letrados "se comprazem" no Caminho que lhes cabe. Finalmente, em vez de ser os letrados que – como é evidente – vão até o príncipe e fazem a corte a ele, são os príncipes da terra que esperam ser dignos de fazer a corte aos letrados...

Vemos operar-se essa inversão, de forma característica, mesmo no termo *che*, quando este passa para o lado dos

---

3 *Mencius*, VII, A, 8, p.452.

78

moralistas. Usualmente, ele denota a consequência que decorre naturalmente da disposição, mas eis que passa a ser empregado ostensivamente em sentido contrário. E, pior, relacionado ao motivo da água, cujo escoar espontâneo ainda serve de imagem à propensão. É da natureza humana tender ao bem, diz Mêncio, do mesmo modo que é da natureza da água escoar para baixo. Mas se batemos **Mêncio** na superfície da água, ela pode espirrar mais alto do que a nossa cabeça; se lhe barramos a passagem e invertemos o curso, podemos represá-la no topo de uma montanha. Isso não é resultado de sua "natureza" própria, mas do *che*[4] – que devemos compreender aqui, por oposição, como pressão violenta exercida artificialmente sobre ela. Emprego o mais contrário ao costume, mas nem por isso menos lógico, dado que é o ponto de vista que se inverte: o que é concebido e explorado, do ponto de vista de certa teoria do despotismo, como efeito naturalmente resultante da posição, é percebido, do ponto de vista do letrado que o sofre, como coerção arbitrariamente exercida sobre ele. Propensão interna (decorrente do dispositivo do poder) ou força externa de coerção (opondo-se à inclinação de nossa natureza): a ambivalência do termo remete ao antagonismo das perspectivas, o paradoxo semântico é reflexo da contradição social.

---

4 *Shi qi shui zhi xing zai, qi shi ze ran ye* 是其水之性哉，其势则热也。
Mencius, VI, A, 2, p.396. Para um uso contrário, e comum, de *shi* para evocar o curso natural da água, cf., por exemplo, o *Guanzi*, cap. 31, p.174. Mêncio, por outro lado, conhece bem o uso ordinário do termo *shi*, como atesta o provérbio do país de Qi que ele cita em II, A, 1, p.183: "Por mais que se tenha sabedoria e discernimento, é melhor apoiar-se no *shi*".

III. Diante da ascensão das teorias estrategistas e despóticas, o ponto de vista moralista é conduzido a levar mais em conta a concepção que elas têm do *che*, conformando-se à acepção que dão a ele. É obrigado a reagir ao realismo, se não pretende afundar na utopia. Em relação à guerra, por exemplo, fazendo uma distinção clara entre dois tipos de guerra: de um lado, a guerra "monárquica", que é a guerra ideal, a dos antigos fundadores operando sem desferir um único golpe, graças apenas a sua ascendência moral; de outro, a guerra de hegemonia, atual, em que a força militar entra em conta e a tática se torna necessária. Mas esta é resolutamente inferior, do próprio ponto de vista de sua eficácia, à dos antigos soberanos, cujas expedições punitivas contra os príncipes vilões se transformavam em simples passeio: porque podiam contar com o apoio unânime do povo, e os povos adversários, seduzidos por sua bondade, corriam a apresentar sua submissão.[5]

O mesmo ocorre no âmbito político, em que se concede um espaço mínimo à posição de autoridade – como simples ponto de partida: útil, nesse sentido, aos primeiros soberanos para constranger seus povos ao bem – povos ainda muito pouco civilizados e, portanto, recalcitrantes à influência moral;[6] aos fundadores do império que, a partir do apoio que tinham de seus feudos, por mais modestos que fossem, puderam lançar-se em nobres empresas;[7] por último,

---

5 *Xunzi*, cap. 15, "Yi bing", p.177 et seq.

6 Sobre essa consideração relativa do *shi* em Xunzi, cf. o estudo preciso de Roger T. Ames, op. cit., p.85.

7 *Xunzi*, cap.11, "Wangba", p.131 et seq.

A *propensão das coisas*

a toda a sociedade, como condição básica do funcionamento hierárquico que lhe assegura coesão e tranquilidade.[8] Mas a verdadeira alternativa que decide a sorte final dos Estados é puramente moral. Como atesta o caso de todos os soberanos depostos, por mais forte que seja sua posição, esta não poderia impedir o príncipe que desagrada ao povo por sua imoralidade de arruinar-se e cair numa situação menos invejável que a do mais modesto de seus súditos.[9] O poder não é um fim em si, e o *Tao* da sabedoria vence o *che*.[10] Enquanto a ascendência moral que repousa sobre o reconhecimento e a boa vontade dos súditos assegura "paz e autoridade" ao príncipe, o poder obtido à força, por intimidação e vigilância (de acordo com os métodos preconizados pelos teóricos do despotismo), proporciona apenas "fraqueza e perigo".[11] A submissão dos súditos ao príncipe que, também para os moralistas, é a condição primeira da boa ordem política, somente é real se for espontânea: deve-se concluir disso que a posição de autoridade não poderia ser causa dela e mantém-se apenas em função dela, como consequência e efeito.[12]

Mas, embora se oponham cada vez mais explicitamente, estrategistas e teóricos do despotismo, de um lado, e moralistas, de outro, concordam no que concerne à lógica que fundamenta suas argumentações rivais. Todos reconhecem a superioridade da tendência, operando *sponte*

---

8 *Shi qi ze bu yi* 势齐则不一。*Xunzi*, cap. 9, "Wangzhi", p.96.
9 Ibid., cap. 11, "Wangba", p.131 et seq.
10 Ibid., cap. 16, "Qiangguo", p.197.
11 Ibid., p.194-5.
12 *Renfu er shi cong zhi* 人服而势从之; *Ren bu fu er shi qu zhi* 人不服而势去之。*Xunzi*, cap. 11, "Wangba", p.140.

sua, por propensão, como modo de determinação do real. No fundo, a diferença deve-se apenas à natureza da tendência privilegiada (a ponto de tornar-se exclusiva): seja a propensão que decorre da relação de força que funciona como dispositivo, seja a que emana da exemplaridade operando como condicionamento moral. À "inelutabilidade" objetiva reivindicada pelos estrategistas e pelos teóricos do despotismo corresponde o "não poder não" da estimulação subjetiva sob influência da sabedoria:[13] moralidade suscita moralidade não tanto por rivalidade na emulação, mas sobretudo por atração espontânea – transindividual – e homogeneidade da reação. Ambas as opções, portanto, prevalecem-se do mesmo mérito: o de operar com perfeita facilidade, sem encontrar a mínima resistência, ou mesmo sem o conhecimento daqueles que ela afeta; nasça do caráter tendencial da situação ou da capacidade incitadora da virtude, a eficácia imanente ao processo resolve por si só e logicamente – desde que possa funcionar de forma plena e, portanto, tornar-se absolutamente coercitiva – qualquer tensão e qualquer antagonismo. Para os moralistas, a guerra pregada por eles conduz infalivelmente ao triunfo, antes de qualquer confronto, ou a ponto de dispensá-lo por completo: ao passo que, segundo eles, é quando recorremos **Xunzi** à habilidade tática e à astúcia que nos encontramos em igualdade de armas com o adversário, já que ele pode fazer o mesmo, e o desfecho do combate é uma incógnita.[14] Aliás, ao bom soberano nem ocorreria a ideia de atacar pessoas que

---

13 *Bi*, de um lado; *mo bu*, de outro 必, 莫不。

14 *Xunzi*, cap. 15, "Yibing", p.177 et seq.

A propensão das coisas

poderiam resistir-lhe, porque se podem resistir-lhe é porque têm certa coesão moral – pela qual ele só pode felicitar-se. Do mesmo modo, se o reinado pela virtude é de longe o preferível, é também porque, na opinião dos moralistas, somente a exemplaridade moral pode dispensar o príncipe de todos os esforços e aborrecimentos aos quais os déspotas estão condenados: suscitando uma adesão realmente unânime e permitindo a recuperação da espontaneidade dos comportamentos positivos, sejam inatos ou adquiridos. Em última análise, o próprio rito, na base de toda a civilização chinesa e, em especial, do moralismo confuciano, deve ser considerado um puro dispositivo.

IV. O curso posterior da História é conhecido: o príncipe que conseguiu vencer um a um todos os seus rivais e impor-se sobre toda a China, acabando assim com as lutas por hegemonia que se arrastavam havia séculos, obteve esse resultado por uma aplicação estrita das teorias autoritaristas e totalitárias que se afirmaram contra a tradição moralista. Ao mesmo tempo, para assegurar o funcionamento estatal e centralizado do qual emanava sua força, o novo império precisava do apoio de uma burocracia cada vez mais desenvolvida, que só poderia ser recrutada nos círculos letrados, herdeiros da tradição confuciana. Daí o compromisso ideológico que se desenhou desde cedo entre as duas opções rivais e serviu de base para toda a tradição posterior.

No campo da guerra, em primeiro lugar, são retomados o princípio de uma hierarquia entre a guerra justa, punitiva, que acarreta uma submissão espontânea, e a guerra interesseira, de conquista, que precisa de um confronto armado, e

Huainanzi
séc. II a. C.

o princípio da unanimidade moral desejada entre príncipe e súditos;[15] paralelamente, e tão logo o quadro da guerra ideal é minimamente deixado de lado, são reintroduzidas e desenvolvidas a reflexão tática e a importância determinante dada ao potencial nascido da disposição.[16] Na política, ao contrário, a opção autoritária e despótica fornece o quadro, e a teoria da posição serve de pedra angular ao sistema imperial: o soberano deve vencer todos os outros por seu *che*, tanto para afastar qualquer rivalidade quanto para obrigar todos os outros a esforçar-se por ele. Sua posição o eleva a pivô do mundo e fonte de toda regulação.[17] Mas, ao mesmo tempo que é mantida a coerção exercida pela desigualdade da relação de força, a relação que une soberano e ministros não é mais percebida de forma antagônica, apela para a cooperação e é "humanizada". A metáfora já usual da carruagem do Estado sofre uma modificação reveladora: em vez de o Estado ser a carruagem e a posição os cavalos, agora a posição é a carruagem e os ministros são os cavalos.[18] O bom cocheiro é o que sabe puxar ou afrouxar as rédeas, permanecendo atento à reação dos cavalos. Assim é reintroduzido o ideal confuciano da reciprocidade das funções e da harmonia. Do mesmo modo que o papel do modelo e sua missão de educação: ao mesmo tempo que se continua a afirmar, segundo o catecismo legista, que, sem o suporte da posição, a moralidade não tem efeito, atribuiu-se ao privilégio da posição permitir que o soberano se imponha como norma e,

---

15 *Huainanzi*, cap. 15, "Binglüexun", p.251-3.

16 Ibid., p.259, 261, 262-3.

17 Ibid., cap. 9, "Zhushuxun", p.142-4.

18 Ibid., p.137 e 141-2.

A propensão das coisas

por influência sua, mude os costumes do povo[19] — o que é reatar, sub-repticiamente, com o ideal dos moralistas.

Por fim, um tipo de eficácia liga-se supostamente ao outro, combina-se com ele. É claro que esse arranjo pode ser percebido, também, como um simulacro: a submissão exigida é transformada em adesão voluntária, a tirania é encoberta sob a bela aparência de um consenso. Mas ele também traz a confirmação da estranha afinidade que essas orientações rivais já nos haviam levado a supor: que a eficácia procede da influência transformadora da moralidade ou da relação de força estabelecida pela posição, a realidade social e política é sempre concebida de acordo com o modelo de um dispositivo que se deve manipular. Porque o ideal único da "ordem", que é unanimemente compartilhado, impõe a visão de um mundo humano cuja finalidade é puramente funcional; e o mérito de uma regulação espontânea é invocado por todos — como o argumento supremo para defender políticas opostas — sem nunca suscitar a menor suspeita de nenhum dos dois lados. Os "processos" sociais e políticos, aplaudidos por sua previsibilidade, não devem encontrar nem atrito nem obstáculo: nem a reivindicação de direitos nem o reconhecimento de uma autonomia da consciência — nem a "liberdade".

Porque, quer se trate do condicionamento exercido pela exemplaridade, quer do dispositivo que emana da relação de força, a eficácia opera sempre de forma *indireta*, através da situação, e substitui o confronto — o das armas ou o dos discursos. A lógica da manipulação não supõe somente uma

---

19 Ibid., p.136.

85

visão ideológica peculiar de nossa relação com o outro, segundo um postulado implícito que é o inverso daquele que o kantismo resumiu: dispor soberanamente da consciência do outro, em vez de tratar o outro como um "fim". Ela implica também uma renúncia ao esforço de persuasão e repousa sobre uma desconfiança profunda acerca do poder da palavra: desconfiança que caracteriza precisamente o mundo chinês antigo – ao contrário do mundo grego. Evidentemente, a retórica também pode ser concebida como uma arte da manipulação.[20] Mas, no mínimo, o locutor volta-se para o outro, dirige-se a ele, tenta abalar suas convicções. E o outro tem a chance de responder, defender-se, argumentar em sentido contrário. Um debate contraditório nem sempre resulta na revelação da verdade, mas ao menos oferece chances para uma reação consciente: o conflito é uma oportunidade, porque permite ao menos a revolta. E, como constatamos por contraste com a civilização chinesa, é desse *face a face*, o do *agon* e da *ágora* – simétrico ao do campo de batalha – que nasceu a democracia.

V. Manipulação *versus* persuasão. Há aqui um traço revelador das tradições da China que, caracterizando certa lógica do comportamento – individual ou coletivo – em relação ao outro, não é típico apenas do campo político ou estratégico. Gostaríamos de poder explicar esse funcionamento, para além do que mostram esses exemplos particulares, como

---

20 Cf., por exemplo, o belo artigo de Tzvetan Todorov, "Éloquence, morale et vérité", *Le Genre Humain: Les Manipulations*, n.6, 1982-1983, p.26 et seq.

A propensão das coisas

um fenômeno social e moral da dimensão do cotidiano; gostaríamos de estudá-lo na própria existência comum para compreender como a manipulação pode servir comumente de princípio às relações humanas: como essa estratégia do indireto tem serventia não apenas na guerra, mas todos os dias, como essa política do condicionamento diz respeito não apenas à gestão do poder, mas às condutas mais comuns. Contudo, essa lógica é percebida intuitivamente demais, na própria civilização chinesa, e compartilhada unanimemente demais para ter sido objeto, nesse nível de generalidade, de uma teoria (e é provável que, por ter levado a tal consenso e ter sido objeto de adesão tão imediata, é que essa lógica não pôde ser explicitada). Então, eis que aquilo que, visto de fora, parece ser típico escapa ao nosso alcance, não é nunca inteiramente explicado e continua confundido com a evidência.

Temos de encontrar outra base para a análise. Visto que não podemos mais contar com o esforço de explicitação dos pensadores chineses, recorreremos ao único recurso que nos resta: o recurso – direto – da experiência. Vejamos como a manipulação é contada; escutemos, para terminar, o testemunho do romance.

Uma única anedota bastará. Um dos grandes romances da tradição chinesa, *À beira da água*, conta como um de seus heróis, Bela Barba, foi banido de uma fortaleza distante por ter ajudado um camarada de armas injustamente condenado a fugir.[21] A grandeza de sua alma merece a confiança do

À beira da água
séc. XIV

---

21 *Shuihuzhuan* (*À beira da água*), cap. 51; cf. trad. fr. de Jacques Dars, *Au bord de l'eau*, Paris, Gallimard, "Bibliothèque de la Pléiade", 1978, v.2, p.111-8. Encontramos o mesmo tipo de manipulação em outras passagens do romance: para atrair Xu

prefeito do lugar, e Bela Barba é encarregado de escoltar o filho do prefeito pelas ruas da cidade, numa noite de festa. Chega inopinadamente aquele que lhe deve a vida, em companhia de outros camaradas: eles o chamam à parte para convidá-lo a juntar-se a eles e entrar para o bando de foras da lei que haviam formado para corrigir as injustiças. O homem recusa o convite, por fidelidade ao poder, mas, quando tenta voltar para junto do menino que estava sob seus cuidados, este desaparecera; e, quando os que o procuraram, levando-o para fora da cidade, conduzem-no até o menino, ele o encontra morto, assassinado de propósito por eles. Ele se lança furioso em sua perseguição e eles o levam cada vez mais longe – até que o estratagema do qual fora vítima é brutalmente revelado: tudo fora armado de propósito, inclusive a morte do menino, para forçá-lo a renunciar ao seu ideal de fidelidade, não lhe dando nenhuma possibilidade de retorno, e fazê-lo passar para o lado deles.

"Todas as pinceladas", comenta a crítica nas entrelinhas, sensível à qualidade literária da narrativa, "criam um *che* de gênios terríveis, apanhando o homem entre as suas garras"[22] – e fazendo nosso coração saltar. De fato, as coisas aconteceram sem que nosso herói pudesse intervir, sem que pudesse escolher ou resistir. E quando os outros

Jin Shengtan séc. XVII

Ning ao refúgio (cf. *Au bord de l'eau*, v.2, cap. 56, p.222-32); para forçar Lu Yunyi a juntar-se ao bando (ibid., p.333 et seq.); ou ainda para obrigar o médico An Daoquan a tratar de Song Jiang (ibid., p.442 et seq.).

22 *Bi bi zuo qi gui jue ren zhi shi* 笔笔作奇鬼攫人之势。Comentário de Jin Shengtan, *Shuihuzhuan huipingben*, Beijing, Beijing Daxue Chubanshe, 1987, II, p.944.

A propensão das coisas

lhe pedem perdão, caindo aos seus pés, Bela Barba sente-se obrigado a juntar-se ao lado que eles haviam decidido desde o início, dispondo soberanamente dele. Em sua consciência, ele não está convencido, mas é obrigado pela situação. Aliás, nenhum daqueles bravos demonstra remorso (por ter enganado um amigo que também é um benfeitor) ou indignação (diante do assassinato de um inocente, como preço da artimanha). A manipulação é uma arte, e esses heróis cresceram nela.

Vemos que esse modelo do dispositivo não apenas marcou na China a gestão das relações humanas, mas também corresponde a um efeito de arte e encontra-se nas concepções estéticas dos chineses. Na caligrafia, na pintura, na poesia, o que importa também é a eficácia disposicional, e é preciso apreendê-la também nesse domínio para compreender como foi pregnante, na China, essa forma de explicar a realidade. É evidente que não para procurar uma justificação possível, pela "arte" (como se pudesse haver compensação), para o que percebemos muito frequentemente na China, como ocidentais que somos — e com toda a razão, a nosso ver — como um fator inaceitável de opressão política. Mas porque só se pode captar a coerência cultural *globalmente*, perseguindo-a através do campos — da estratégia manipuladora ao processo criador mais desinteressado.

II

3
*O elã da forma, o efeito do gênero**

I. O deslocamento do Império (no fim do século II) e a consequente divisão da China, durante vários séculos, precipitaram a ruína do sistema de pensamento unitário, a um só tempo cosmológico, moral e político, que prevalecera até então e, por tabela, favoreceram o surgimento de uma consciência estética autônoma, que antes se confundia com ele. As condições de possibilidade de uma crítica da arte, como reflexão à parte, finalmente surgem.

Ora, desde o seu advento, esta não concebe a atividade artística da perspectiva que foi primeiro a nossa, como atividade da *mímesis* (por reprodução-imitação de certa "natureza", mais "ideal" ou mais "real", em qualquer nível, mais geral ou

---

* Os textos sobre a estética da caligrafia citados neste capítulo remetem ao *Lidai shufa lunwenxuan*, Xangai, Shuhua Chubanshe, 1980 (abrev. *Lidai*); os de estética pictórica, ao *Zhongguo hualun leibian*, edição de Yu Jianhua, Hong Kong, 1973 (abrev. *Leibian*); por fim, no campo da "teoria" literária, o *Wenxin diaolong* é citado segundo a edição de Fan Wenlan, Hong Kong, Shangwu Yinshuguan.

mais particular, que se entenda essa natureza),* mas como um processo de *atualização*, resultando numa configuração peculiar do dinamismo inerente à realidade – este último operando e revelando-se pelo ideograma caligrafado, como paisagem pintada, como texto composto. Dessa disposição individual que toma forma, cada vez, nasce um potencial que é a expressão do dinamismo universal e deve ser explorado segundo sua máxima eficácia: ele é a tensão que anima os diversos elementos do ideograma caligrafado, o elã e o movimento das formas na pintura, o efeito gerado pela produção do texto na literatura. O antigo modelo estratégico serve de suporte, portanto, para a reflexão estética, a arte também deve ser concebida em termos de *che*, como dispositivo.

II. Da arte militar para a arte da escrita, a transição é explícita:

Kang Youwei, fim do séc. XIX

Quando tratavam de caligrafia, os Antigos davam prioridade ao *che*. [...] Com efeito, a caligrafia é um estudo que repousa sobre a configuração [dos ideogramas]. Ora, desde que haja configuração, há potencial decorrente dessa configuração.[1] Os estrategistas davam grande importância à configuração [das tropas em campo] e ao potencial [que nascia dessa disposição] [...]: desde que se aproveite a vantagem constituída por esse potencial [*che*], tem-se nas mãos o que conduz ao sucesso.[2]

---

* Ver, a esse respeito, nosso estudo *La Valeur allusive: des catégories originales de l'interprétation poétique dans la tradition chinoise*, cap. I.

1 *Gai shu, xing xue ye; you xing ze you shi* 盖书, 形学也; 有形则有势。

2 *De shi bian, ze yi cao sheng suan* 得势便, 则已操胜算。 Kang Youwei, *Lidai*, p.845.

A propensão das coisas

Se a arte chinesa da escrita pode, de fato, ser um exemplo privilegiado de dinamismo operando no interior da configuração, é porque se trata, no caso de cada ideograma copiado, de um gesto transformando-se em forma e, do mesmo modo, de uma forma transformando-se em gesto. Há equivalência, em seu esquema, entre figura e movimento, fala-se tanto do *che* do pincel que traça o ideograma como do *che* do ideograma traçado por ele:[3] um mesmo elã encontra-se em ação, captado em dois estágios — ou em dois "estados" — diferentes. Assim, o *che* pode ser definido globalmente como a *força* que percorre a *forma* do caractere e anima esteticamente este último.[4] "Quando vem o *che*, **Cai Yong séc. II** não pará-lo; quando parte, não opor-se a sua partida", podemos ler num tratado que seria um dos primeiros da teoria caligráfica.[5] "Configuração" de um lado (os diversos elementos que compõem o traçado do ideograma), "po- **Wang Xizhi séc. III** tencial" de outro: de um lado, "considera-se" a "forma" do caractere, do ponto de vista de sua semelhança; de outro, "persegue-se" o *che* através do traçado, apreciando os efeitos de tensão que nascem da alternância.[6] O "corpo" do caractere é percebido em evolução: "*che* harmonioso, corpo **Wei Heng séc. III**

---

3 *Bi shi, zi shi* 笔势, 字势。

4 *Força-forma*, como diz precisamente John Hay: "It is the form of becoming, process and, by extension, movement". Cf. John Hay, "The Human Body as a Microcosmic Source of Macrocosmic Values in Calligraphy", in Susan Bush e Christian Murck (orgs.), *Theories of the Arts in China*, Princeton, Princeton University Press, 1983, p.102, nota 77.

5 Cai Yong, "Jiu shi", *Lidai*, p.6.

6 Wang Xizhi, "Bishilun shi er zhang", *Lidai*, p.31.

equilibrado".[7] Ao mesmo tempo, o *che* da escrita distingue-se desse corpo dos caracteres visto, no plural, como formas de escrita particulares: "um mesmo *che*, seja qual for o corpo [forma] de escrita utilizado".[8] Fator determinante da arte caligráfica, o *che* serve de qualidade unitária ao traçado, por suas próprias variações.

Mas seria um erro acreditar que a reflexão estética dos chineses desenvolveu-se por discriminação de termos – recorrendo a conceituações precisas e definições (como a tradição grega, em especial aristotélica). Os termos empregados funcionam sobretudo por redes de afinidades, subentendendo-se constantemente uns aos outros, por alusão, e reagindo entre si mais por virtude do contraste do que em nome de campos delimitados: em vez de proceder de distinções prévias e metódicas – portanto abstratas (e também cômodas) –, seu valor de sentido resulta, em grande parte, da exploração peculiar a que se entregam, a partir de sua infinita riqueza evocatória, os jogos de paralelismo e correlação – tendendo assim a representar o fenômeno estético mais no modo da polaridade do que pelas noções.[9] Assim, podemos comparar o *che* caligráfico tanto à "ossatura" interna do ideograma,

Yang Xin
séc. III-IV

---

7 Wei Heng, "Si ti shu shi", *Lidai*, p.13.

8 *Yi ti tong shi* 异体同势。Wei Heng, *Lidai*, p.15.

9 Daí a importância dos pares de termos, ao mesmo tempo contrastados e correlacionados, que organizam a reflexão estética tradicional na China; cf., por exemplo, no *Wenxin diaolong*: *bi* (comparação analógica) / *xing* (motivo evocador), *feng* ("vento") / *gu* ("ossatura"), *qing* (emoção) / *cai* (ornamentação), *yin* (riqueza oculta do sentido) / *xiu* (esplendor visível) etc.

conferindo-lhe sua consistência estrutural (e, nesse sentido, oposto à graça encantadora do arabesco),[10] como oposto a essa estrutura firme e ossuda, essencial ao caractere – e assimilado, nesse sentido, à forma delineada do traçado.[11] Termo intermediário – transitório – concebido ora em relação à energia invisível, subjetiva e cósmica, que se investe na atividade caligráfica e opera através dela, ora em relação à figuração dos ideogramas – em seu estágio definitivo de traçado individual – e tendendo a confundir-se com ela.[12]

Contudo, mesmo quando é percebido na simples dependência da configuração própria do caractere, o *che* lembra, por sua oscilação entre esses polos, o "sopro" que se manifesta pela figuração e a habita. "Na ausência de outro termo herdado da tradição",[13] e explicitando-se de maneira metafórica – pulo, salto, voo –, "esticando o pescoço e retesando as asas, seu *che* aspira a alcançar as nuvens",[14] como se diz, por exemplo, de certa escrita sigilar. De modo geral, é ele que "dá vida"[15] e faz vibrar eternamente o mínimo ponto e o mínimo traço, como se revivêssemos a cada instante o momento de sua execução.[16] Termo sempre valorizador,

Wei Heng

Zhang Huaiguan séc. VIII

Jiang Kui séc. XII

---

10 Yang Xin, *Lidai*, p.47.

11 Famoso julgamento de Taizong dos Tang, citado em William R. B. Acker, *Some T'ang and pre-T'ang Texts on Chinese Painting*, Leyden, 1954, I, p.XXXV.

12 *Qi shi – xing shi* 气势一形势。

13 Wei Heng, *Lidai*, p.12.

14 Ibid., p.14.

15 *Shi yi sheng zhi* 势以生之。 Zhan Huaiguan, "Liu ti shu lun", *Lidai*, p.212.

16 Jiang Kui, *Xushupu, Lidai*, p.394.

portanto, em relação ao que seria a platitude da figuração, já que aprofunda e transcende esta última, revelando, no interior do estatismo da forma atualizada, essa dimensão de florescimento perpétuo. Não apenas como o elã interior do qual ela precede, mas também como o efeito de tensão que resulta disso. A "forma" é captada em sua *propensão*. Isso significa que ela não deve ser percebida como simples "forma", mas como um processo em andamento.

Mas de que deriva concretamente esse efeito de tensão que anima para sempre os diversos elementos do caractere caligrafado? Ou, em outras palavras, como este último pode funcionar de maneira eficaz como dispositivo? "É preciso", como nos é dado como primeira regra do manejo do pincel, "que o *che* seja atingido – tanto no nível do ponto como no nível do traço – por tensão entre alto e baixo, abaixar-elevar, separar-unir."[17] A lógica do dinamismo que se encontra em ação é a do contraste e da correlação. Que todos os elementos que compõem a configuração do ideograma se atraiam e ao mesmo tempo se repilam, "virem-se uns para os outros" ou "se voltem as costas".[18] Ao traço superior que se verga para baixo corresponde o traço inferior que se encurva para cima; e a extremidade do primeiro já contém, implicitamente, o anúncio e o início do segundo. Paralelamente, um se dobra compactamente sobre si mesmo, enquanto o outro se desdobra num fim delgado;

---

17 *Xu qiu dian hua shang xia yan yang li he zhi shi* 须求点画上下偃仰离合之势。Zhang Huaiguan, "Lun yong bi shi fa", *Lidai*, p.216.

18 *Yan yang xiang bei* 偃仰向背。

A propensão das coisas

a tinta é mais espessa lá e mais fina aqui. A diferença suscita a aproximação, e a oposição, a compensação. Da polaridade nascem troca e conversão. Assim, todos os elementos do traçado podem valorizar-se reciprocamente, como que por "reflexão mútua",[19] deixando sua pulsação comum circular de um lado para o outro, e sem que haja "hemiplegia" de um lado ou de outro: produzindo, assim, um *che do ideograma*" que é ao mesmo tempo "virilmente enérgico e feminilmente encantador".[20] Como tais, eles erigem a configuração do caractere em um campo magnético cuja intensidade é máxima, ao mesmo tempo que a harmonia é perfeita. O ideograma caligrafado torna-se o símbolo vivo do grande Processo do mundo: reequilibrando-se constantemente no centro – como foco de plenitude – e continuamente dinâmico, porque é autorregulado.

III. A fórmula vale também para as duas técnicas do manejo do pincel: quer se trate da arte da escrita, quer da pintura, convém sempre "aproveitar" ou "atingir" o *che*. Porque este pode ser "perdido" ou "malogrado";[21] e essas expressões comuns lembram, pela alternativa que estabelecem, a velha concepção política da eficácia da posição (seja ela ocupada ou abandonada). Quando entra no campo da crítica pictórica, que se desenvolve na continuação da crítica da caligrafia, a concepção do *che* já vacila, em relação à pin-

---

19 *Xing shi di xiang yingdai* 形势递相映带。Cai Yong, "Jiu shi", *Lidai*, p.6.

20 *Xu qiu yingdai, zi shi xiongmei* 须求映带, 字势雄媚。Zhang Huaiguan, "Lun yong bi shi lun", *Lidai*, p.216.

21 *Qu shi, de shi – shi shi* 取势, 得势一失势。

tura de pessoas ou de cavalos, entre as acepções correlativas de disposição e elã.[22] Mas é a propósito dos elementos que compõem a paisagem que esse termo adquire toda a sua importância. Descrevendo a montanha que servirá de cenário para uma cena religiosa (pela primeira vez, o quadro natural leva a melhor sobre o tema humano), o artista mostra-se sensível ao efeito produzido por uma estreita crista que serpenteia as rochas: ela cria uma "configuração dinâmica" (*che*), graças a seu traçado "serpenteando e ondulando como um dragão".[23] Em face do primeiro pico, ergue-se outro, altaneiro, feito de rochas nuas. Ele termina numa escarpa da cor do cinabre, aos pés da qual se abre um vale estreito: pintar essa escarpa de vermelho e resplandecente, diz o pintor, para valorizar a configuração dinâmica (*che*) criada por esse perigoso precipício.[24] Representando verti-

---

22 Cf. o "Lunhua" de Gu Kaizhi, citado no *Lidai minghuaji* (cf. William R. B. Acker, op. cit., II, p. 58 et seq.). No sentido de "disposição": *zhi chen bu shi*; no sentido de "elã": *you ben teng da shi* (deve-se notar também a interessante expressão *qing shi*). Sem dúvida esse é o sentido de "disposição" que encontramos também no início do "Xuhua" de Wang Wei, *qiu rong shi er yi*.

23 Gu Kaizhi, "Hua yuntai shan ji", *Leibian*, p.581-2. Para o estudo desse texto capital, tendo em vista a compreensão do nascimento da pintura de paisagens na China, reportar-se ao excelente estudo de Hubert Delahaye, *Les Premières peintures de paysage en Chine: aspects religieux*, Paris, École Française d'Extrême-Orient, 1981 (sobre as quatro ocorrências do termo *shi* nesse texto, cf. p.16, 18, 28 e 33).

24 *Hua xian jue zhi shi* 画险绝之势。 Gu Kaizhi, *Leibian*. Essa noção de "perigo" como caracterização de uma tensão limite e de um máximo de potencial lembra o *Sunzi*, cap. 5, "*shi gu shan zhan zhe, qi shi xian*", que, acredito, deve ser traduzido por: "o bom

A propensão das coisas

ginosamente o talude, o traçado atinge sua tensão máxima, o potencial da configuração chega ao ápice. O mesmo vale para a linha que desce pela outra extremidade do quadro e, interrompendo-se na beirada, termina a composição com um efeito desejado de suspense.

Do mesmo modo que é o elemento central da estética chinesa da paisagem, a *montanha* é o lugar privilegiado do *che*, e faz operar conjuntamente, no centro de sua configuração, as tensões mais diversas. O artista pode explorar os recursos da altitude e da distância: a multidão de picos que se elevam no horizonte, densos e afiados, produz o efeito (*che*) de um "pente de rinoceronte incrustado".[25] Aliás, basta recorrer a uma fieira de nuvens ou à névoa agarrada à encosta para que a montanha ganhe um efeito (*che*) de altura insondável;[26] do mesmo modo que basta esfumar vagamente o traçado para que o *che* da montanha ganhe distância.[27] O pintor também pode jogar com as possibilidades de alternância e contraste. A encosta curva da montanha – ora côncava, ora convexa – "abre-se" e "fecha-se", estende-se e recolhe-se, fazendo "o *che* da montanha" "virar" e ondular,[28] a crista

Zhang Yanyuan séc. IX

Huang Gongwang séc. XIV

Da Chongguang séc. XIII

---

estrategista explora o potencial nascido da situação até seu ponto limite". O termo *shi* é bem explicado em Susan Bush e Hsio-yen Shih, *Early Chinese Texts on Painting*, Cambridge, Harvard University Press, 1985, p.21: "The term *shih* (dynamic configuration) is used here to describe such a 'momentum' or 'effect'".

25 Zhang Yanyuan, *Leibian*, p.603.

26 *Jian de shanshi gao bu ke ce* 见得山势高不可测。Huang Gongwang, *Leibian*, p.697.

27 Da Chongguang, *Leibian*, p.802.

28 *Yi shoufu yi fang, shan jian kai er shi zhuan* 一收复一放, 山渐开而势转。

elevar-se, inclinar-se e "mover-se", enquanto se desenrola.[29] A montanha também é captada em sua propensão, como um traçado de ideograma. Uma tensão que realça a oposição das vertentes: à vertente sul corresponde a vertente norte, e a animação de uma aldeia encontra seu contraponto na vastidão da solidão.

Se ampliarmos esse contraste a toda a paisagem, à montanha corresponde a *água*. Ao mesmo tempo que se opõem em sua natureza íntima, os dois elementos intercambiam suas qualidades discretamente entre si: ao mesmo tempo que representa o elemento estável, a montanha – pela diversidade de suas faces – parece "animar-se e mover-se"; ao mesmo tempo que escoa, a água – pela massa de suas ondas – parece "alcançar a compacidade". Para promover o *che* da água, convém pintá-la presa num desfiladeiro profundo, precipitando-se em linha reta ou rodopiando em volta das rochas. A mínima gota parece em movimento, e isso faz uma "água viva". Não se deve pintá-la nem muito "mole", porque seria privada de *che*, nem muito "dura", como uma prancha, nem muito "seca", como madeira morta:[30] a força da propensão que marca seu traçado será tamanha que dará a impressão de querer "respingar nas paredes".[31]

Tang Zhiqi séc. XVII

Wang Zhideng séc. XVI-XVII

Essa procura da tensão por meio da figuração encontra-se nos outros elementos da paisagem: em especial nas *rochas*, cujo *che* é dado pela acentuação, na parte baixa da montanha, da tendência ao empilhamento – "espremidas

---

29 Da Chongguang, *Leibian*, p.801.

30 Tang Zhiqi, *Leibian*, p.738 e 744.

31 *Qi shui shi yu jian pi* 其水势欲溅甓。Wang Zhideng, *Leibian*, p.719.

A propensão das coisas

umas contra as outras"[32] — como montes de pedregulhos;[33] na árvore, em especial o *pinheiro*, no qual se encontra a aspiração altaneira do cume: deve ser pintada solitária como ele e estendendo "perigosamente" seu tronco nodoso, como a ondulação de uma crista, "até a Via Láctea" — enquanto os galhos mais baixos inclinam-se e espalham-se pelo chão;[34] e até no *salgueiro*, todo leveza e flexibilidade, do qual basta separar a fina ponta dos ramos para conferir-lhe *che*.*[35]

Gu Kaizhi

Jing Hao séc. X

Mo Shilong séc. XVI

Como no ideograma caligrafado, a lógica desse dinamismo é a do contraste e da reciprocidade. Não poderíamos encontrar melhor ilustração do que o motivo do *bosque*.[36]

Fang Xun séc. XVIII

---

32 *Shi shi xiang wei* 势使相偎。

33 Gu Kaizhi, *Leibian*, p.582 (Hubert Delahaye, op. cit., p.28); Li Cheng, *Leibian*, p.616.

34 *Shi gao er xian* 势高而险。Jing Hao, *Leibian*, p.605-8 (cf. trad. fr. em Nicole Vandier-Nicolas, *Esthétique et peinture de paysage en Chine*, Paris, Klincksieck, 1982, p.71 et seq.).

* Essa valorização da tensão na figuração também é encontrada, de forma notável, e ainda expressa em termos de *che*, na forma curva da linha dos telhados (elevando-se ligeiramente na parte inferior) que caracteriza a arquitetura tradicional no Extremo Oriente (deve-se notar que, mesmo nesse caso, pode não se tratar de uma forma única, predeterminada, porque esta última é objeto de cálculos específicos na maneira de "dar o ângulo" — em função de variáveis como: tipo de estrutura, largura de cada viga, tamanho das projeções horizontais de cada caibro etc. —, de maneira que a junção dos caibros inclinados de formas diferentes possa dar ao telhado seu aspecto curvado). Cf. Yingzao Fashi, cap. 4.

35 Mo Shilong, *Leibian*, p.713; Tang Zhiqi, *Leibian*, p.744.

36 O tratado de Fang Xun, "Shanjingju lun hua shanshui" (*Leibian*, p.912), é particularmente interessante a esse respeito e oferece uma rica ilustração do termo *shi* na pintura.

François Jullien

O primeiro princípio, para lhe conferir *che*, é a "irregularidade" – em excesso aqui, recuado ali:[37] os galhos não saem do tronco de forma homogênea e equilibrada, e cruzam-se ora frouxamente – um único galho seco pendendo entre os troncos –, ora de forma mais densa e frondosa. "Apreciar em função do *che* para que haja sucesso."[38] Essa irregularidade é dinâmica porque se organiza por alternância: entre o traçado reto e o traçado curvo (privilegiar constantemente a curva, como se faz usualmente, é enfadonho), entre o que é mais trabalhado e o que é mais "grosseiro" e descuidado, entre o que é mais compacto e carregado e o que é deixado mais ralo e espalhado. Todas essas oposições se resumem à oposição entre o *vazio* e o *cheio* – tão importante na estética dos chineses quanto essencial a sua visão de mundo – e "basta prevalecer-se dessa oposição do vazio e o cheio para alcançar o *che*".[39] Pinheiros, cedros, velhas acácias, velhos juníperos – que sejam agrupados, por exemplo, de três em três, ou de cinco em cinco, promovendo-se seu *che*, e "eles começarão a dançar com um elã heroico e guerreiro, uns baixando a cabeça, outros a erguendo, ora amontoados, ora bem eretos – ondulantes e bem proporcionados".[40] Como antes entre os traços e os pontos que compõem o ideograma, o

Shitao séc. XVII

---

37 *De cenci zhi shi* 得参差之势。

38 *Yi shi du zhi, fang de qi miao* 以势度之，方得其妙。 Fang Xun, *Leibian*, p.913.

39 *Zhi xu xu shi qu shi* 只须虚实取势。

40 Shitao, § 12; cf. *Shitao hua yulu*, Beijing, Renmin Meishu Chubanshe, 1962, p.53, e trad. fr. de Pierre Ryckmans, *Les Propos sur la peinture du moine Citrouille-Amère*, Bruxelles, Institut Belge des Hautes Études Chinoises, 1970, p.85.

A propensão das coisas

dispositivo estético que se organiza aqui – por atração, tensão, troca – é completo.

IV. É sabido que a história da estética chinesa, considerada em seu conjunto, é a de uma evolução que leva do interesse primeiro, e primário, pela semelhança externa à transcendência dessa representação simplesmente "formal" da realidade, com o objetivo de alcançar a "ressonância íntima" que anima esta última, por "comunhão espiritual" com ela. Nessa gradação, o efeito de tensão caracterizado pelo *che* apresenta-se num estágio intermediário. Se a configuração formal – "redondo, plano, quadrado" – pode ser inteiramente apreendida pelo pincel, o efeito de tensão do *che* que opera por meio dela – "procedendo por movimento abrangente ou quebrado, indicando tendência e direção" – pode ser captado pelo pincel, mas não exaustivamente: porque "faz parte da representação mental", e "subsiste nele, necessariamente, alguma coisa que o pincel não consegue alcançar".[41] No interior do processo estético, do figurativo ao espiritual, é ele que assegura a transição.

Li Rihua
séc. XVI-XVII

Aliás, essa diferença pode ser interpretada, no plano dos meios, como a base da técnica pictórica dos chineses, e ilustra a dualidade entre a tinta e o pincel: enquanto a tinta "faz desabrochar a configuração dos montes e dos rios", o pincel "faz variar alternadamente seu *che*"; e, no interior da paisagem, enquanto "o oceano de tinta abraça e carrega", a montanha traçada pelo pincel "dirige e conduz".[42] De

Shitao

---

41 Li Rihua, *Leibian*, p.134.
42 Shitao, § 17; cf. *yulu*, p.62, e Pierre Ryckmans, op. cit., p.115.

um lado, o que se desenrola e preenche; de outro, o que dá forma e dinamiza. No plano do símbolo, entre os elementos que compõem a paisagem, a tensão que o *che* traduz revela afinidade com o *vento*: difuso como ele através das formas e animando-as, realidade física, mas evanescente, e manifestando-se apenas em seu efeito.[43] A tensão é tanto mais sensível porque não se efetiva totalmente. Daí o valor desse traçado que possui tanto mais força porque permanece incoativo, desse esboço que cria um eterno suspense.

Consideremos o frágil barquinho pintado no meio das águas. Como está distante, a escota que serve para estender a vela não é perceptível; mas, ao mesmo tempo, "se ela não for pintada, a representação ficará privada de *che*": não pintar, portanto, apenas a extremidade inferior, mesmo que, por causa da distância, não se possa perceber o lugar preciso em que a mão a segura.[44] O efeito de tensão do *che* opera no limite do visível e do invisível, quando o caráter explícito da configuração aprofunda-se em riqueza implícita de sentido, o vazio torna-se alusivo,[45] o finito e o infinito iluminam-se e aliam-se. No princípio, trata-se apenas de puro procedimento técnico, mas este não pode deixar de provocar emoção; predispondo eficazmente a forma, ele emana de imediato uma impressão de vida. Efeito impor-

Gong Xian séc. XVII

---

43 Cf. essa interessante expressão em Han Zhuo (*Leibian*, p.674): "xian kanfengshi qiyun", quando está claro (cf. p.672) que Han Zhuo dá, em conformidade com toda essa tradição, um grande valor ao *qiyun*; sobre a afinidade do vento e do *shi* na evocação da paisagem em Han Zhuo, cf. *Leibian*, p.668-9.

44 Gong Xian, *Leibian*, p.784.

45 *You qu shi xu yin chu* 有取势虚引处。Fang Xun, *Leibian*, p.914.

A propensão das coisas

tante e determinante, porque cabe a ele abrir o concreto para o seu além e operar pelo objeto representado – seja ele qual for – a transcendência essencial em arte. Graças a ele, a configuração sensível serve de dispositivo para evocar o infinito: o mundo da representação ascende a sua dimensão de espírito, e o extremo do visível aponta o invisível.

V. Além do claro parentesco que une, na China, caligrafia e pintura, podemos desenvolver uma analogia, a partir do modelo comum fornecido pela estratégia, entre a arte chinesa da escrita e a arte geral da literatura. Assim como as tropas "não têm disposição constante em campo", os ideogramas que serão caligrafados "não possuem apenas uma única maneira de efetivar sua configuração":[46] à imagem da água ou do fogo, as potencialidades que decorrem de sua disposição (*che*) são múltiplas, e "não determinadas de uma vez".[47] Ora, a literatura beneficia-se de uma variabilidade semelhante. Em função da diversidade do que lhe cabe expressar, o texto composto constitui-se de forma diferente, originando cada vez um tipo de potencialidade decorrente dessa composição (*che*),[48] enquanto efeito literário que cabe

Yu Shinan séc. VI-VII

---

46 *Bing wu chang chen, zi wu chang ti* 兵无常陈，字无常体。

47 *Shi duo bu ding* 势多不定。Yu Shinan, *Lidai*, p.112.

48 *Ji ti cheng shi* 即体成势; *xun ti er cheng shi* 循体而成势。*Wenxin diaolong*, "Ding shi pian", p.529 et seq. Sobre a relação que essa concepção literária do *shi* pode ter com a que encontramos na teoria pictórica ou caligráfica, ver as breves indicações de Tu Guangshe, "Wenxin diaolong de dingshilun" ("A teoria da determinação do shi no *Wenxin diaolong*"), in *Wenxin shi lun*, Shenyang, Chunfeng Wenyi Chubanshe, 1986, p.62 et seq., mas a análise ainda é insuficiente.

Liu Xie séc. V-VI ao escritor "determinar" – e explorar – segundo o máximo de eficácia.[49] Também o texto deve ser concebido como um dispositivo, como tende a mostrar um capítulo da mais bela obra de reflexão literária da tradição chinesa, da qual redescobrimos hoje a profundidade excepcional – depois de mais de um milênio de esquecimento.

Liu Xie Devemos conceber o texto, portanto, como uma atualização particular, como configuração literária, e o *che* como sua propensão ao efeito. Diversos motivos, emprestados do pensamento estrategista, enfatizam o caráter "natural" dessa propensão[50] – segundo o modelo da seta que, lançada pela besta, tende a seguir reto, ou da água que, represada no fundo de um desfiladeiro, é levada a turbilhonar: a propensão ao efeito emana da constituição do texto, do mesmo modo que um corpo esférico tende a rolar e um corpo cúbico a permanecer estável. O que age tanto para o bem como para o mal e vale, de nosso ponto de vista, tanto para o fundo como para a forma. Em sentido positivo, quem segue o modelo dos textos canônicos alcança "espontaneamente" a elegância clássica; e, paralelamente, quem se inspira nas obras de fantasia (o *Lisao* em oposição ao *Shijing*) alcançará "necessariamente" o encanto do insólito. Em sentido con-

---

49 *Shi zhe, cheng li er wei zhi* 势者, 乘利而为制。

50 Sobre a influência do *Sunzi* neste capítulo, reportar-se ao importante estudo de Zhan Ying, "Wenxin diaolong de dingshilun", reproduzido em *Wenxin diaolong de fengge xue*, Beijing, Renmin Wenxue Chubanshe, 1982, p.62, que contribuiu para a renovação da compreensão deste capítulo; cf. o comentário equivocado de Fan Wenlan interpretando o "redondo" e o "quadrado" relacionados com o Céu e a Terra, p.534, nota 3.

trário, se o pensamento é reunido de forma superficial, ou não tem força, o texto carecerá de "riqueza implícita"; se sua expressão se presta a distinções demasiado claras, ou é muito concisa, ele carecerá de "abundância retórica". Do mesmo modo que a água levada impetuosamente não faz onda, e a árvore morta não faz sombra.

A propensão ao efeito, como mostra o versejador[51] chinês, não decorre somente *sponte sua* da constituição do texto; ela é também sua expressão intrínseca, como mostra certa analogia com a pintura: do mesmo modo que, na pintura, da associação das cores surge uma figuração particular (isso representa ou um cavalo, ou um cachorro), na literatura, do cruzamento de tudo que tende a exprimir-se surge uma *propensão ao efeito diferente* (mais elevada ou mais vulgar). O resultado depende de uma lógica que remete à especificidade de um tipo. Consequentemente, dois princípios — opostos, mas complementares — deverão guiar o escritor na gestão estratégica dessa propensão ao efeito: de um lado, combinar suas possibilidades mais diversas, conforme a ocasião, para dar ao texto seu máximo de eficácia;[52] de outro, respeito à unidade do conjunto, para conservar a necessária homogeneidade do texto.[53] Longe, por exemplo, de abolir a "magnificência" em proveito exclusivo da "elegância", ele deve aproveitar igualmente os recursos dessas duas qualidades contrárias, como o general que mistura habilmente ataques de frente e de lado. Ao mesmo tempo, cada texto

Liu Xie

---

51 No original, *poéticien*. Adiante o autor opõe o *poéticien*/versejador ao *poète*/poeta. (N. T.)

52 *Bing zong qun shi* 并总群势。

53 *Zong yi zhi shi* 总一之势。

corresponde a um gênero – o que leva a certa definição dos gêneros literários propriamente ditos, que se distinguem sistematicamente uns dos outros em função de sua intenção ("elegância clássica", "limpidez da emoção", "precisão da expressão" etc.; daí certo quadro de gêneros – vinte e dois ao todo – classificados em seis categorias –, cinco de quatro, mais uma de dois – em função de um critério literário comum). Portanto, em última análise, a ilustração mais apropriada do texto será dada pelo brocado que, apesar da trama de cores variadas, conserva seu "fundo" próprio.

Mas também podemos inverter a perspectiva, sugere o mesmo versejador, e considerar essa propensão ao efeito do texto não mais em função do gênero ao qual ele corresponde, mas a partir da individualidade do autor: em relação a seu gosto, sempre parcial, e a seus hábitos, que são pessoais. A partir disso poderíamos assimilar essa propensão ao excesso de elã e vigor que se manifesta (excepcionalmente) no "além do texto", mas interpretaríamos muito exclusivamente essa propensão ao efeito em relação à energia que é investida – como "sopro" – na criação literária. Porque não se deve confundir – e essa distinção é interessante – *efeito* e *força*: "a propensão ao efeito sobre a qual se apoia o texto"[54] pode tender à suavidade, assim como a seu contrário, e não é necessário que a expressão seja vigorosa e veemente para que haja *che*. Contudo – e a análise se sutiliza ainda mais –, embora a propensão ao efeito se diferencie da força, nem por isso ela se manifesta menos como tensão, e não convém que esta se exerça de forma excessivamente viva e às

---

54 *Wen zhi ren shi* 文之任势。

A propensão das coisas

claras. Daí a necessidade de compensar esse fator de *tensão* com um fator inverso de *embebição* difusa e harmoniosa que, impregnando essa propensão, proporciona descontração e distração.[55]

Se o efeito literário deve ser *natural*, porque emana de uma *propensão*, podemos conceber ao mesmo tempo em que consiste um efeito literário considerado artificial: quando o efeito não decorre mais da constituição própria do texto e de seu gênero específico, mas, ao contrário, o texto é composto em função de uma decisão deliberada de novidade. É normal, conclui o versejador chinês, que o efeito vise a originalidade, mas esta não deve ser confundida com excentricidade. Enquanto a primeira deriva de uma exploração bem-sucedida das potencialidades internas da criação literária, a segunda provém apenas da inversão e da subversão quase mecânica do que é correto e esperado.[56] O que não confere nada além de um "ar de originalidade", e esse falso efeito não tem efeito algum. Em suma, comete-se uma violência contra o dispositivo textual – em vez de deixá-lo agir.

VI. O pensamento estratégico do qual partimos no início desta reflexão também serve, como vimos, de modelo dominante para essa interpretação da composição literária: uma vez que a composição literária é igualmente concebida como uma gestão e uma exploração das *propensões* naturais (decorrentes dos tipos de textos que correspondem às

---

55 *Shi shi xu ze* 势实须泽。
56 *Yuan qi wei ti, e shi suo bian* 原其为体, 讹势所变。

situações, sempre diversas e mutáveis, nas quais nos engaja-
mos como autores), e é sempre um máximo de efeito que
se tem em vista (como efeito de arte). Ainda resta compreender, de um ponto de vista propriamente literário, e a
partir das representações que são originalmente as nossas,
a que essa perspectiva corresponde de fato.

Aplicada à literatura, essa teoria da propensão ao efeito
coincide necessariamente com nossa noção de "estilo", uma
vez que, em sua representação da tendência, conjuga as duas
concepções de estilo que se sucederam em nossa tradição.
A reflexão chinesa, quando pensa o *che* sob a dependência
do gênero, recorda o ponto de vista "teleológico" da retórica clássica, que concebe o estilo em função da eficácia
do discurso; paralelamente, quando considera o *che* em
função da personalidade do autor, concorda com a ótica da
estilística genética, que, impondo-se com o Romantismo,
substituiu a interpretação finalista pela explicação causal,
e transforma o estilo em expressão de um indivíduo ou
época — a "transmutação de um humor", segundo Barthes.
Hoje, por influência das concepções ocidentais, os comentadores chineses tendem a conceber essa teorização do *che*
como a teoria chinesa do "estilo" — mas têm consciência,
e sentem-se constrangidos, de que outras representações,
tanto nesse tratado do século V como em outras obras da
tradição chinesa, também remetam à noção de "estilo".[57]
Isso se deve somente à imprecisão das noções chinesas, às

---

57 Como interpretação típica dessa atitude, cf., por exemplo,
Kou Xiaoxin, "Shi ti shi" ("Interpretação de *ti* e *shi*"), *Wenxin
diaolong xuekan*, Jinan, Qilu Shushe, 1983, n.I, p.271 et seq.

A propensão das coisas

amolações da polissemia? Ou seria porque uma diferença geral de ótica na maneira de conceber o fenômeno literário não permite levar a semelhança a cabo?

Porque nossa concepção de estilo deriva de uma filosofia da *forma* (como testemunha a influência da escola de Aristóteles): seja na época antiga como "forma específica da obra condicionada por sua função" (Pierre Guiraud), seja na época moderna como "forma sem destinação" (Roland Barthes – enquanto a "escrita" seria "a moral dessa forma").[58] Forma eficiente que é concebida em relação a um fundo-matéria. Ora, como na caligrafia a "forma" pela qual o *che* literário se realiza é sobretudo a de uma configuração que se exerce por si mesma como dispositivo, isso significa que o que traduzimos habitualmente por "forma" nos textos chineses de crítica literária não é o termo oposto e correlativo de certo "conteúdo", mas aquilo a que conduz o processo de *atualização*; e o *che* é a potencialidade peculiar que caracteriza esta última.

Entre o visível e o invisível, da situação inicial (afetiva, espiritual) em que se engaja o autor ao tipo de formulação que decorre desse engajamento, e da tensão implicada concretamente pelas palavras do texto à reação ilimitada dos leitores, a perspectiva chinesa é, mais uma vez, a de um processo *em curso*, e compete prioritariamente ao escritor "determinar" sua propensão, de modo que esse processo

---

58 Pierre Guiraud, "Les tendances de la stylistique contemporaine", in *Style et Littérature*, La Haye, Van Goor Zonen, 1962, p.12; Roland Barthes, *Le Degré zéro de l'écriture*, Paris, Seuil, 1953, p.19.

seja dotado do máximo de efeito e adquira um máximo de força: determinação que é necessariamente global e unitária, ao mesmo tempo que constantemente variável, e depende de um condicionamento lógico que é preciso saber aproveitar estrategicamente. Como na pintura, o *che* da literatura é esse fator decisivo que *circula* de ponta a ponta e, orientando a composição de certa maneira, insufla vitalidade por meio dela – o *che* de novo comparado explicitamente ao vento e a ele associado.[59]

Elã-efeito: o *che* anima e predispõe a configuração dos signos a agir – do mesmo modo como já se encontra em ação através da paisagem. Recuemos mais longe, até a fonte dessa eficácia. Vamos experimentá-la na natureza.

---

59 *Yi shi yu yan, yu feng bu chang* 遗势郁湮, 余风不畅; *tu feng shi* 图风势. Cf. cap. "Fuhui", p.652, e cap. "Xuzhi", p.727.

4
*Linhas da vida através da paisagem**

I. Mas, antes de tudo, lancemos um olhar diferente sobre a "natureza": não a transformemos mais em objeto de ciência, concebido por demonstração e raciocínio, distinguindo "princípio", "causa" e "elementos" — como costumamos fazer desde a dominação inicial grega ("nós", isto é, a humanidade "historial", segundo a designação heideggeriana, aquela "a quem chega incessantemente" — como "destino"? — o "mesmo chamado a responder do ser");[1] mas percebemo-la intuitivamente, pelo sentido íntimo de nosso corpo e sua atividade própria, como uma mesma e comum lógica — em nós e fora de nós, exercendo-se de uma ponta a outra da realidade — de animação e funcionamento. Mudemos de "física": não a concebamos mais abstratamente, a partir dessas oposições operatórias — matéria e forma, potência e ato, essência e

---

* Os principais textos citados neste capítulo são do *Zhongguo huidiui leibian*, já mencionado (abrev.: *Leibian*).

1 Heidegger, "Comment se détermine la *phusis*?", in *Questions II*, Paris, Gallimard, 1968, p.181-2.

acidente... — ou dos sucedâneos todos que desde então foram dados a essas formulações canônicas (das quais a *Física* de Aristóteles é o "livro básico" — "aquém" e, portanto, "nunca suficientemente permeado pelo pensamento" — da filosofia ocidental);[2] mas experimentemo-la como um sopro único, "original e sempre circulando", fluindo por todo o espaço, *Guo Pu séc. IV* gerando infinitamente os existentes: "expandindo-se continuamente no grande processo de advento e transformação do mundo" e "atravessando de parte a parte todas as espécies particulares".[3]

Existe, portanto, na origem da realidade, de toda a realidade, esse mesmo *sopro vital*, energia inerente e animante, que circula e se concentra incessantemente: circulando, ele traz à existência e, concentrando-se, dá consistência à realidade. Assim como meu ser próprio, tal como o experimento intuitivamente, toda a paisagem que me cerca é continuamente irrigada por essa circulação subterrânea, ao mesmo tempo que sua forma; e todos os seus aspectos individuais são como que a condensação dessa animação sem fim. Os lugares mais lindos serão, portanto, aqueles onde a concentração de energia vital é mais forte, sua acumulação é mais densa; onde a circulação do sopro é mais intensa, as trocas são mais profundas: onde aflora, pela variação e pela riqueza superior das formas, toda a energia oculta, onde se deixa entrever, pela maior tensão harmônica dos elementos,

---

2 Ibid., p.183.

3 Concepção mais comum e banal da tradição chinesa. As expressões citadas foram emprestadas do início do *Livro das exéquias* (Zangshu), atribuído a Guo Pu.

A *propensão das coisas*

a regulação invisível. Ali a "espiritualidade" é mais "alerta", saturada, como em carne viva.

Essa outra física, aliás, não deixa de ter usos práticos – por exploração imediata, porém, e não técnica – para oferecer à felicidade:[4] enterrar nossos pais em lugar privilegiado é, muito logicamente, dar a seus restos mortais uma maior capacidade de preservação e – graças ao estímulo da vitalidade ao qual toda a linhagem está sujeita – tirar proveito dessa influência favorável por intermédio deles – assim como a ponta do galho de uma planta cujo pé foi adubado; paralelamente, fixar residência aqui e não lá é nos fincar na própria vitalidade do mundo, captar mais diretamente a energia das coisas e, consequentemente, assegurar para nós e nossos descendentes toda a riqueza e prosperidade possíveis.

Como no interior do corpo humano, esse sopro vital percorre a terra seguindo um traçado particular: o termo *che* designa – na linguagem dos geomantes que se elaborou no início da nossa era – essas "linhas da vida" em relação à configuração do terreno.[5] "O sopro vital circula em função das linhas da vida [*che*] do terreno e concentra-se onde

Guo Pu

---

4 Sobre tradição da geomancia, ainda hoje bem viva na China, reportar-se aos estudos clássicos de Ernest J. Eitel, "Feng-shoui ou Principes de science naturelle en Chine", *Annales du Musée Guimet*, Paris, Ernest Leroux, t. I (1880), p.205 et seq.; J. J. M. de Groot, *The Religious System of China*, v.3, cap. 12, p.935 et seq.; e Stephan D. R. Feuchtwang, *An Anthropological Analysis of Chinese Geomancy*, Ventiane, Vithagnia, em especial p.111 et seq.

5 O termo *shi* já possui esse sentido topográfico específico no fim da Antiguidade; no *Guanzi*, por exemplo, cf. cap. 76, p.371, e cap. 78, p.384. Esse emprego é esclarecido no capí-

elas terminam."[6] Como o sopro de vida é invisível em si mesmo, é apenas pela observação atenta da ramificação dessas linhas, através do relevo, que se pode descobrir por onde ele passa e detectar, no ponto em que desembocam, o lugar ideal onde a vitalidade se concentra, onde o impulso é condensado. A arte do geomante é paralela, portanto, à do fisiognomonista:[7] atravessando alternadamente terra e pedra, abraçando sucessivamente depressões e elevações, a linha da vida é a "veia" por onde se efetua a circulação do sopro e a "ossatura" que dá consistência ao relevo.[8] Ou, ainda, é a "espinha dorsal" que serpenteia incessantemente o horizonte de um extremo ao outro, subindo e descendo, desenhando curvas e meandros, transformando-se sem parar, sem trajetória rígida ou modelo preestabelecido (basta nos recordarmos do *che* na estratégia, comparado ao curso movente da água) – predispondo assim todo o espaço e conferindo-lhe capacidade dinâmica. Como tal, não podemos apreendê-la senão à distância, ao contrário dos locais específicos, que somente são perceptíveis de perto: "as linhas da vida [*che*] aparecem a uma distância de mil pés e as configurações do terreno a uma distância de cem pés";[9] e,

---

tulo bibliográfico do *Hanshu* ("Yiwenzhi"), no item dedicado aos "configuracionistas" (*xingfa liu jia*).

6 *Qi xing ye, yin di zhi shi* 其行也, 因地之势; *Qi ju ye, yin shi zhi zhi* 其聚也, 因势之止。 Guo Pu, *Zangshu*; para as citações seguintes, id.

7 Esse ponto foi muito bem destacado no importante estudo de Yonezawa Yoshio, *Chugokû kaigashi kenkyû*, Tóquio, Heibonsha, p.76 et seq.

8 *Di shi yuan mai, shan shi yuan gu* 地势原脉, 山势原骨。

9 *Qian chi wei shi, bai chi wei xing* 千尺为势, 百尺为形。

A propensão das coisas

enquanto o local onde desemboca o *che* forma, por si mesmo, uma configuração fixa e estática, a linha da vida "vem" até ele incessante e ativamente, para trazer-lhe do mais longe, por seu movimento tendencial, continuamente renovado, o influxo benéfico que o impregna e vivifica.

Portanto, os chineses conceberam também o espaço — e, a partir dele, toda a paisagem — como um perpétuo dispositivo, aquele mesmo que a vitalidade original da natureza emprega. Tudo, até mesmo a menor dobra do solo, é investido, em função de sua disposição própria, de uma propensão particular, e ao mesmo tempo constantemente retomada, na qual devemos nos "apoiar" e a qual convém explorar. Assim como qualquer configuração, e mesmo antes de todas elas, a que se efetiva no campo de batalha ou nas relações de dominação política, a que elaboram o ideograma caligrafado ou os signos da literatura, a configuração topográfica constitui-se num campo magnético (o mesmo que o compasso do geomante explora) carregado de potencialidade, regular e funcional, que o organiza em redes e por onde serpenteia a Eficiência. Linhas da vida — linhas de força também:* é compreensível que a estética chinesa da paisagem tenha sido diretamente marcada por essa intuição

---

* Privilegiei a expressão "linha da vida", para dar conta desse aspecto do *che*, porque está diretamente ligada à noção de *sopro vital*, no qual se fundamenta esse aspecto, e lembra a quiromancia, irmã da geomancia. Devo notar, aliás, que, no Ocidente, certas escolas contemporâneas de desenho e pintura, distanciando-se dos métodos tradicionais de aprendizagem (como a escola Martenot), recorreram com frequência a essa expressão em seu ensino.

física. Porque "os aspectos das montanhas e das águas", tanto sob o pincel do pintor como na natureza, "nascem da interação do sopro vital e da configuração, dinamizada por ele":[10] pintar, na China, é tentar encontrar, pela figuração de uma paisagem, o traçado, elementar e contínuo, da pulsação cósmica. Daí a orientação peculiar que a estética chinesa da paisagem sofreu, por sua concepção do *che*: no plano filosófico primeiro, valorizando a importância da distância, para uma melhor apreensão da paisagem, assim como a expressão, por seus lineamentos, da dimensão do invisível que anima tal paisagem; e, mais tarde, no plano técnico, enfatizando a importância do traço de esboço e contorno, assim como o movimento de conjunto da composição.

Jing Hao séc. X

II. A primeira consideração parte de uma evidência, mas aprofunda-a até chegar à intuição mística. Como observa um dos primeiros tratados de pintura, quando nos colamos à paisagem, não somos capazes de apreender todos os seus contornos; ao contrário, quanto mais nos distanciamos, mais a imensidão da paisagem se deixa delimitar pelo estreito quadro da pupila: se estendermos uma seda crua para fazê-los aparecer ali, de longe, as montanhas mais

Zong Bing séc. V

---

10 *Shan shui zhi xiang, qi shi xiang sheng* 山水之象, 气势相生。Jing Hao, *Leibian*, p.607; cf. Susan Bush e Hsio-yen Shih, op. cit., p.164: "The different appearances of mountains and streams are produced by the combinations of vital energy and dynamic configuration" ["As diferentes aparências das montanhas e dos riachos são produzidas pelas combinações de energia vital e configuração dinâmica"]; e Nicole Vandier-Nicolas, op. cit., p.76.

A propensão das coisas

imponentes se verão encastradas nessa superfície de uma polegada.[11] Do mesmo modo, como mais tarde se aconselha a respeito da pintura dos bambus, deve-se deixar um ramo refletir-se contra uma parede branca, durante uma noite de luar, para fazer sobressair sua "forma verdadeira".[12] A expressão do pintor vai naturalmente ao encontro da do geomante: "contemplando uma paisagem de longe, captamos as linhas da vida [*che*]; considerando-a de perto, captamos sua substância".[13] Pois como explorar de perto, entretendo-se com o detalhe, a tensão animante de todo esse jogo de linhas que se alternam e se opõem, erguem-se ou se interrompem?[14] Somente quando são vistos de longe, por contraste e globalmente, é que os traçados configuradores podem expressar seu dinamismo. Portanto, a distância não permite apenas que se apreenda uma vasta paisagem: ela também a torna mais acessível à contemplação, como se fosse decantada de todo o peso do inessencial, devolvida ao movimento apenas, eminentemente simples, que a articula e faz existir.

Guo Xi séc. XI

Quanto mais nos distanciamos, mais *reduzida* é a paisagem que vemos. Mas, longe de prejudicar a semelhança da pai-

---

11 Zong Bing, "Hua shanshui xu" ("Introdução à pintura de paisagem"), *Leibian*, p.583; cf. o estudo detalhado de Hubert Delahaye, op. cit., p.76 et seq.

12 Guo Xi, *Lin quan gao zhi* (*Da elevada mensagem das florestas e das fontes*), Leibian, p.634. Essa é uma distinção comum; cf. Jing Hao, *Leibian*, p.614.

13 *Yuan wang zhi yi qu qi shi* 远望之以取其势。

14 *Jin zhe wan xi bu neng jiu cuozong qizhi zhi shi* 近者玩习不能究错纵起止之势。

François Jullien

sagem, essa diminuição das coisas serve, ao contrário, para destacá-las. É comum no Extremo Oriente – desde a arte dos "bonsais" até a dos jardins, como analisou Rolf A. Stein – que a miniatura conduza à iniciação.[15] Há coincidência aqui com o ponto de vista budista, segundo o qual o pequeno é idêntico ao grande, e as proporções habituais entre as coisas são totalmente ilusórias. Todo microcosmo é tão grande quanto o maior dos macrocosmos: "transportamos o mundo numa cabaça, um único grão de poeira contém o Sumeru".

Zong Bin Abertos à influência – nova na época – do budismo, os primeiros tratados sobre a arte da paisagem dão ênfase à realidade dessa equivalência da qual a pintura tira partido: "um traço de três polegadas feito na vertical equivale à altura de mil passos; tinta esticada alguns pés na horizontal dá corpo a uma distância de cem léguas".[16] O menor espaço pode conter tudo e, operando esse escorço mágico, o pintor transcende de uma vez por todas a faticidade das coisas. Ele não só nos restitui o mundo com todo seu "brilho" e frescor, como também abre esse mundo para a dimensão "espiritual"[17] – aqui, mais particularmente, aquela que a Lei budista encarna[18] – da qual todos os aspectos do mundo, que devem ser "saboreados", oferecem-se como um reflexo vivo.

---

15 Rolf A. Stein, *Le Monde en petit*, Paris, Flammarion, "Idées et recherches", 1987, p.59 et seq.

16 Zong Bing, op. cit., p.583.

17 O "brilho": *xiu*, e a "espiritualidade": *ling*; a ideia de "reflexo" é indicada logo na primeira frase do texto: *han dao ying wu*.

18 Sobre a importância do budismo em Zong Bing, autor do *Mingfolun*, ver a pertinente análise de Hubert Delahaye, op. cit., p.80 et seq.

A propensão das coisas

Mas o que, no fundo, distingue do mundo dos mapas da geografia esse mundo em escala reduzida que a pintura de paisagem oferece? Aliás, é muito fácil a confusão entre um e outro, porque, no início da nossa era, a prática cartográfica já havia atingido um alto grau de desenvolvimento na China, e o termo chinês que serve para designar o ato de pintar significava originalmente, de acordo com certa etimologia antiga, "delimitar pelo traçado" (o ideograma "representando os quatro limites de um campo desenhados com o auxílio de um pincel").[19]

Wang Wei séc. V

Mas o que os antigos entendiam por pintar [essa referência ao passado, condizendo com a retórica chinesa, serve apenas para realçar: é óbvio que se trata da pintura de paisagem, que nasce precisamente nessa época] não era oferecer uma planta das cidades e das fronteiras, distinguir as regiões e os municípios, indicar os montes e todos os outros relevos, traçar os lagos e os rios.[20]

O mapa deriva de uma simples redução de escala e tem uma finalidade prática, enquanto o processo de redução ao qual se dedica a pintura tem uma força simbólica.

---

19 Essa é a etimologia da palavra *hua* dada pelo *Shuowen jiezi* e à qual Wang Wei parece referir-se no início de seu tratado. Sobre esse ponto, cf. Hubert Delahaye, op. cit., p.117.

20 Wang Wei, "De la peinture" ("Xu hua"), *Leibian*, p.585. Mas o termo *shi* que aparece no início do tratado (*jing qiu rong shi er yi*) significa, aqui, "disposição" e ainda não tem o sentido forte que adquirirá posteriormente (já preparado por esse texto). No estudo citado anteriormente, Yonezawa Yoshio equivoca-se, a meu ver, atribuindo esse sentido forte, positivo, a *shi*. O sentido do trecho seria ao contrário: "...buscam apenas o aspecto e a disposição. Mas os antigos...".

Afastando-se do modelo cartográfico, objetivista, a arte do pintor é apresentada como aproximando-se dessa referência oposta que é a escrita. Ela não apenas se aproxima da escrita ideográfica pelos meios materiais empregados, bem como pelos diversos elementos — traços e pontos — constitutivos do traçado, mas também vão ao encontro — e ficam aquém — da escritura mais elementar, e mais sagrada também, da série de hexagramas que, a partir da simples alternância de linhas contínuas de descontínuas, é suficiente para dar conta de todo o mistério do devir. Porque a escrita pictórica não só é expressiva — "com um traço enlevado dir-se-ia o monte Hua; um curto traço adunco e tem-se um nariz proeminente!" (e esses traços, *po* e *wang*, são os mesmos usados na caligrafia), como ela também consegue, apenas com o recurso do traçado, encarnar o "Grande Vazio" e, pela incessante renovação de suas linhas, evocar a transformação sem fim das coisas. Escrita superior, verdadeiramente espiritual, porque, pela variação das formas, encarrega-se do invisível.

Para celebrar a pintura de um de seus amigos, o poeta não podia deixar de realçar a imensidão da paisagem abarcada:

> Do lago Dongting, perto de Baling [a sudoeste da China]
> [até o leste do Japão,
> O rio, entre margens púrpuras, comunica-se
> [com a Via Láctea,[21]

---

21 Du Fu, "Xi ti Wang Zai hua shanshui tu ge", cf. William Hung, *Tu Fu, China's Greatest Poet*, Nova York, Russell, p.169.

A propensão das coisas

E o elogio da paisagem pintada culmina com esta reflexão crítica:

Ele distingue-se ao representar o *che* do longínquo, e ninguém,
[desde a Antiguidade, pode igualá-lo:
No espaço de um pé quadrado, evocar uma paisagem
[de dez mil léguas![22]

Ao mesmo tempo, o poema começa e termina ressaltando a impressão de perfeita verdade que se desprende dessa obra e se impõe a nós (cf. o último verso escrito, não sem humor, no estilo que será consagrado pelo *chan/zen*: "Quisera ter uma tesoura para cortar um pedaço desse rio!"). É que apenas a representação de uma paisagem de horizonte incomensurável, abrindo-o para o infinito, pode ser "realista". Porque é a mesma circulação do elã vital que estende a paisagem ao extremo, pelas beiradas, e a anima, no centro, com movimentos familiares: as nuvens ondulam no céu como dragões, os pescadores voltam do rio, as árvores inclinam-se sob as rajadas do vento. Esse sopro que vem de longe irriga até os mínimos detalhes, e a paisagem pintada, que capta todas essas linhas de força num escorço elíptico, é sua expressão privilegiada. Pela potencialidade do *che*, ela resume o Mundo ao essencial, que, seja qual for o nome que lhe seja dado — usualmente o letrado chinês se preocupa muito pouco com o dogma —, constitui sua capacidade de florescimento e vitalidade.

---

22 *You gong yuan shi gu mo bi* 尤工远势古莫比。

A expressão "num pé quadrado conter um *che* de dez mil léguas" tornou-se um truísmo dos pintores chineses, desde essa época.[23] Porque constitui verdadeiramente a totalidade da pintura na China. Resta considerarmos como esse preceito influenciou sua arte, de um ponto de vista prático.

III. A importância que se dá às linhas da vida da paisagem é traduzida, no trabalho do pintor, pela primazia do traçado configurador; ora, este foi objeto de particular atenção na China (sobretudo a partir dos Ming e sob os Qing), quando os pintores de paisagem se sentiram seduzidos pelas vastas composições e, ao mesmo tempo, tiveram de reagir contra a tentação – "decadente" em relação à verdadeira ambição de sua arte – de uma pintura banalmente ilustrativa e detalhista.

No plano técnico, que na pintura chinesa é sobretudo gráfico, a primazia do *che* corresponde à prioridade das "linhas de contorno" em relação às "pregas". Enquanto as primeiras dividem as grandes massas e formam a estrutura geral da pintura, as segundas, inserindo-se ou se apoiando nelas, fragmentam-nas e detalham-nas a fim de representar o relevo, o grânulo e a luminosidade das coisas. Para empregar a terminologia chinesa – de bom grado anatômica –, as primeiras constituem a "ossatura" da paisagem e as segundas a "musculatura". Ora, é evidente que, se as segundas substituem progressivamente as primeiras, a ponto de quase fazê-las desaparecer, nem por isso elas deixam de constituir – tal como as linhas da vida que serpenteiam e

---

23 Cf., por exemplo, Tang Zhiqi, *Leibian*, p.733.

A propensão das coisas

animam o relevo – o arcabouço indispensável da forma.[24] Assim, quando se pinta uma montanha, convém fazer primeiro os contornos, jogando com os contrastes, para fixar a tensão intrínseca que constitui a dimensão de "sentido" da montanha, e somente depois fazer as pregas.[25] Quando o *che* de uma montanha ou de uma pedra é determinado, "o êxito estético dessa montanha ou dessa pedra é determinado concomitantemente".[26] A atitude inversa, e condenável, é começar pelo desenho minucioso das pedras, a partir de um canto qualquer do espaço, para depois chegar, por "acumulação", a amplos relevos.[27] Voltemos então ao preceito dos "antigos", que sabiam estabelecer seu objeto com um único traço: "em suas grandes pinturas, embora houvesse pontos cuidadosamente trabalhados, eles tinham por princípio alcançar o *che*".[28]

Alcançar o *che* é capital, porque a realidade das coisas só existe – e, portanto, só se manifesta – *globalmente*, graças à força de propensão que une os diversos elementos entre si. Somente quando se capta o movimento de conjunto (o *che*) é que a montanha, apesar das curvas e dos desníveis do relevo, conseguirá "deixar que o sopro passe por suas veias"; as árvores, apesar das irregularidades e do contraste de sua silhueta, conseguirão "exprimir cada uma sua vita-

> **Tang Zhiqi**
> **séc. XVII**

> **Fang Xun**
> **séc. XVIII**

> **Mo Shilong**
> **séc. XVI**

> **Zhao Zuo séc. XVII**

---

24 A natureza e a função das "pregas" foram muito bem descritas por Pierre Ryckmans em diversas notas de *Propos sur la peinture*, as quais retomo aqui.

25 Tang Zhiqi, *Leibian*, p.742.

26 Fang Xun, *Leibian*, p.914.

27 Mo Shilong, *Leibian*, p.712.

28 *Yao zhi qu shi wei zhu* 要之取势为主。Tang Zhiqi, *Leibian*, p.743.

lidade própria"; as pedras conseguirão "ser fascinantes em sua estranheza, sem ser bizarras", "cativantes pela simplicidade, sem ser comuns". Mesmos as encostas, apesar de se cruzarem em todas as direções, não darão impressão de desordem.[29] Complexas, mas não misturadas: uma vez que esse movimento de conjunto corresponde à "coerência" interna da realidade e reproduz sua "lógica" própria.[30] E o que vale para o plano dos elementos específicos vale mais ainda para o plano de sua disposição relativa. Esta depende de uma lógica de conjunto que procede por alternância e variação, tendo em vista uma valorização recíproca e contínua. Mesmo as pontes e os povoados, as torres e os belvederes, os barcos e as carroças, as personagens e suas habitações – que ora se devem mostrar, ora esconder – devem proceder desde o princípio desse ordenamento geral. Do contrário, ficarão esparsos e estranhos uns aos outros. Em última análise, portanto, o imperativo do *che* confunde-se com o da unidade de composição percebida em sua função dinâmica. Sem ela, o que se tem não passa de "remendo". Graças a ela, toda a pintura pode ser captada num relance de olhos, "como uma única aspiração"; bem como se presta a uma leitura lenta e atenta, em que saboreamos continuamente, por cada detalhe, toda a harmonia invisível.

É tanto mais difícil captar esse *movimento de conjunto* que constitui o *che* da paisagem, como tensão própria de sua

---

29 Para esse desenvolvimento, ver a importante dissertação atribuída a Zhao Zuo, *Leibian*, p.759, que trata exclusivamente do *shi* (cf. também Qian Du, *Leibian*, p.929).

30 Noção de *lishi* 理势.

A propensão das coisas

configuração, quanto esta é sempre específica e depende do ângulo de visão. A comparação com o corpo humano é, mais uma vez, reveladora: quer o homem esteja de pé ou caminhando, sentado ou deitado, todas as partes de seu corpo, até a menor articulação, estarão em harmonia com sua postura. Ora, para levar o mais longe possível a analogia – como gostam os críticos chineses –, as pedras são como a "ossatura" da montanha, as florestas suas "vestimentas", o mato seus "pelos" e seus "cabelos", o curso das águas suas "veias" e suas "artérias", as nuvens a "respiração", os vapores a "tez" e os templos, belvederes, pontes e povoados as "joias"; de um ponto de vista do conjunto, as ramificações das cristas constituem os "membros" da montanha – e ela se ergue reta, pendente ou inclinada.[31] Quando um homem está deitado, a mão pendente parece mais longa, e a que está encolhida parece mais curta; quando ele está de pé, à plena luz, basta que ele mova minimamente um dos pés para que toda a silhueta, assim com sua sombra no chão, mova-se em uníssono com ele. Ora, o mesmo ocorre com o movimento de conjunto da montanha, conforme seja vista de perto ou de longe, de frente ou de lado: todas as ondulações e desníveis de uma montanha vista de frente têm de combinar, "comunicando-se" através da paisagem, com a fisionomia dessa montanha vista de frente. Em tamanho grande, há sempre um cume que serve de princípio diretor para a composição – destacando-se, orgulhoso e imponente –, enquanto os outros o "saúdam respeitosamente", como se "lhe fizessem a corte"; em tamanho

Tang Dai séc. XVIII

---

31 Tang Dai, *Leibian*, p.857-9 (todo o parágrafo é dedicado à importância do *shi*).

pequeno, não há um mínimo arbusto, ou um mínimo talo de capim, que "não seja atravessado por essa linha da vida":[32] é preciso que o pintor esteja inspirado, que goze de certa disponibilidade de consciência, para que possa "unir-se em espírito" de forma suficientemente íntima a essa paisagem e, abrindo-se e comunicando-se com ela, capte de uma vez todo esse funcionamento – ao mesmo tempo tão poderosamente geral e tão finamente capilar. Sem essa plenitude excepcional de suas faculdades, o "grande *che*" da paisagem é perdido, e a pintura fica sem vida.

O movimento de conjunto da paisagem não pode confundir-se, portanto, com o que seria seu plano, laboriosamente construído. Ele faz parte de uma etapa anterior e mais sutil, e consequentemente mais inapreensível, da criação: a *erupção* da configuração dota a paisagem da força de *propensão* que a leva a existir (*i.e.*, a exercer sua eficácia estética). Somente a partir do momento em que se dá essa apreensão intuitiva, a partir de seu próprio corpo, do corpo da paisagem e suas ramificações de vida, é que a construção da pintura se torna possível, como operação mais intelectual e concertada – e evidente: "quando atingimos o movimento de conjunto [*che*], podemos arranjar tudo ao nosso gosto, todos os cantos são bons;[33] se o perdemos, podemos nos esfalfar quanto quisermos para dar ordem, tudo é ruim".[34] Fator absolutamente determinante da obra, o *che* é "promovido" do

> **Da Chongguang séc. XVII**

---

32 *Fan yi cao yi mu ju you shi cun hu qi jian* 凡一草一木具有势存乎其间。

33 *De shi ze sui yi jingying, yi yu jie shi* 得势则随意经营，一隅皆是。

34 Da Chongguang, *Leibian*, p.809 e 833.

A propensão das coisas

estágio do "aleatório e do ínfimo"[35] e efetiva-se no estágio da "observação e da proporção". Se, depois, temos a chance de verificar sua exatidão, ele nos faz voltar também — e sobretudo — às incertezas iniciais de toda gênese. Situa-se não apenas na junção do visível com o invisível, mas também no ponto secreto da clivagem em que se decide o sucesso ou o fracasso: ele é realmente, ainda de outra forma, àquilo a que toda pintura de paisagem deve sua "vida".

IV. Existe uma poesia de paisagem, na China, assim como existe uma pintura de paisagem, e ambas têm relação com o mesmo espírito. Do mesmo modo que o pintor, o poeta reduz a distância, concentra o espaço, retém apenas os lineamentos profundos. Seja do alto de uma montanha, como nos citam como exemplo, descrevendo um panorama mais vasto do que aquele que é perceptível com exatidão, seja procurando numa viagem um porto mais distante do que aquele que é efetivamente atingível... Não que essa evocação da paisagem seja imaginária e particular a uma experiência autenticamente vivida: ao contrário, porque se comunica intimamente com ela é que o poeta é capaz de captar intuitivamente a paisagem em toda a sua amplidão, alcançar suas ramificações mais distantes, abri-la para o infinito que a anima, ao sopro que a sorve. Paisagem extravasada – sublimada: alargando desmesuradamente o horizonte, aproximando de nós esse além impossível, o poeta transcende a percepção comum, "quilométrica", banalmente objetiva, e consegue apreender o mundo em seu além invi-

Wang Shizhen séc. XVII

---

35 *Shi zhi tui wan zai yu ji wei* 勢之推挽在于幾微。

sível.[36] Como a do pintor, a geografia do poeta se distancia da verdade topográfica. Como a do pintor, a paisagem do poeta se enriquece com sua tensão simbólica. "É relatado que Wang Wei pintava bananeiras no meio da neve; ora, ele fazia o mesmo com sua poesia."[37] A tensão do impossível leva ao sobrepujamento da visão comum, abre para o sonho. Como exemplo, segundo o mesmo crítico:

Em Jiujiang os bordos: quantas vezes verdejarão?
Em Yangzhou os cinco lagos: uma única mancha branca!

E comenta:

O poeta cita em sequência nomes de lugares como o burgo de Lanling, o subúrbio de Fuchun, a cidade de Shitou, embora, na realidade, vastíssimos espaços separem esses lugares uns dos outros. De modo geral, poetas e pintores dos tempos passados retinham apenas o que apreendiam pela emoção suscitada e transcendia a materialidade das coisas.[38] Quem procura alcançar seu objeto registrando-o com precisão, perde esse princípio.[39]

---

36 Wang Shizhen (Wang Yuyang), *Daijingtang shihua*, Beijing, Renmin Wenxue Chubanshe, 1982, t.I, cap. 3, "Zhu xing lei", § 3, p.68. Wang Shizhen também reutilizou a teoria pictórica do distante (cf. os "três longes" de Guo Xi) para explicar o efeito poético. Cf. Wang Shizhen, op. cit., § 6, p.78, e § 15, p.85-6.
37 Ibid., § 4.
38 *Zhi qu xinghui shendao (chaomiao)* 只取兴会神到（超妙）。
39 Wang Shizhen, op. cit., § 4.

A propensão das coisas

A partir do *che*, essa comparação entre pintura e poesia pode ser levada ainda mais longe:

Wang Fuzhi séc. XVII

> Segundo os que tratam de pintura, "o espaço de um pé contém um *che* de dez mil léguas". O termo *che* merece nossa atenção. Porque, se não considerarmos a questão em termos de *che*, a redução de um espaço de dez mil léguas à dimensão de um pé equivaleria a fazer o mapa do mundo que se vê na primeira página dos livros de geografia.[40]

Porque, de fato, ao contrário da redução cartográfica, insipidamente proporcional, a percepção estética do espaço, seja pictórica, seja poética, tenta apreender este último por tensão, por suas linhas da vida; os signos que compõem esse espaço são dotados de uma espécie de potencialidade disposicional (sentido do *che*, nesse caso) que lhes confere exatamente o efeito de arte que têm. Consequentemente, o "espaço" em questão não concerne mais apenas ao que é evocado tradicionalmente por um poema, enquanto "paisagem"; ele concerne também ao *espaço poético* que o texto constitui por si mesmo em sua dimensão própria, a partir da linguagem que emprega. Espaço ideativo – de discurso, de consciência –, mas também ele irrigado por uma aspiração de conjunto, trabalhado pela dinâmica do longínquo. A escrita poética opera por concentração e redução simbólicas, como a da pintura; e a quadra, forma mais breve da poesia chinesa, é citada como um exemplo privilegiado:

---

40 Wang Fuzhi, *Jiangzhai shihua*, Beijing, Renmin Wenxue Chubanshe, 1981, cap. 2, § 42, p.138.

— Senhor, onde habitais?

Vossa criada habita Hengtang.

Os barcos param, apenas pelo tempo de uma pergunta...

E se eles fossem da mesma aldeia?

Nesse poema, continua o filósofo, "o sopro que anima a tinta alcança, em todos os sentidos, o infinito, e, nos espaços em branco do texto, o sentido está presente por toda parte".[41] O que significa que, nesse espaço em escala reduzida que é o poema, o "sopro" que o inspira e atravessa – do mesmo modo que atravessa e faz existir toda a realidade – carrega as palavras do texto com uma máxima potencialidade (semiótica), conseguindo desenvolvê-las o mais longe umas das outras (tu – eu; aqui – lá): a vastidão que separa e dilui, e, de súbito, a esperança fugidia – entre um barquinho e o outro no rio – de um encontro, de uma cumplicidade... O escorço do espaço e do tempo é extremo (quatro pentassílabos, o breve instante de uma pergunta), cena e sentimento são apenas esboçados, mas por isso são mais pregnantes; também o poema é reduzido a suas "linhas da vida". Mas essa concentração é mais apta a provocar a transcendência, a irrigar de sentido todos os "espaços em branco" do texto, a abrir essa linguagem a um desenvolvimento sem fim. A tensão entre os signos é extrema, a propensão ao sentido é levado a seu ápice: o dispositivo poético em ação é total.

Essa arte da disposição eficaz é muito bem elaborada na tradição chinesa; e foi objeto, a propósito das práticas culturais mais variadas, de um minucioso inventário.

---

41 Id.

5
*Disposições eficazes, por séries**

I. Os *che*, no plural, na forma de lista: a mão ou o corpo, a configuração do relevo ou o desenvolvimento do poema. Com efeito, o que é a "arte" — fazendo-se a pergunta da maneira a mais geral, bem como a mais concreta — senão captar e usar, por intermédio do gesto, pela ordenação das coisas, toda eficácia possível? E como se faz com precisão

---

* Para este capítulo, os textos sobre caligrafia fazem referência, como nos capítulos anteriores, à antologia *Lidai shufa lun wen-xuan*, já mencionada; sobre o alaúde, ao *Grande tratado do som supremo* (*Taiyin daquanji*), manual anônimo do século XIV (cap. 3); sobre a "arte da alcova", ao *Dongxuanzi* (dos Tang), como foi reconstituído no *Shuang mei jing an congshu*, de Ye Dehui; sobre o *taiji quan*, os textos têm origem mais diversa (o que se explica pelo caráter tardio e secundário dessa literatura).

Nossa análise do *che* poético baseia-se na reflexão de dois versejadores do período Tang, Wang Changling e Jiaoran, tal como é encontrada no *Wenjing mifulun* (jap.: *Bunkyô hifuron*), edição de Wang Liqi, Zhongguo Shehui Kexue Chubanshe, Beijing, Xinhua Shudian, 1983, assim como na obra crítica de Jiaoran, *Jiaoran shishi jixiao xinbian*, edição de Xu Qingyun, Taiwan, Wenshizhe Chubanshe.

o balanço desse conhecimento, senão por enumeração, e caso por caso? O papel dessas listas é estabelecer, em cada domínio, uma tipologia das disposições particulares que foram reconhecidas as mais apropriadas e que a experiência transmitiu de mestre para discípulo, de era em era, como o segredo de um *savoir-faire*. Fruto de uma longa prática, e visando a prática, elas se encontram normalmente em textos técnicos, manuais e catálogos; e foi sob a grande dinastia dos Tang (séculos VII-X), primeira época em que os chineses começaram a refletir de forma mais específica sobre os procedimentos da criação,[1] e não apenas sobre seu "espírito" – sua força moral ou cósmica – que se deu em geral a recapitulação.

Com essas listas nós mudamos de literatura, pois, por mais importante que seja para o domínio de uma arte, e por mais que revele o "gênio" da civilização chinesa, essa codificação técnica ainda é objeto de pouca reflexão. Quer resuma um saber anônimo e comum, quer ofereça um ensinamento esotérico cuidadosamente guardado, ela é indigna da assinatura do letrado: a ponto de alguns desses tratados terem sido perdidos na China e se conservarem apenas em obras compiladas na época das primeiras missões

---

1 Sem dúvida, poderíamos tornar mais geral, a esse respeito, a observação de Dong Qichang segundo a qual os caligrafistas dos Tang tinham um interesse especial pela técnica (*fa*), ao passo que os caligrafistas das Seis Dinastias davam ênfase à "ressonância íntima" (*yun*) e os dos Song à expressão do "sentimento individual" (*yi*). Cf. Jean-Marie Simonet, *La Suite au "Traité de calligraphie" de Jiang Kui*, tese não publicada, Paris, École Nationale des Langues Orientales, 1969, p.94-5.

japonesas no continente – por certo monge ilustre, certo médico famoso, quando a civilização chinesa estava em seu apogeu e o Japão engatinhava – com o intuito de, na volta, instruir seus compatriotas no domínio dessas artes.[2] O que, internamente, é objeto de um saber considerado demasiado primário, demasiado empírico para ser elevado à categoria das belas-letras, serviu de guia muito útil e muito seguro para os principiantes de fora. Ainda hoje, por mais enfadonhas que pareçam à primeira vista, essas listas continuam ricas desse valor de iniciação.

II. A arte, na China, é sobretudo a arte do pincel, e as "disposições eficazes" dizem respeito a seu manuseio; originalmente, a prática em questão é a da caligrafia, mas esta influencia também a arte de pintar. Com o título de "Os nove *che*", um texto apresentado como um dos mais antigos da teoria caligráfica relaciona nove maneiras de manusear o pincel, que supostamente correspondem a todas as situações possíveis de execução.[3] A arte é de bem construir

Cai Yong séc. II

---

2 É o caso, em particular, no campo da poética, do *Wenjing mifulun* (*Bunkyô hifuron*), compilado por Kukai, fundador do Shingon, e concluído em 819; e, no campo da medicina, do *Yixinfang* (*Ishimpô*), compilado por Tamba Yasuyori entre 982 e 984 (sobre a história desse texto e a reconstituição do cap. 28, dedicado à "alcova" [*fangnei*], pelo erudito chinês Ye Dehui, cf. a obra clássica de Robert van Gulik, *La Vie sexuelle dans la Chine ancienne*, Paris, Gallimard, 1971, p.160 et seq.).

3 Cai Yong, "Jiu shi", *Lidai*, p.6. Trata-se de uma atribuição apócrifa devida ao *Shuyuan Jinghua* de Chen Si, dos Song. Encontramos outras listas de *che* da caligrafia, a propósito do movimento do pincel, em Wang Xizhi, "Bishulun", *Lidai*,

o caractere, obtendo adequação e correspondência entre alto e baixo (1); mover a ponta do pincel em movimentos arredondados para evitar ângulos pontiagudos (2); seguir o sentido oposto ao qual pendemos, tanto no início como no fim do elemento que devemos caligrafar, segundo a técnica da "ponta escondida", de modo que a ponta do pincel fique dissimulada no traço (3). O que corresponde tanto a "esconder a cabeça" quando se faz a ponta do pincel, entrando em contato com o papel, manter-se constantemente no centro do traçado (4) como a "proteger a cauda" quando, chegando-se ao término do elemento, este é arrematado com um giro cheio de força (5). Outros manuseios particulares completam essas disposições gerais: um movimento "apressado" (como o da "picada" ou do "esquartejamento") (6), ou "enlevado", com uma ponta rápida e concentrada (7); ou ainda um manuseio do pincel que dá aspereza ao traçado, como se ele tivesse de vencer certa resistência (8); ou faz traços horizontais com a densidade constante de "uma carapaça", e os verticais mantendo a tensão como "um cavalo que se segura pela rédea" (9). Com esses nove tipos de manuseio, conclui o tratado, temos condições, mesmo sem o auxílio de um mestre, de nos "harmonizar com o gênio dos antigos" e nos elevar à mais sutil perfeição: por esses poucos procedimentos estaria compreendida a essência da arte.

Ao manuseio do pincel corresponde o dedilhar das cordas. Na China, o alaúde faz parte do universo do letra-

---

p.34; ou a propósito dos elementos gráficos (em sentido quase equivalente a *fa*) em Zhang Huaiguan, *Lidai*, p.220 et seq.

do, da mesma maneira que a caligrafia. Se a noção de um "*che* das mãos" remonta ao menos ao século VII, apenas muito mais tarde (sobretudo sob os Ming) é que encontramos registrado em manuais o quadro explicativo dessas disposições:[4] estas são apresentadas em sequência (dezesseis para cada mão), com a ajuda de um croqui que mostra a posição específica dos dedos, seguido de uma legenda com a descrição precisa do dedilhamento; um segundo croqui evoca, comparativamente, uma postura de animal, ou uma paisagem natural, em correspondência com cada caso; por último, um curto poema, sob o segundo croqui e ao lado da explicação, mostra alegoricamente o estado de espírito adequado à atitude ou paisagem evocada. Esses poemas são como *che* originais e pitorescos: o do "grou que canta à sombra do pinheiro", do "pato solitário que vira o pescoço na direção de seus irmãos", do "dragão voador agarrando-se às nuvens", do "louva-a-deus abocanhando a cigarra"... ou da "fonte que corre em cascata num valezinho retirado", do "vento que acompanha as nuvens ligeiras"... Esquema, legenda, representação iconográfica, expressão poética: recorre-se simultaneamente a todos os meios — intelectual, visual, emocional —, a todas as abordagens — analítica e intuitiva, metódica e sugestiva — para explicar a identidade — ao mesmo tempo física e espiritual — de cada uma das posições.

---

4 Sobre essa questão, cf. Robert van Gulik, *The Lore of the Chinese Lute*, Tokyo, Sophia University, 1940, p.114 et seq., e Kenneth J. De Woskin, *A Song for One or Two: Music and the Concept of Art in Early China*, Ann Arbor, The University of Michigan, 1982, cap. 8, p.130 et seq. As pranchas comentadas aqui foram extraídas do *Taiyin daquanji*.

Aquilo que denominamos tradicionalmente "boxe chinês" (*taiji quan*), e ainda vemos ser praticado ao amanhecer, nos parques, individualmente ou em duplas, também se apresenta como uma sucessão de posições: do corpo inteiro dessa vez, e não apenas da mão ou do punho, e dando-se uma importância primordial ao "sopro", que, assim como no mundo, garante a vitalidade harmoniosa de todo o nosso ser. Nesse caso, trata-se de uma "arte" muito mais recente (os textos de que dispomos datam quando muito do século XIX), mas cuja lógica, em contraste com as técnicas de combate que conhecemos no Ocidente, é representativa de uma rica tradição cultural. No estilo "longo boxe", que é um dos mais comuns, distinguem-se normalmente "treze *che*".[5] Oito de um lado: proteger, puxar para trás, pressionar para a frente, empurrar, torcer, torcer na direção do braço, dar uma cotovelada, dar um golpe de ombro; e cinco de outro: avançar, recuar, deslocar-se para a direita, deslocar--se para a esquerda, manter-se no centro. A primeira série é concebida em relação aos oito trigramas que (segundo *O livro das mutações*, antigo tratado de adivinhação que é a base da representação chinesa do universo) formam, a partir de uma alternância de linhas contínuas e descontínuas, um conjunto sistemático e completo de figuras que servem para interpretar o futuro; a segunda série é relacionada aos "cinco elementos" (água, fogo, madeira, metal e terra) que, na física

---

5 Sobre esse assunto, cf. Catherine Despeux, *Taiji quan: art martial, technique de longue vie*, Paris, La Maisnie, 1981 (texto chinês, p.293). Considera-se que essas duas séries correspondem aos "cinco passos" e às "oito entradas", e estas se dividem de acordo com os oito ponto cardeais e colaterais.

A propensão das coisas

chinesa tradicional, representam conjunta e alternadamente as relações fundamentais de todas as coisas.[6] No exercício a dois (o "empurrar as mãos"), essa série de *che* é concebida mais particularmente como a exteriorização da "força interior", que é, em si, a manifestação dinâmica do "sopro verdadeiro" e é representada, do ponto de vista de sua utilização, como "enrolada", à semelhança de um "fio de seda",[7] e prestes a espiralar no espaço: a dupla são as figuras desse "desenrolar" – partindo do sopro central e desenvolvendo-se na sucessão de posturas.

Até mesmo a "arte da alcova" foi objeto, por parte dos chineses, há muitíssimo tempo, de uma codificação minuciosa, também ela estabelecida em termos de *che*. A propósito das posturas do coito, um tratado chinês do período Tang (mas certamente recuperando elementos mais antigos) relaciona exatamente trinta posições e julga ter coberto todos os casos possíveis.[8] Esses "trinta *che*" recebem denominações simbólicas, tiradas também do mundo animal ou natural: "a dobragem da seda" ou "o dragão enrolando-se"; "as borboletas esvoaçantes" ou "os patos voadores invertidos"; "o pinheiro cobrindo com seus galhos" ou "os bambus diante do altar"; "o voo das gaivotas" ou "o salto dos cavalos selvagens" ou "o mensageiro a galope"... Expressões cujo aspecto verbal evidencia em geral, apesar das variações, o potencial em ação e a capacidade de elã, em

---

6 Encontramos associações desse tipo a respeito dos *shi* da geomancia; cf. o *Zangshu* de Guo Pu, já citado.

7 *Chansi jing* 缠丝劲。

8 *Dongxuanzi*; cf. Robert van Gulik, op. cit., p.168 et seq.

relação às posições do corpo. Aliás, o termo *che* designa de longa data – na mesma ordem de ideias, mas no singular – os testículos do homem: expressivamente, castrar alguém, um castigo comum na China Antiga, é "cortar seu *che*".[9]

III. Nada parece ser mais neutro, culturalmente, do que fazer uma lista. Relação dos casos, manejo do tabulador: mal parece uma operação, tão discreta e sumária que é. Ora, sentimo-nos um tanto desorientados ao frequentá-las. Enquanto algumas são absolutamente uniformes e regulares, outras levam sua heterogeneidade ao limite do "racionalmente" compatível. Os nove *che* da caligrafia apresentam em sequência casos gerais e casos particulares, e acontece de um caso conter os dois seguintes [(3) contém (4) e (5)]; além disso, alguns são analisados segundo sua lógica própria [cf. (1), (2),...], outros são explicados por seu uso singular [cf. (6)]; por último, alguns são apresentados apenas metaforicamente [cf. (9)]. Essa orgia do imaginário nos intriga, ao mesmo tempo que nos fascina: devemos tomar essas designações imagéticas como simples decoração emblemática ou devemos vê-las com um significado simbólico, servindo efetivamente à compreensão? O mais estranho, enfim, é que essas listas bastam em si mesmas, apenas por sua enumeração, para formar um todo completo, sem que a noção de *che*, que serve não apenas de título às categorias, mas também – e isso é necessário – de fundamento lógico à série, seja especificado (de outro modo que não por um número), comentado e justificado. Como se,

---

9 *Ge qi shi* 割其势。

A propensão das coisas

para o usuário chinês, não houvesse nenhuma concepção mais abstrata a ser tirada do corpo da enumeração; nenhuma teoria *a mais* se justificasse, além daquilo que ele sente intuitiva e ativamente, por meio dos casos, como a pertinência do termo – termo "prático", *o mais* prático, que se deve "tomar" como tal. Impondo-se como uma evidência, e diluindo-se no campo de nossa atenção, assim que nos *exercitamos* efetivamente, que nos educamos no aprendizado: a questão da explicitação do termo – inútil, ou até mesmo prejudicial a quem o utiliza – surgirá apenas sob o olhar descompromissado, *desligado* (da lógica própria do termo), daquele que não é mais apenas um leitor.

Mas, como observamos no início, e esse foi o ponto de partida de nossa reflexão, a questão se coloca na medida em que não possuímos equivalente desse termo em nossa língua (isto é, na língua "ocidental", a que nasceu do indo-europeu, liga o grego e o sânscrito e parece ser uma *só* para a chinesa). Os tradutores o traduzem – quando o traduzem – tanto por "posturas" ("posições") quanto por "movimentos". Ora, é precisamente de ambos que se trata ao mesmo tempo. Se a noção de postura é insuficiente, é porque implica a ideia de uma imobilização, por mais temporária que seja, uma vez que a razão só pode analisar uma disposição se a tornar imóvel. No entanto, na realidade da sucessão de gestos, podemos distinguir arbitrariamente uma "posição" individual do movimento que se desprende dela, *ao mesmo tempo* que conduz a ela. Por isso, na arte da escrita, os diversos *che* são caracterizados separados dos elementos de análise gráfica, que são visuais e, por conseguinte, estáticos, aos quais eles correspondem pelo manejo do pincel.[10] Por isso também, os manuais de alaúde acrescentaram à descrição técnica do dedilhamento, minuciosamente decomposto (são recenseados, habitualmente, de cento e cinquenta a duzentos casos de figura, segundo Van Gulik), séries muito mais reduzidas de *che* – não apenas dos dedos, mas de toda a mão[11] – que recuperam globalmente, e em seu elã próprio, a lógica gestual do acorde que se deve executar. É significativo, a esse respeito, que a música chinesa não note os próprios sons, como fazemos hoje, indicando separadamente o volume, a altura na pauta ou a duração de cada um, mas o movimento gestual que é exigido para sua produção. De nossa parte, nós também só conseguiríamos explicar essas posturas em movimento (*do* movimento) – que, como tais, frustram a atividade dicotômica do pensamento – de maneira metafórica: com o auxílio da técnica cinematográfica, por exemplo, apresentando essas séries de *che* como "imagens congeladas"; ou ainda da representação gráfica, quando falamos de "corte" no desenho de um objeto que supomos cortado por um plano: nesse caso, essas séries de *che* devem ser imaginadas como cortes realizados na continuidade do movimento. O corte constitui em si mesmo um plano fixo, mas o que lemos nele (ou o que leríamos nele) seria a "configuração" própria de todo o dinamismo investido nele.

Outra dimensão intervém (não *de fato* outra, mas por incapacidade teórica nossa – como anteriormente – de cap-

---

10 *Shi* distinto de *fa* 势 法. Sobre esse assunto, cf. as observações de Jean-Marie Simonet, op. cit., p.113.

11 *Shoushi* distinto de *zhefa* 手势。指法。

A propensão das coisas

tar ao mesmo tempo dois aspectos de uma mesma lógica): essas disposições são não apenas *dinâmicas*, como também *estratégicas* – porque essas séries de *che* não representam qualquer corte operado no movimento, mas apenas aqueles que exploram melhor as virtudes desse dinamismo e são os mais imbuídos de eficácia. Existe uma potencialidade própria da disposição que a arte consiste precisamente em captar; e cada lista de *che* é como que a série dos diversos esquemas dessa eficiência. Por isso, apesar de toda sua possível heterogeneidade, elas são apresentadas na maioria das vezes como um conjunto exaustivo e sistemático que corrobora a particularidade de um número ("nove", "treze" etc.). Os encadeamentos do boxe chinês, por exemplo, decompõem-se em muitos mais movimentos do que o número de *che* que contêm, e, do mesmo modo, aquele que se inicia no boxe chinês aprende fragmentos de movimento que não correspondem a esses *che*. Consequentemente, essa série de *che* – "proteger", "puxar para trás" ou "pressionar para a frente"... – deveria ser concebida de preferência – porque esses *che* fazem interagir entre si oposição e complementaridade, ressaltam as relações de sucessão por alternância – como as diversas fases representativas desse dinamismo: seus polos sucessivos de plenitude, seus estágios transitórios e ao mesmo tempo radicais.

Para isso serve precisamente a designação simbólica. Se os treze *che* do boxe chinês são explicitamente associados aos oito trigramas (assim como aos pontos cardeais e colaterais) e aos "cinco elementos", não é apenas por gosto pela analogia e pela tradição retórica, mas porque se supõe que eles operem – do mesmo modo que as figuras do *Livro das mutações* em relação ao devir ou os "elementos" em relação à "física" – como verdadeiros "diagramas" do dinamismo em ação (e a noção de *esquema* mereceria ser desenvolvida aqui num sentido que nos aproximaria – mas é claro que para um uso diferente – do esquema do kantismo, para dar conta de seu *status* de representação intermediária, de dupla face, "intelectual, de um lado, e sensível, de outro"): no exercício do boxe chinês, com efeito, é essencial propender para uma coincidência cada vez mais perfeita entre a execução gestual do movimento e o próprio movimento do pensamento, dentro de si, que, como tal, torna-se "criador" de novos estados. Ao mesmo tempo, a referência aos hexagramas, aos elementos, aos pontos cardeais, permite conferir ao trabalho efetuado por meio do corpo toda a sua dimensão cósmica: quando empurro minhas mãos, empurro comigo todo o Invisível.

O mesmo acontece no bestiário a que recorrem outros tratados. Se nos manuais de sexo o valor é apenas remotamente figurativo,[12] e deve-se sobretudo ao prazer ambíguo do símbolo, ao mesmo tempo naturalista e sedutor, em contrapartida ele parece importante do ponto de vista da apreensão efetiva dos *che* da mão no alaúde. Porque, como anteriormente no caso da pintura de paisagem, trata-se de um *movimento de conjunto* que só pode ser bem captado por intuição e globalmente. Não por uma operação concertada, mas de uma só vez. Ora, a transposição, animal ou paisa-

---

12 Ver, por exemplo, as reconstituições gráficas propostas em Akira Ishihara e Howard S. Levy, *The Tao of Sex*, Yokohama, p.59 et seq.

A propensão das coisas

gística, traduz com mais facilidade essa unidade intrínseca, fazendo-nos senti-la imediatamente por intermédio de nossa imaginação motriz.[13] Imaginemos, por exemplo, o *che* do "pássaro faminto bicando a neve" (quando a mesma corda deve produzir dois sons em rápida sequência):[14] a imagem que mostra um corvo muito magro, pousado numa árvore pelada, no meio de uma paisagem invernal, bicando a neve com a esperança de descobrir comida, traduz bem esse toque rápido, seco, executado apenas com a ponta dos dedos... como se fosse uma bicada. Ao contrário, o movimento indolente do rabo da carpa (quando o dedo indicador, o médio e o anular tocam juntos duas cordas, uma vez para dentro e, logo em seguida, outra para fora) torna visível esse movimento amplo e comedido da mão. Imaginemos do mesmo modo, a partir de nosso sentido interno, o *che* da tartaruga sagrada emergindo da água (quando sete sons são tocados em duas cordas: primeiro dois, depois mais dois, dois mais rápidos e um último, com alternância entre o polegar e o médio): ele evocará sem nenhuma dificuldade um toque breve, mas seguro e ritmado. Ou ainda o da "borboleta branca rente às flores" (efeito de harmônico produzido pela mão esquerda, que, em vez de pressionar a corda, apenas a roça): ele expressará de maneira mais justa que qualquer análise o "som vacilante" que se deseja. O poema é:

---

13 Essa ideia foi muito bem resumida por J. F. Billeter em *L'Art chinois de l'écriture*, Genève, Skira, p.185-6.

14 Essa indicação a respeito da prática musical, assim como as seguintes, foram extraídas de Robert van Gulik, op. cit., p.120 et seq.

Borboleta branca rente às flores:
Asas leves, flores delicadas.
Ela deseja partir, mas não parte,
Demora-se, mas não fica:
Inspiro-me nela
Para descrever
O leve roçar dos dedos.

Esse recurso ao bestiário não traduz apenas de forma mais sutil e sensível o gesto que se deve executar. Ele também o representa, por meio do código da natureza, em seu estágio de perfeição absoluta, além de qualquer aprendizagem metódica e concertada, quando a disposição é harmoniosa, o dinamismo é puro e a eficácia é completa: no estágio ideal em que o domínio se une ao instinto, transmuda-se em espontaneidade.

IV. Também se poderiam conceber, em termos de disposições eficazes, os procedimentos de criação artística que não exigem intervenção de elementos gestuais e físicos e dependem apenas da atividade da consciência, como a criação poética? Com efeito, há uma identidade total de tratamento entre essas diversas práticas, e os *che* do texto poético são apresentados também pelo mais pitoresco bestiário imaginário. Um monge do fim do período Tang enumera dez:[15] o do "leão que se vira para saltar", do "tigre feroz escondido na floresta", da "fênix de cinabre segurando uma pérola no bico", do "dragão peçonhento contemplando a própria cauda"... Após cada título, um único dístico é

Qi Ji séc. IX-X

---

15 Qi Ji (Hu Desheng), *Fengsao zhige*, "Shi you shi shi".

A propensão das coisas

dado como exemplo, sem outra explicação. Para o último *che*, o da "baleia engolindo o vasto mar", os dois versos são:

Na minha manga estão escondidos o Sol e a Lua,
Na palma da minha mão cabe todo o universo!

Aqui, notamos bem a possibilidade de uma relação (a partir do tema budista indicado anteriormente: conter toda a imensidão na redução), mas parece arriscado querer especificar mais — "objetivamente" — a função dessa analogia. Porque nessa escolha "crítica" de prestar-se ao jogo metafórico, e ostensivamente dar cabo dos comentários, há seguramente o desejo de romper com qualquer análise discursiva, com qualquer discurso que não tenha fim, em proveito da inteligência interior e silenciosa. Esse sistema fechado dos dez casos ilustrados com dois versos (exceto uma vez: simples "buraco" no texto ou brecha proposital e maliciosa?) põe em nossas mãos um gracioso decágono, quase perfeito, que, sem dúvida, o ardiloso autor se diverte em nos ver manipular — com certa dificuldade... Felizmente, uma outra lista das *disposições estratégicas em poesia*, datada de um século antes, ainda não leva a tentação críptica a esse ponto extremo e permite que o leitor se oriente mais facilmente; e como, no caso em questão, lidamos com dados externos — gesto ou postura — e tudo é dado no texto — que basta interpretar —, pode valer a pena nos determos um pouco nele.[16] Dezessete *che* são repertoriados a seguir.

Wang Changling séc. VIII

---

16 *Wenjing mifulun (Bunkyô hifuron)*, seção "Terra", "Os dezessete shi", edição de Wang Liqi, p.114. Como já se reconheceu há

François Jullien

Disposição 1: "Por entrada direta e sem dificuldade". Quando alguém nos dá uma explicação, qualquer que seja o tema do poema, este é abordado diretamente, desde o primeiro verso. O exemplo que é dado é o de um poema dirigido a um amigo distante, que começa assim: "Que de ti eu esteja longe, nós o sabemos...".

Disposição 2: "Por entrada intermediada por uma reflexão geral". Quando os primeiros versos do poema "debatem a razão das coisas" de um ponto de vista geral e entra-se no assunto apenas nos versos seguintes (terceiro, quarto ou quinto verso). Exemplo de um poema dirigido a um tio, alto funcionário público: "Os grandes sábios são capazes de erguer-se sozinhos/ Quando se oferece a ocasião, formam seu plano/ Vós, meu tio, vós fostes favorecido pelo Céu..."

---

muito tempo, esse capítulo deve ser atribuído a Wang Chang-ling (segundo as citações de poemas e dadas as numerosas semelhanças com o *Lunwenyi*). O texto foi bem estabelecido no plano filológico por Hiroshi Kozen, na edição das obras completas de Kukai (Tokyo, Chikuma Shobô, 1986). Em contrapartida, não existe tradução desse capítulo em língua ocidental. Na tese que dedicou a essa obra (*Poetics and Prosody in Early Mediaeval China: A Study and Translation of Kûkai's Bunkyô hifuron*, Ph. D., Cornell University, 1978, University Micro-films), Richard Wainwright Bodman não traduz os capítulos da seção "Terra", porque considera que sua interpretação é muito duvidosa – embora aponte o interesse particular do capítulo. Contudo, a tradução que dá ao título ("Seventeen styles") é inadequada (do mesmo modo que a tradução de Vincent Shili para o título do capítulo do *Wenxin diaolong*: "On choice of style"), sobretudo porque ele também traduz *ti* por "estilo" (cf. p.89).

(os dois primeiros versos constituem uma reflexão geral, e o assunto é abordado no terceiro).

Disposição 3: "Quando a entrada [no assunto] ocorre apenas no segundo verso, depois de um primeiro verso direto". Nesse caso, o primeiro verso evoca "diretamente" (de saída) a paisagem ou a ocasião, sem relação com o tema do poema, e este é abordado no verso seguinte. Exemplo de um poema do tipo "Subir à muralha e pensar no passado": "Florestas e pântanos frios ao infinito/ Subo à muralha e penso no passado...".

Disposições 4 e 5: Mesmo caso, mas o motivo inicial prolonga-se por dois ou três versos, e entra-se no assunto apenas no verso seguinte. Além desse limite, se o motivo se prolonga por quatro versos ou mais, há risco de que o poema "se desagregue e malogre".

Disposição 6: "Por entrada indireta por intermédio de um motivo metafórico". Quando os versos iniciais evocam "diretamente" um motivo que possui relação metafórica com o desenvolvimento posterior do poema. Exemplo: "No firmamento passa uma nuvem solitária/ Ao entardecer, convém retornar ao Monte./ O letrado generoso no Bem apoiado,/ Quando avistar a Face do Dragão?" (A nuvem solitária do primeiro verso simboliza o letrado desprezado do terceiro; a "Face do Dragão" é, obviamente, o imperador que o poeta espera interessar por sua sorte. Esse caso se distingue dos três precedentes pela imagem mais nitidamente marcada do motivo inicial).

Disposição 7: "Por imagem enigmática". Quando a relação metafórica exige uma interpretação suplementar. Exemplo de verso que o próprio poeta – que é também o autor da lista – comenta: "Tristeza da separação – Qin e Chu – tão profunda/ Do rio eleva-se a nuvem outonal". A dor da separação é tão profunda, acrescenta o autor, quanto são distantes as regiões de Qin e Chu uma da outra; e a incerteza de rever o outro é comparável à nuvem que, subindo ao céu, é jogada para lá e para cá ao sabor do vento.

Disposição 8: "Quando o verso seguinte sustenta o verso anterior". Num verso, quando o sentido não é expresso por inteiro e de forma clara, ele é sustentado com o auxílio do verso seguinte, "de maneira que o sentido consubstancial do poema seja transmitido". Exemplo: "A chuva fina – após as nuvens – se retira/ A névoa – na encosta das montanhas – se dissipa" (esse caso de figura, que pode parecer bastante comum, é muito raro na poesia chinesa, cujos versos constituem em geral um todo suficiente).

Disposição 9: "Por encontro inspirado do mundo com a emoção". O que significa que esses versos nascem de um encontro súbito e espontâneo entre a emoção da consciência – que reage de forma concreta – e as realidades da natureza, que se fazem transparentes a essa incitação. Exemplo: "Friamente as sete cordas ressoam no entorno/ E as dez mil árvores purificam seu som secreto/ Eis como tornar [mais] branca a lua no rio/ Assim como suas águas [mais] profundas". (A música do alaúde evocaria, no primeiro verso, a emoção que invade a consciência e, a partir dela, espalha-se pela paisagem; ao passo que os versos seguintes descrevem

A propensão das coisas

toda essa paisagem se torna sensível a essa emoção, imbui-
-se dela e desenvolve-a.)

Disposição 10: "Por riqueza implícita do último verso".
De acordo com um dos grandes preceitos da poesia chinesa, o sentido deve desenvolver-se além das palavras, e não
"esgotar-se com elas": as emoções devem ser evocadas "de
forma pregnante" e alusivamente. Esse é o caso, em particular, quando o penúltimo verso evoca o sentimento do
poeta e o último termina o poema com a evocação de uma
paisagem que se funde com ele. Exemplo: "Após a embria-
guez, nenhuma palavra/ Sobre a paisagem a chuva fina".

Disposição 11: "Por realce conjunto". É importante que
o sentimento expresso pelo poema apareça de forma viva
através do conjunto do texto: se um verso não alcança sua
expressão plena, é mister ajudá-lo a alcançá-la por intermédio do verso seguinte, por contraste com ele. Exemplo: "As
nuvens regressam às paredes rochosas – e desaparecem/ A
lua ilumina a floresta geada: límpida" (um verso completa o
outro, dizendo o inverso: de um lado, o mau tempo se dissipa; de outro, a luminosidade volta a luzir e intensifica-se).

Disposição 12: "Por divisão do verso em dois". Exemplo:
"O mar é puro, a lua é verdadeira" (de certo modo, esse caso
é o inverso do precedente: lá, dois versos eram necessários
para exprimir conjuntamente um mesmo sentido, ao passo
que, aqui, um mesmo verso exprime sucessivamente dois
sentidos relativamente desconexos).

Disposição 13: "Por relação analógica direta num mesmo
verso". Exemplo: "Penso em ti – o curso do rio" (singu-

larmente semelhante ao famoso: "Andrômaca, penso em ti! Esse riacho...", mas, nesse caso, o escoar do rio serve de imagem para o pensamento que nos une incessantemente ao outro).

Disposição 14: "Por [realce] do curso cíclico das coisas". "Se um sentimento de aflição é evocado, ele deve ser quebrado em seguida por uma evocação do destino; se é descrita a paixão do mundo pela glória e pelos privilégios, esse quadro deve ser quebrado em seguida pela lógica do vazio" (o segundo verso toma o contrapé do anterior e leva o leitor a uma visão superior). Não é dado nenhum exemplo.

Disposição 15: "Por penetração do sentido abstrato no cerne de uma paisagem". É evidente que "um poema não pode enunciar continuamente um sentido abstrato": "Convém, pois, que este penetre o cerne da evocação de uma paisagem para que haja graça". O que significa que toda significação abstrata, evocando um estado de espírito, deve investir-se concretamente, depois, em um local, em uma morada, e unir-se harmoniosamente a eles. Exemplo: "Ocorre-me de inebriar-me de bosques e montes/ De afundar-me em campos e amoreirais./ Pouco a pouco os eflúvios da sófora invadem a noite./ A lua – sobre a torre – profunda ao infinito" (dois versos de "sentido abstrato" são seguidos de dois versos que evocam uma paisagem correspondente).

Disposição 16: "Por penetração da paisagem no cerne de um sentido abstrato". Caso inverso e complementar do anterior: um poema que seria inteiro uma descrição de paisagem "seria igualmente insípido"; daí convir, após a evocação de uma paisagem, expressar o sentimento que é experimentado – sem que um se manifeste em detrimento do outro. Exemplo: "As folhas da amoreira caem sobre os povoados/ Os patos selvagens cantam nas ilhas./ Quando o crepúsculo chega ao extremo,/ Entrego-me ao *Tao* supremo" (aqui, ao contrário do caso anterior, os dois versos que evocam a paisagem são seguidos dos dois versos que evocam o sentimento).

Disposição 17: "Quando o último verso exprime uma expectativa". Exemplo: "Dos verdes cinamomos as flores não se abriram./ No meio do rio, solitário, faço ressoar meu alaúde". O poeta comenta a si mesmo: na florada, nós nos veremos de novo; as flores ainda não se abriram, estou sozinho e espero.

Deixemos de lado a heterogeneidade relativa da apresentação: entre os casos comentados e os que não o são, entre os casos ilustrados por poemas e o que não o é (e do qual gostaríamos particularmente de ter exemplos, cf. § 14). Menos tolerável é a distância que parece separar os diversos aspectos da criação poética que são relacionados aqui: problema da construção do poema ou do verso, questão da imagem, reflexão sobre a inspiração. Sobretudo, o leitor moderno é pego de surpresa pela incoerência da enumeração:[17] embora essa lista esteja interessada, acima de tudo, nos primeiros versos [de (I) a (6)], encerrando-se com o último [em (17)], a questão do último verso

---

17 Encontramos uma tentativa de ordenação da série segundo critérios modernos em Luo Genze, *Zhongguo wenxue pipingshi* (*História da crítica literária chinesa*) Dianwen Chubanshe, p.304-8.

intervém muito antes [em (10)], e o mesmo problema, o do "apoio" que um verso pode oferecer ao anterior, é tratado duas vezes de forma ostensiva [em (8) e (11)]. Seria simplesmente porque essa lista é um devaneio fácil e deve muito à fantasia?

Nada é menos garantido, pois uma leitura mais atenta seguramente encontrará, sob essa aparente desordem, um nexo sutil e discreto. A partir do quadro global dos elementos constitutivos de qualquer encadeamento poético, sobretudo início e fim, certa lógica de contiguidade nos conduz habilmente de um caso ao seguinte: (6) fala de uma entrada no assunto mais imagética do que (1) a (5), e (7) fala de um modo de imagem menos transparente do que (6); (8) fala da oportunidade de um verso de apoio porque é continuação de (7), que fala de um caso em que se considera que seja necessária uma explicação; (10) já fala da maneira como se deve encerrar um poema, porque o evoca do ângulo de uma harmonia entre a paisagem e a emoção, da qual já se fala em (9); por fim, (11) retoma a questão dos dois versos que se completam, mas de forma ligeiramente diferente: o que interessa agora, por oposição, é o aspecto do nexo interno, e este será retomado em (12), (13), (14), e mesmo em (15) e (16).

Deveríamos nos deter aqui para esclarecer um pouco mais esse trabalho discreto de ramificação, todos esses modos implícitos de semelhança, essa arte delicada da transição... Mas podemos ao menos concluir, da experiência dessas listas, com duas formas de lógica (recordemo-nos das insólitas listas "chinesas", à maneira de Borges, com que Foucault inicia *As palavras e as coisas*): a razão chinesa (porque aqui também há "razão", não incoerência ou desordem) não procederia como a razão "ocidental" (o termo deve ser tomado simbolicamente), procurando adotar previamente uma posição dominante como ponto de vista "teórico" que orientará todo o material que será organizado – uma posição que lhe confere capacidade de abstração e da qual decorre normalmente um princípio classificador de homogeneidade. A razão chinesa serpenteia na horizontal, de caso em caso, passando por pontes e entroncamentos, cada caso conduzindo ao seguinte e convertendo-se nele. Ao contrário da lógica ocidental, que é *panorâmica*, a lógica chinesa é a de um *itinerário* possível, feito em uma sucessão de etapas. O espaço da reflexão não é definido e fechado *a priori*: ele é desenvolvido progressivamente – e fecundado – à medida que é feita essa balizagem; e uma trajetória não exclui as outras – que a margeiam temporariamente ou a cruzam.[18] Ao término da viagem, uma experiência foi adquirida, uma paisagem foi esboçada: a perspectiva não é global e unívoca como no quadro ocidental: ela corresponde sobretudo ao desenrolar progressivo do rolo (chinês) no qual um caminho no flanco do relevo (e conferindo-lhe consistência) aparece aqui, desaparece atrás da colina, reaparece mais adiante.

Assim, nada diz que o termo *che* não seja apenas uma etiqueta vazia, já que agrupa fenômenos que nos parecem

---

18 A esse respeito, é instrutiva a comparação desse capítulo dos "Dezessete *shi*" com as listas posteriores do *Bunkyô hifuron*, seção "Terra". Cf. o estudo de François Martin, "L'énumération dans la théorie littéraire de la Chine des Tang", *Extrême-Orient Extrême-Occident: L'Art de la Liste*, PUV, Paris VIII, n.12, 1990, p.37 et seq.

François Jullien

diversos: talvez o que ocorra é que ainda estamos presos demais a nossas próprias categorias críticas e não temos o hábito de refletir sobre a atividade poética sob este ângulo: exatamente a partir de uma variedade de "disposições" e como uma "propensão".

V. Eis que somos novamente conduzidos a ver o poema como um dispositivo. Aqui, porém, não se trata apenas, como anteriormente, de um dispositivo *semiótico* que opera por concentração simbólica, à maneira de uma paisagem reduzida. Como mostram de maneira geral esses dezessete *che*, o texto poético também deve ser considerado um dispositivo *discursivo*, em razão de sua dimensão não mais espacial, mas temporal e linear, em relação a seus diversos modos de desenvolvimento e sucessão, assim como dos efeitos dinâmicos – tanto de contraste como de consonância – que resultam dele e lhe dão vida. Assim, no autor dessa lista, do mesmo modo que em outro versejador ligeiramente posterior, encontramos numerosas referências ao *che* que sustentam essa perspectiva: talvez explicitando-o menos do que julgaríamos necessário, mas não podemos esquecer que a poética chinesa se recusa a comportar-se como uma abstração e tem grande apego a seu valor alusivo.

Jiaoran séc. VIII   Assim, três modos de plágio poético foram distinguidos:[19] o plágio "das palavras", mais criticável (quando se repete li-

---

19 Jiaoran, *Pinglun*, "San bu tong yu yi shi", p.28. Encontramos um breve comentário desse trecho no estudo de Xu Qingyun, *Jiaoran shishi yanjiu*, Taiwan, Wenshizhe Chubanshe, p.130 et seq.

A propensão das coisas

teralmente uma expressão de um poema anterior); o plágio "do sentido" (quando se repete o mesmo motivo poético — por exemplo, o primeiro frio de outono que se abate sobre a paisagem —, mas varia-se a linguagem); e, por último, o plágio "do *che*", o mais delicado dos três: quando se imita a disposição interna de um motivo poético, mas o sentido do motivo é modificado. Exemplo: a partir do famoso dístico: "O olho acompanha os patos selvagens/ A mão toca de leve as cinco cordas", um poeta escreveu: "A mão segura as carpas/ O olho acompanha os pássaros". A ordenação poética própria do motivo é a mesma (contraste entre mão e olho, tato e visão, proximidade e distância), mas o sentido expresso pelo motivo é diferente (no segundo poema, ele contrapõe a infelicidade das carpas cativas à felicidade dos pássaros em liberdade, enquanto, no primeiro, contemplar o voo dos pássaros selvagens e tocar o alaúde propiciam ao poeta o mesmo contentamento profundo). Do mesmo modo, lemos na mais antiga antologia poética da China, à guisa de introdução dos dois poemas:[20]

> Colho, colho bardanas,
> Não encho nem um cesto,

e:

> Todas as manhãs colho caniços,
> Não tenho nem um punhado!

---

20 *Bunkyô hifuron*, "Lunwenyi", p.317; os poemas foram extraídos do *Shijing* (poemas 3 e 226).

François Jullien

O *che* desses dísticos é idêntico, já que contrapõe, em dois versos, o esforço assíduo da colheita e seu resultado irrisório; e, no entanto, sua "inspiração" é diferente, estima o crítico, na medida em que remetem a duas situações emocionais sem correspondência entre elas.[21] Distinção sutil, mas pertinente: o dispositivo discursivo do motivo deve ser dissociado de sua força simbólica. Segue-se disso que o *che* se constitui em fator *sui generis* da textualidade poética.*

---

21 *Xing sui bie er shi tong* 兴虽别而势同。O sentido me parece mal traduzido por Bodman, porque não foi analisado (cf. op. cit., p.409): "Although the natural image is different, the forms are alike" [Embora a imagem natural seja diferente, as formas são iguais], assim como na passagem seguinte, na qual a expressão *gao shou zuo shi* é traduzida simplesmente por "when a superior talent works" [quando o talento superior está em ação]. Do mesmo modo, *chôshi* na tradução japonesa de Kozen (op. cit., p.449) não me parece traduzir satisfatoriamente o sentido – muito revelador aqui – de *shi*.

* O fato de que o *che* seja concebido sempre idêntico, apesar das situações distintas, e, portanto, valha como fator específico, é uma expressão típica permeando a diversidade dos campos. Já havíamos assinalado esta mesma fórmula na reflexão caligráfica: "um mesmo *che*, seja qual for o corpo [forma] de escrita utilizado" (cf. p.96), e podemos encontrá-la ainda num texto de matemática da mesma época desse tratado de caligrafia (século III): "O *che* é semelhante, enquanto a situação [operacional] é diferente". A expressão remete, aqui, a uma identidade de *procedimentos*; e, num exemplo como no outro, essa identidade de tratamentos revela-se no estágio operatório e por um aprofundamento da análise. Cf. Liu Hui, comentário do *Jiuzhang suanshu* (*Os nove capítulos sobre a arte do cálculo*), compilado no século I d.C. e considerado o clássico por excelência não só da tradição matemática chinesa, mas também de todo o Extremo Oriente.

A propensão das coisas

Mas, para compreender melhor essa concepção peculiar da natureza do poema, também devemos levar em consideração certos aspectos originais da poesia chinesa – pois estes tiveram influência sobre ela. Em primeiro lugar, a singularidade da língua chinesa, por suas duas características básicas, que é ser monossilábica e isolante: como não tem flexão (conjugação ou declinação) nem derivação, as palavras da língua chinesa são como tijolos ou peões, independentes e uniformes, cujas relações paratáticas são determinantes (em detrimento da sintaxe) e a capacidade de expressão braquilógica, em forma abreviada, é particularmente marcada (como nosso estilo telegráfico moderno, para retomarmos a comparação de Karlgren);[22] em segundo lugar, a singularidade de certa tradição poética, já que a poesia chinesa não nasceu da epopeia: daí sua hesitação em desenvolver-se como narração ou descrição, isto é, de uma forma ou de outra, em constituir--se como discurso, e o fato de preferir o efeito concorrente das unidades as mais breves possíveis (via de regra, como observamos, o verso chinês forma um conjunto fechado, autossuficiente, como um ideograma desenvolvido) ao desenvolvimento amplo e contínuo do período ou da frase. Daí a importância que a escrita poética chinesa dá logicamente – de um verso para a outro, de um dístico para o seguinte, ou em um mesmo verso – à construção disposicional do texto, isto é, à riqueza de tensão que une sucessivamente, uns aos outros, seus diversos elementos.

---

22 Ver as análises antigas, mas ainda pertinentes, de *Sound and Symbol in Chinese*, reed., Hong Kong, Hong Kong University Press, 1962, em especial p.74 et seq.

Compreende-se, por conseguinte, por que o versejador chinês considera que o grande poeta, aquele que "cria o *che*", deve ser capaz de "reiniciar o sentimento expresso pelo poema"[23] em cada verso, ou ao menos em cada dístico; por oposição, o mau poeta é caracterizado como aquele em que um verso é "mais fraco" que o anterior.[24] A arte da escrita, à qual ele faz referência, pode servir de modelo nesse caso: assim como o grande princípio da caligrafia é criar uma relação de atração e repulsão entre os dois elementos correspondentes de um mesmo ideograma (ao mesmo tempo "virar-se uns para os outros" e "voltar-se as costas"), a arte do poeta é introduzir uma relação de afinidade e contraste entre dois versos consecutivos (o que implica que esses dois "elementos" poéticos tenham força e consistência iguais).[25] Consideremos, por exemplo, esta célebre oitava:[26]

Wang Changling

Du Fu séc. VIII

> Outrora ouvi falar do lago Dongting,
> Hoje subo à torre de Yueyang.

Esses dois versos se opõem (outrora/agora; o lago que se estende no horizonte/ a torre que se ergue no céu) e são coniventes um com outro (a torre de Yueyang fica à beira do lago Dongting: o poeta contempla agora, do alto da torre, a imensidão de água com que sonhava há muito tempo). O mesmo vale para o dístico seguinte, que radicaliza essa intuição da paisagem:

---

23 *Gao shou zuo shi, yi ju geng bie qi yi* 高手作势, 一句更别其意。

24 *Bunkyô hifuron*, "Lunwenyi", p.283.

25 *Xia ju ruo yu shang ju, bu kan xiangbei* 下句弱于上句, 不看向背。

26 Du Fu, "Deng Yueyang lou".

A propensão das coisas

País de Wu e Chu – a leste e ao sul – estão separados,
Céu e Terra – o dia e a noite – flutuam.

O contraste entre esses dois versos/elementos é ainda mais rico: entre a horizontal e a vertical, o espaço e o tempo, a distância e a junção. Ao mesmo tempo que a aproximação é mais íntima: pontos cardeais de um lado, alto e baixo de outro, dispersão no espaço de um lado, sincronia de outro, definem globalmente o universo em sua unidade intrínseca. Mesmo os dois versos seguintes, dedicados à evocação da "emoção" consecutiva à da "paisagem", estão ligados a esse efeito:

Parentes e amigos, nem uma carta;
Velho e doente, um só esquife.

Tensão da diferença: os outros e eu, ter e não ter; tensão contrária: um mesmo sentimento, extremamente pregnante, de solidão. Como podemos ver, a tensão criada pelo *che* identifica-se, aqui, com os efeitos de paralelismo.[27] Mas este não é um ornamento retórico do discurso: ele representa, no caso da poesia chinesa, seu processo real de geração.[28]

A relação contraditória que une os dois elementos contíguos da sequência poética é dada claramente por esta **Jiaoran**

---

27 *Ruo yu shi you dui* 若语势有对。 *Bunkyô hifuron*, "Lunwenyi" p.296 e 317.

28 Ver, a esse respeito, os diversos estudos reunidos no número 11 de *Extrême-Orient Extrême-Occident: Parallélisme et Appariement des Choses*, PUV, Paris VIII, 1989, e em especial o artigo de François Martin, p.89 et seq.

imagem: o pato selvagem, assustado, levanta voo de costas, mas vira a cabeça para seus companheiros.[29] Há ao mesmo tempo continuidade e descontinuidade:[30] "quando o *che* seguinte se ergue, o *che* precedente se interrompe".[31] Como sempre na estética chinesa, e como sempre na China, alternância (antagonismo e correlação) constitui o princípio de funcionamento de tal dispositivo. Estes poucos versos, separados de seu contexto, são apresentados como ilustração dessa tensão própria do *che* poético:

> Flutuando ou soçobrando, os *che* são diferentes:
> Nossa reunião, quando será?
> Gostaria de me apoiar no vento do sudoeste,
> Partir para longe – para penetrar vosso seio.

Jiaoran   Ou, ainda, o dispositivo discursivo do poema é como a paisagem contemplada do cimo de uma montanha:[32] as linhas do relevo desenham curvas e sinuosidades, embaralham-se e espalham-se, sucedem-se e transformam-se: ora

---

29 Jiaoran, *Pinglun*, p.33.

30 *Shi you tongsai* 勢有通塞。

31 *Hou shi te qi, qian shi si duan* 后势特起，前势似断。

32 Jiaoran, *Shishi*, § "Ming shi", p.39. Guo Shaoyu (*Zhongguo wenxue pipingshi*, v. I, p.207) vê essa expressão imagética como o anúncio da crítica poética de Sikong Tu. Ver também as observações de Xu Fuguan (*Zhongguo wenxue lunji xubian*, Xinya Yanjiusuo Congkan, Xuesheng Shuju, p.149) a respeito da distinção entre *shi* e *ti* concebida como o efeito de uma diferença de ponto de vista, estático ou dinâmico. A análise de Xu Qingyun, op. cit., p.124 et seq., me parece insuficiente a esse respeito.

um pico ergue-se sozinho, energicamente, por empilhamento sucessivo, ora um rio corre tranquilo por milhares
de léguas – depois sucede o relevo mais acidentado que se
possa imaginar. Imagens de meandros ou desníveis: disposições singulares que se encadeiam, ao mesmo tempo que
reagem umas às outras (que se encadeiam com tanto mais
firmeza quanto reagem com vigor). Por meio delas, o *che*
poético consiste sempre em carregar com o máximo de elã,
de dinamismo, o *curso* do texto.

Portanto, não devemos considerar que o dispositivo do
poema seja um aspecto secundário da criação. Ele acompa-
nha o movimento da emoção íntima, e corresponde a ele,   **Jiaoran**
conforme certa relação análoga à que existe entre a linguagem do poeta e sua inspiração.[33] É como a manifestação
sensível – distribuída no encadeamento do texto – da interioridade invisível. É por isso que a poesia lhe deve a primeira de suas "profundezas": "O fato de que uma impressão
difusa esteja presente por toda a parte (como a 'fumaça' ou
o 'vapor') deriva do tipo de profundidade que está ligado
ao dispositivo textual".[34] Graças ao dinamismo suscitado
por este último, o alcance do sentido desprende-se de seu
motivo e espalha-se como uma *aura*, tão penetrante quanto
inalcançável. Ou, ainda, eleva-se como uma coluna de fumaça – ao infinito.[35] O *che* cria aquilo que se convencionou
chamar, aqui e na China, a "atmosfera" poética.

---

33 *Yu yu xing qu, shi zhu qing qi* 语与兴驱, 势逐情起。Jiaoran, *Pinglun*, p.19.

34 *Qixiang yinyun, you shen yu tishi* 气象氤氲, 由深于体势。Jiaoran,
Shishi, § "Shi you si shen", p.41.

35 *Bunkyô hifuron*, "Lunwenyi", p.283.

Como seu princípio é o da alternância, o poema deve ser concebido de cabo a cabo, portanto, não como uma "enfiada" (de verso após verso, "de peixes num espeto"), mas como uma *variação*: "O grande poeta é aquele cujo *che* está em constante transformação".[36] Pois, na poesia como no resto, convém que o dinamismo se renove – por diferença interna, de um polo para o outro – para que seja contínuo.

---

36 *Gao shou you hubian zhi shi* 高手有互变之势。Ibid., p.317.

6

*O dinamismo é contínuo**

I. Passando em revista as artes da China, perguntamo-nos: em que medida distinguem-se realmente entre si, em seu princípio intrínseco, essas "três joias" da cultura chinesa que são a caligrafia, a pintura e a poesia, no seu princípio de propriedade (a diferença dos meios empregados é apenas relativa, visto que todas recorrem à intermediação comum do

---

* Como anteriormente, as referências são, no campo da caligrafia, do *Lidai shufalun wenxuan* e, no campo da pintura, do *Zhongguo hualun leibian*.

Também como anteriormente, a edição citada do *Wenxin diaolong* é de Fan Wenlan, e do *Wenjing mifulun* é de Wang Liqi; do mesmo modo, os *shihua* de Wang Shizhen (Wang Yuyang) e de Wang Fuzhi são citados segundo a edição de Dai Hongsen, coleção de "Obras de crítica e teoria literárias clássicas da China", Renmin Wenxue Chubanshe, 1981 e 1982.

Finalmente, no que concerne à obra crítica de Jin Shengtan, o comentário de Du Fu remete ao *Dushijie* editado por Zhong Laiyin, Shanghai Guji Chubanshe, 1984; o do romance *À beira da água* ao *Shuihuzhuan huipingben*, edição da Universidade de Pequim, 1987. A tradução de Jacques Dars (op. cit.) é indicada na sequência.

pincel)? Ou ainda: até que ponto não é uma lógica comum que justifica essas artes, em seu processo criativo, e, em cada uma, torna possível o efeito produzido? Todas as três tendem a expressar a animação insondável do Invisível (nele e fora dele), graças à "atualização" de uma "configuração" sensível (do traçado e das palavras). Todas as três articulam sua linguagem respectiva a partir dos mesmos princípios de contraste e correlação, e assentam na variação por alternância o dinamismo de seu desenvolvimento – que deve ser contínuo. Seria esta apenas uma visão ideológica peculiar, limitada à classe dos "letrados"? Mas o "boxe chinês", que nasceu nos meios mais populares, traduz, na linguagem do corpo, essa mesma filosofia: ela se dá como único objetivo encarnar, por meio dos gestos, o sopro invisível e constrói suas sequências como um desenrolar ininterrupto – "espiralado" – de movimentos opostos; somente um fratura nessa continuidade circular dará chance ao adversário e lhe possibilitará a vitória. Uma mesma representação, portanto, encontra-se no centro de todas essas práticas: a de uma *energia original*, ao mesmo tempo que *universal*, cujo princípio é binário (os famosos *yin* e *yang*) e a interação é sem cesura (como no grande Processo cósmico). Disso decorre logicamente este último significado do *che*, como termo da estética: a capacidade de promover e tornar sensível, em função dessa energia,[1] mediante os signos da arte,[2] essa continuidade do dinamismo.[3]

---

1 *Qi yi cheng shi, shi yi yu qi* 气以成势, 势以御气。

2 *Shi ke jian er qi bu ke jian* 势可见而气不可见。

3 Cf., por exemplo, a análise de Shen Zongqian, *Leibian*, p.907.

A propensão das coisas

Mas essa já era a concepção que havíamos encontrado, no início, nos pensadores estrategistas.[4] Percebida de fora (porque é de fora, sobretudo, que podemos tomar consciência dessa ubiquidade da coerência, já que não podemos simplesmente vivenciá-la — em razão da distância e por efeito da diferença), a cultura chinesa impõe, apesar das consideráveis mutações históricas, o sentimento de uma unanimidade (a que é simbolizada, de dentro e de modo idealizado, pelo "Caminho", o *Tao*): o sinólogo, gravitando continuamente em torno dessa intuição, é condenado, portanto, a repisar esse ponto (ao mesmo tempo que tem a impressão de que sempre lhe escapa algo mais simples, mais radical). Porque essa comunhão de *evidências* em que caímos assim que abordamos o menor comentário "teórico" também é difusa e pregnante demais para que seja totalmente explicitada por ele. Ela só é esclarecida, ao longo da literatura crítica, pelo viés das reflexões singulares que, ao mesmo tempo que se ramificam em análises cada vez mais sutis, cruzam-se entre campos, refletem-se mutuamente entre "artes", retomam-se e escoram-se umas às outras. Compete a nós, portanto, reconsiderá-las uma última vez para tratar de segui-las até suas últimas ramificações, mas também *paralelamente*: tentando trazer à luz, graças a esses efeitos de perspectiva, o subentendido comum.

II. Porque sua codificação teórica interveio relativamente mais cedo e, sobretudo, porque sua natureza linear a destina a servir de registro direito e imediato da temporalidade do

---

4 Cf. Sunzi, cap. 5, "Shipian", fim; cf. supra, p.29.

movimento (um caligrafista nunca pode voltar atrás para retocar o traço precedente), a arte chinesa da escrita é um exemplo privilegiado de todo o dinamismo *em curso* – como *devir*. De acordo com a dupla dimensão dessa arte, tanto no nível do gesto que gera a forma como no nível dessa forma tornada legível no papel. Do mesmo modo que a flecha disparada pelo bom atirador é carregada de um excesso de *che* que a faz ir reto e longe, o movimento do pincel nas mãos do bom caligrafista é dotado de um *excesso* de *che*,[5] como potencial em ação, que lhe permite ir sempre em frente e do modo mais eficaz.[6] O elã desenvolvido comunica-se de ponta a ponta, sem encontrar obstáculo nem paralisar-se.[7] E, uma vez terminado o traço, essa *continuidade dinâmica* permanece para sempre ativa aos olhos de quem a contempla: o elemento precedente traz em si a expectativa do elemento subsequente, e este último surge em resposta ao primeiro.[8] A ininterrupção jamais é voluntária, mas espontânea. Sabe-se que, no boxe chinês, é conveniente manter sempre uma distribuição desequilibrada do peso do corpo em relação aos pés, de modo que o corpo seja continuamente levado, por si mesmo, a continuar a execução do movimento;[9] ora, podemos distinguir do mesmo modo, no ideograma cali-

Zhang Huaiguan séc. VII

---

5 *Shi you yu* 势有余。

6 Zhang Huaiguan, "Liu ti shu lun", *Lidai*, p.214-5.

7 *Wu ning zhi zhi shi* 无凝滞之势。Zhang Huaiguan, "Lun yong bi shi fa", *Lidai*, p.216.

8 *Shi qi xingshi dixiang yingdai, wu shi shi bei* 使其形势递相映带，无使势背。Esse é o primeiro dos nove *shi* mencionados por Cai Yong; cf. *Lidai*, p.6.

9 Esse é o defeito da "dupla deselegância", *shuang zhong*; cf. Catherine Despeux, op. cit., p.57.

A propensão das coisas

grafado, um ligeiro desequilíbrio do traço que permite que este nunca seja inteiramente estancado, duro e inerte — mas exija seu prolongamento: um traço horizontal nunca é inteiramente horizontal, sobretudo quando não é o elemento derradeiro do caractere; o leve aprumo, a discreta inclinação, revelam a tensão que o leva à sequência.

Que o traçado tire proveito do elã precedente,[10] que o pincel seja levado a seguir em frente, e que sob a aparente descontinuidade dos traços e dos pontos se manifeste o processo de engendramento contínuo, essa é a lógica de *propensão* que a arte da escrita, por intermédio do dispositivo do ideograma caligrafado, põe em evidência. Para melhor compreendê-la, devemos considerá-la em seu estágio mais radical: certo tipo de escrita chinesa, posterior às outras, a "cursiva", encarna mais particularmente essa tendência ao dinamismo e enfatiza a continuidade. Não mais entre os elementos de um mesmo ideograma, mas entre ideogramas que se sucedem. Enquanto a escrita "regular", à qual ela é usualmente contraposta, emprega sobretudo o traço partido, que **Jiang Kui séc. XII** exige uma pausa, a cursiva privilegia a curva, que é executada com um único traçado.[11] O pincel corre de um extremo ao outro da folha, tratando cada ideograma elipticamente e reduzindo sua autonomia ao mínimo; de um para o outro, o pincel mal tem tempo de se endireitar e já é empurrado para o traço seguinte. A cursiva é a expressão privilegiada do *che* caligráfico: no caso da escrita regular, "uma vez terminado **Zhang Huaiguan**

---

10 *Di er san zi cheng shang bi shi* 第二三字承上笔势。Jiang Kui, "Bi shi", *Lidai*, p.393.

11 Jiang Kui, "Zhen shu", *Lidai*, p.385.

o ideograma, o sentido que o anima é encerrado", ao passo que, no da cursiva, "quando toda a coluna de caracteres está terminada, o elã [*che*] prossegue além".[12] Dela nasceu a tradição caligráfica do "único traço contínuo", aquela cuja capacidade de *che* é mais "acentuada":[13] "onde o traço é interrompido, o influxo rítmico não é cortado; onde o traço não é interrompido, uma mesma aspiração percorre de ponta a ponta as colunas".[14] Os ideogramas que iniciam a coluna seguinte são o prolongamento direito daqueles que terminam a coluna anterior: não se poderia levar mais longe o sentido e a arte da propensão.

Mas não devemos nos enganar a respeito da natureza dessa continuidade. Uma sequência de várias dezenas de palavras, todas interligadas, de forma visível e bem escorada, como se fez algumas vezes, seria inevitavelmente insípida. O que se tem aqui são apenas "filandras", e a força se esgota.[15] Porque o que importa é menos a continuidade do traço do que a continuidade do dinamismo que o anima. Para isso serve a *alternância*, que é o motor dessa vitalidade. Os ideo-

Jiang Kui

---

12 *Cao ze hang jin shi wei jin* 草则行尽势未尽。Zhang Huaiguan, *Shuyi*, *Lidai*, p.148. Esse é um bom exemplo da forma como a arte do caligrafista e a do poeta são concebidas segundo a mesma lógica: a expressão "a coluna de caracteres está terminada, mas o elã prossegue além" retoma a célebre concepção do *xing* na poesia (como motivo introdutório de valor simbólico, e depois, a partir daí, como riqueza implícita do poema e "além das palavras").

13 *Fei dong zeng shi* 飞动增势.

14 Zhang Huaiguan, *Shuduan*, *Lidai*, p.166.

15 Jiang Kui, "Caoshu", *Lidai*, p.387. (Boa análise em Jean-Marie Simonet, op. cit., p.145-6.)

A propensão das coisas

gramas encadeados uns nos outros sob o elã da cursiva simbolizam atitudes que se opõem à medida que se sucedem: "como pessoas que, aqui, sentam-se e deitam-se e, ali, põem o pé na estrada; que ora se deixam levar pela correnteza, ora cavalgam em disparada; ora evoluem graciosamente ao som de cantos, ora batem no peito e gesticulam de dor".[16] Ora a mão refreia, ora acelera, ora a ponta é "incisiva", ora é "esfumada". Essa variação contínua entre contrários, um renovando-se pelo outro, um exigindo necessariamente o outro para compensá-lo, é o que torna possível que o traço seguinte seja realmente o prolongamento do anterior, e que este atraia o posterior. Na junção, onde não existe nem ponto nem traço no caractere, percebe-se apenas, sutilmente, uma "atração da linha"[17] (esse termo técnico também designa na língua moderna, de forma bastante expressiva, a "correia de transmissão"). Por conseguinte, "as horizontais, os oblíquos, as curvas e as verticais, tanto em suas sinuosidades como em seus arabescos, são sempre determinados pela propensão ao elã [*che*]".[18] A verdadeira continuidade caligráfica é a de um traço que se renova incessantemente, por oscilação de um polo a outro – transformando-se.[19]

---

16 Ibid., p.386.

17 *Qi xiang lian chu, te shi yin dai* 其相连处, 特是引带。

18 *Heng xie qu zhi, gou huan pan yu, jie yi shi wei zhu* 横斜曲直, 钩环盘纡, 皆以势为主。 Jiang Kui, "Caoshu", *Lidai*, p.387; a esse respeito, cf. as observações de Hsiung Ping-Ming, *Zhang Xu et la calligraphie cursive folle*, Paris, Institut des Hautes Études Chinoises, 1984, p.154, 158 e 180.

19 Nesse sentido, a arte da cursiva resume a da caligrafia chinesa em geral: se esta não é engendrada por alternância e transfor-

Prova disso é a cópia malfeita, seja qual for, aliás, o tipo de escrita, cursiva ou não cursiva (a imitação de modelos tem um papel fundamental no aprendizado da caligrafia). Recorrendo à memória, o mau aluno reproduz a forma externa dos caracteres, mas não o "influxo rítmico" que é contido por intermédio deles:[20] a "pulsação" comum que circula tanto através dos elementos caligrafados quanto das veias do nosso corpo e que, permitindo os necessários intercâmbios metabólicos, assegura que o traçado tenha capacidade de encadeamento. Os diferentes elementos reproduzidos são fatalmente "dispersados" e isolados uns dos outros — *membra disjecta* — sem que nada os una de dentro. Falta aquela qualidade de interdependência e correlação, essencial à linearidade da verdadeira escrita: falta o fator *che*, enquanto propensão particular ao elã que, ligada à inspiração súbita do caligrafista, assim como ao tom do texto caligrafado, conseguiu dar à caligrafia, no caso do modelo, continuidade dinâmica e aptidão para a renovação. São elas que fazem vibrar todos juntos, sob nossos olhos e para nosso infinito deleite, cada um dos traços — em uníssono.

III. A pintura chinesa presta-se a uma análise similar. Recordamos que um dos primeiros *che* da caligrafia consiste em ir no sentido contrário ao que tendemos, com o intuito de conferir mais vigor ao traçado (começar a conduzir a ponta do pincel para cima, se desejamos ir para baixo, ou para a

---

mação, então só há "aparência de caligrafia", sem nenhuma graça (cf. Wang Xizhi, "Shu lun", *Lidai*, p.29).

20 Jiang Kui, "Xuemai", p.394; cf. análise em Jean-Marie Simonet, op. cit., p.223-4.

A propensão das coisas

direita, se desejamos ir para a esquerda). Ora, acontece exatamente a mesma coisa na pintura:[21] se nos preparamos para fazer o pincel subir pela folha, convém começar a "criar o *che*", fazendo o pincel descer[22] (e vice-versa); do mesmo modo, se nos preparamos para desenhar um traço delgado, convém começá-lo com um traço espesso (e vice-versa). Se queremos que a silhueta da montanha dê a impressão de virar e ondular, devemos começar pelo "sentido inverso de nossa propensão",[23] para que ela comece a "virar".*[24] O que vale também para a composição de conjunto: se ali deve ser densa e rebuscada, aqui deve ser vaga e dispersa; se depois

Shen Zongqian séc. XVIII

Da Chongguang séc. XVII

Shen Zongqian

---

21 Shen Zongqian, *Leibian*, p.906. O longo desenvolvimento dedicado ao *shi* nesse tratado é provavelmente uma das reflexões mais explícitas, assim como uma das mais sistemáticas que há a esse respeito em toda a literatura crítica da China.

22 *Ru bi jiang yang bi xian zuo fu shi* 如笔将仰必先作俯势。

23 *Ni qi shi* 逆其势。

* Essa forma de aumentar a tensão preparatória do efeito não é apenas um princípio da arte da escrita ou da pintura. A mesma fórmula vale para a composição literária, já que esta também tem "como prioridade adquirir *che*" (citado em Zhu Rongzhi, *Wenqilun yanjiu*, Taiwan, Xuesheng Shuju, p.270). Em vez de desenvolver insossamente o discurso conforme o tema, como aprendemos a fazer, "é melhor dar relevo ao texto" ("como ondas que se formam, como picos que se elevam", segundo dizem as comparações chinesas), "manejando o pincel em sentido inverso". Compreendo que se trata de abordar o assunto mediante um efeito de contraste que permite antecipar-se a ele e torná-lo mais evidente – em vez de começar diretamente por ele. Poderíamos levar ainda mais longe (com esse argumento comum do "*che* do pincel") a comparação entre essas diferentes formas de arte.

24 Da Chongguang, *Leibian*, p.802.

deve ser plana e tranquila, primeiro deve ser abrupta e tensa. Ou ainda: antecipar o cheio com o vazio, e o vazio com o cheio.[25] Como na caligrafia, o contraste deve ser acentuado para que um prepare o outro: para que não apenas o realce, como também o *exija necessariamente depois dele*, com tanta força que é necessário restabelecer o equilíbrio e manter a regulagem harmônica – por compensação. Até mesmo o famoso "traço de uma pincelada só", que caracterizava a cursiva, encontra-se na pintura. Não literalmente, é claro, como se fosse necessário cobrir todo o espaço com um traço só, mas, como na boa caligrafia, em espírito e intimamente: na medida em que o *che* que emana do sopro vital consegue atravessar o traço figurador – montanhas e rios, árvores, rochas, casas – de ponta a ponta[26] e o anima com o mesmo jorro de inspiração.[27]

Fang Xun séc. XVIII

É legítimo, portanto, que os tratados de pintura, assim como na caligrafia, deem relevo especial à "pulsação" comum que percorre a composição (como também, num estágio preparatório, isto é, antes que se comece a pintura ou a caligrafia, à importância de uma boa circulação do sopro através do corpo). Recordemos que, segundo a física chinesa, todos os elementos da paisagem, das cadeias mon-

---

25 Shen Zongqian, *Leibian*, p.906.

26 *Qi shi guan chuan* 气势贯串。

27 Fang Xun, *Leibian*, p.915. Essa analogia famosa é atribuída pela primeira vez ao grande pintor Lu Tanwei (fim do século V – início do século VI), inspirada na caligrafia de Wang Xianzhi, filho do célebre caligrafista Wang Xizhi e ele próprio famoso pela forma radical pela qual tentou explorar os recursos da cursiva.

tanhosas às árvores e rochas, devem seu advento à acumulação de energia cósmica — e são incessantemente irrigados por ela: que tanto na pintura como na paisagem todos os aspectos mais diversos, e suas incessantes mutações, "comandados pelo sopro" e unidos por dele, "manifestem" de forma sempre peculiar sua "tendência à animação", esse é o *che*.[28] A arte de pintar consiste simplesmente, portanto, em descrever, graças à "propensão íntima que dá elã ao pincel", essa "outra propensão" que vemos em ação por toda a parte, fora de nós, "na atualização das coisas".[29] A relação é recíproca: o *che* advém no pincel "tomado pela energia invisível", e esse dinamismo do Invisível se comunica através das figurações sensíveis, "graças ao *che* que o guia". Do mesmo modo que a arte da caligrafia é a arte de uma metamorfose ininterrupta, a do pintor chinês é descrever a realidade em seu incessante processo.

Shen Zongquian

O que é ilustrado precisamente pela montanha na pintura em rolo. O rolo "abre-se" e "fecha-se", à semelhança do devir cíclico da realidade (o praticante do boxe chinês também fecha a sequência que foi "aberta" anteriormente retornando à posição inicial). No caso do rolo que se desenrola na vertical, a "abertura" começa embaixo e o "fechamento" se dá em cima: motivos naturais e construções humanas "abrem" embaixo, "dando a impressão de uma vitalidade inesgotável"; picos e nuvens, bancos de areia e ilhas

Shen Zongquian

---

28 *Zong zhi tong hu qi yi cheng qi huodong zhi qu zhe, shi ji suowei shi ye* 总之统乎气以呈其活动之趣者, 是即所谓势也。Shen Zongqian, *Leibian*, p.907.

29 *Yi bi zhi qi shi mao wu zhi ti shi* 以笔之气势貌物之体势。

distantes "fecham" em cima, "conduzindo a representação à completude – sem que nada sobre".[30] Em referência ao ano, considera-se que a parte inferior do rolo corresponde à primavera (que é o tempo do "florescimento"), o meio do rolo ao verão (que é a estação da "plenitude") e a parte superior do rolo ao outono e inverno (que são épocas de "recuo e recolhimento"). Dessa maneira, não somente o rolo pintado, considerado em seu conjunto, desenrola-se "naturalmente", à semelhança do curso progressivo do ano, como encontramos em cada passagem, e até no mais ínfimo detalhe da figuração, essa mesma alternância de *abertura* e *fechamento* que lhe dá ritmo vital (ainda à semelhança do desenrolar temporal que alterna não apenas as estações, mas também, em escala cada vez menor, a Lua cheia e a Lua nova, o dia e a noite, a inspiração e a expiração). Cada aspecto particular da representação insere-se numa lógica geral de aparecimento e desaparecimento, e serve de fase transitória para a manifestação do devir. O rolo se presta, por conseguinte, a uma leitura linear, como na caligrafia: toda figuração "advém para acomodar-se ao que a precede" e desaparece "para dar lugar ao que lhe sucede".[31] Tudo é *em curso* e permeado, de parte a parte, pela *tendência* à renovação.

Segue-se disso toda a arte de pintar, que de novo pode ser expressa em termos de *che*: em cada momento de florescimento e "abertura", é preciso pensar também, paralelamente, na conclusão e no "fechamento", o que permitirá

Shen Zongquian

---

30 Shen Zongqian, *Leibian*, p.905.

31 *You suo cheng jie er lai, you suo tuo xie er qu* 有所承接而来, 有所脱卸而去。

A propensão das coisas

que a figuração "seja em todo lugar bem construída", sem que nada "seja dispersado ou deixado de lado".[32] Inversamente, em cada momento de conclusão e "fechamento", é preciso pensar também, paralelamente, no florescimento e na "abertura", o que permitirá que a figuração "seja em todo instante repleta de um suplemento de sentido e vitalidade", de modo que "o dinamismo do invisível nunca seja esgotado". Todo início nunca é um puro início, e todo fim nunca é um verdadeiro fim: em chinês, não se diz "começar e acabar", mas "acabar – começar".* Tudo "abre" e "fecha" ao mesmo tempo, tudo se articula "logicamente" e serve de transição dinâmica, e a propensão do traço abraça *sponte sua* a coerência interna da realidade.[33]

IV. A continuidade do dinamismo que se encontra em ação através do texto literário é traduzida por uma bela imagem: quando descansamos o pincel no fim de um pará-

Liu Xie séc. V-VI

---

32 Shen Zongqian, *Leibian*, p.906.

  * Trata-se apenas de uma "maneira de falar" (*zhongshi*, a expressão lembra *O livro das mutações*: cf. *Zhouyi*, "Xici", parte 1, § 4, "gu zhi si sheng zhi shuo"), mas é significativa. Permite, em particular, compreender por que a cultura chinesa é hermética ao trágico (quero dizer, à essência trágica). Porque, para que uma visão trágica seja concebível, é preciso crer em um fim derradeiro, construído pela imaginação como um cortina, sem passagem possível. A expressão também permite compreender por que o pensamento chinês clássico (anterior ao budismo) não precisou conceber um "outro mundo" – sem ligação com este e compensando-o: uma vez que o mundo está sempre devindo outro e a morte é apenas transformação.

33 Neste caso, há concordância entre *shi* e *li* 势 理.

grafo, é como levantar o remo quando estamos na água:[34] o barco continua a avançar, do mesmo modo que, no fim do trecho, o texto continua a progredir. Um "excesso de *che*" incita o texto a ir adiante, leva-o a sua sequência. Um texto existe não apenas enquanto "ordem" e "coerência", mas também como *curso* e *desenvolvimento*.[35]

Cabe a sua construção melódica e rítmica garantir, em primeiro lugar, as condições dessa fluidez. Dois aspectos particularmente determinantes no caso do chinês, visto que, de um lado, as palavras da língua chinesa possuem diferentes tons (e o contraponto tonal é um elemento fundamental da prosódia) e, de outro, o ritmo tende a fazer as vezes da sintaxe e serve diretamente à compreensão. Retornamos ao motivo estratégico do *che*: "sonoridades bem adaptadas entre elas" são como pedras redondas que rolam do alto de uma encosta.[36] A exploração das disposições recíprocas (entre os sons, entre os tons) cria uma propensão dinâmica à continuidade, e, mais uma vez, é o princípio da

---

34 Liu Xie, *Wenxin diaolong*, cap. "Fuhui", II, p.652. A lógica dessa imagem não me parece ter sido suficientemente percebida pelos comentadores chineses contemporâneos (sentido de *zhen*: levantar). Cf. as edições completas de Lu Kanru e Mou Shijin, II, p.297, e Zhou Zhenfu, p.465. Em compensação, ela foi bem traduzida por Vincent Yu-chung Shih, *The Literary Mind and the Carving of Dragons*, p.324.

35 *Wenshi* diferente de *wenzhang* 文势, 文章. Noção de *wenshi* diferente da de *wenzhang*. Ver, por exemplo, empregos significativos desse termo no *Wenjing mifulun*, cap. "Dingwei", p.341 et seq.

36 *Fan qie yun zhi dong, shi ruo zhuan huan* 凡切韻之动, 势若转圜。Liu Xie, *Wenxin diaolong*, cap. "Shenglü", II, p.553-4. A imagem, como sabemos, é a do *Sunzi*, cap. "Shipian".

alternância que permite que se tire partido desse potencial. Um belo texto é, acima de tudo, um texto cuja interdependência melódica é tal que sua leitura salmodiada jorre naturalmente, sem que seu curso seja obstruído nem pela monotonia nem pela desarmonia.[37] Isso vale também para o ritmo, mesmo em prosa: tanto os ritmos mais longos como os mais breves devem intercalar-se na sequência do texto para dinamizá-la.[38] De modo geral, seja no plano dos sons, *Bunkyô hifuron* tons ou ritmos, a repetição deve ser evitada, porque suprime toda tensão interna nascida da diferença e esgota a vitalidade; a *variação*, ao contrário, renova esta última, tirando recursos de certa interação dos polos (tom "plano" e tom "oblíquo", ritmo longo e ritmo breve etc.) que, como tal, é inesgotável: graças a ela, o texto é predisposto à sequência, fadado a "rolar".

Esse motivo dos corpos redondos inclinados a rolar encosta abaixo é retomado a propósito da construção discursiva, não mais apenas harmônica, do texto literário. No caso da oitava, por exemplo, cabe ao segundo dístico pôr o motivo inicial em movimento e impelir o poema ao seu desenvolvimento.[39] Versos de transição que, de um lado, "acomodam-se" aos versos introdutórios e, de outro, **Wang Shizhen** conduzem ao pleno dinamismo do qual os versos seguintes **séc. XVII** tirarão vantagem: basta apenas que o terceiro dístico "vire" e o quarto termine, "fechando". Esse segundo dístico, que serve de pivô para o poema, será avaliado logicamente por

---

37 *Shi bu xiang yi, ze feng du wei zu* 势不相依，则讽读为阻。 *Wenjing mifulun* "Lunwenyi", p.308, e "Dingwei", p.340.

38 *Wenjing mifulun*, "Dingwei", p.343-4.

39 Wang Shizhen, op. cit., III, "Zhenjuelei", § 9, p.79.

sua capacidade de *che*.[40] Como exemplo, o crítico menciona estes versos famosos, já citados:

> Outrora ouvi falar do lago Dongting,
> Hoje subo à torre de Yueyang.
> País de Wu e Chu – a leste e ao sul – estão separados,
> Céu e Terra – o dia e a noite – flutuam.

Já lemos esses versos, dois a dois, considerando a força do contraste e da correlação que o paralelismo suscita em cada dístico. Vamos lê-los agora encadeados, considerando como o segundo dístico, retomando os elementos de tensão inaugurados pelo primeiro, radicaliza e leva esses elementos ao apogeu: a tensão introduzida entre a horizontalidade do lago e a verticalidade da torre culmina na tensão entre o Céu e a Terra; a que separava o passado e o presente do indivíduo é elevada à dimensão geral do decurso do Tempo. Os efeitos de contraste e correlação são conduzidos a sua plenitude: a imensidão das águas separa e une – separa os orientes e espelha a totalidade do Mundo. Do primeiro para o segundo dístico, por repetição e superação, o poema adquire seu elã máximo e só pode evoluir tematicamente a partir daí, abordando o tema da solidão pessoal e dos males contemporâneos. Ora, o fato de o poema conseguir desenvolver tal força de propensão não é importante somente para assegurar a capacidade dinâmica do texto: é importante também para que ele possa formar um todo logicamente necessário e seja verdadeiramente coerente.

---

40 *Cheng jie er ju you gui de shi* 承接二句尤贵得势。

A propensão das coisas

Porque, do mesmo modo que os pintores e os caligrafistas, os versejadores chineses são unânimes em atribuir essa capacidade do *che* poético de desenvolver o poema à vitalidade do "sopro" interior, também podemos nos perguntar, mais precisamente, como esse fator interfere no sentido do poema e consegue promovê-lo. Se apenas "distribuímos" as palavras aqui e ali, sem que a consciência tenda realmente a expressar-se, o poema "parecerá um asno ofegante, carregando um fardo pesado": a marcha é difícil e ele não possui o *che* necessário para avançar.[41] O que fatalmente acontece quando a interioridade daquele que compõe não foi mobilizada e ele escolhe artificialmente um tema, decorando-o em seguida com figuras de retórica (abusando das "comparações, expressões rebuscadas, alusões históricas"...): "é como querer rachar um toro de carvalho com um machado cego: pedaços de casca voam para todos os lados, mas consegue-se atingir a fibra da madeira?"...[42]

Wang Fuzhi séc. XVII

Ao contrário, sob uma perspectiva realmente poética, isto é, de um engendramento da linguagem realmente eficaz, convém basear-se no que a interioridade, em sua inquietação, tende a exprimir, e fazer do *che* poético, como *propensão disposicional* nascida dessa emoção, o fator motriz da expressão. A frase é lacônica: "Fazer do querer-dizer emocional o [fator] principal e do *che* o [fator] seguinte". À imagem do "movimento de conjunto" que dá vida à pintura, essa "propensão disposicional" é definida como a "coerência interna",

Wang Fuzhi séc. XVII

---

41 *Wu fu you neng xing zhi shi* 无复有能行之势。Wang Fuzhi, *Jiangzhai shihua*, § 33, p.222. Que "a consciência tenda verdadeiramente a exprimir-se" traduz, aqui, a noção de *yi*.

42 Wang Fuzhi, *Jiangzhai shihua*, p.48.

infinitamente sutil, jamais totalmente apreensível, típica da intencionalidade poética.[43] Ou, para tentarmos ser mais precisos (embora a glosa – em relação a esse tipo de formulação excessivamente alusiva – seja muito delicada): a propensão disposicional é a lógica – sempre sutil e particular – implicada no que tende a advir como sentido poético e lhe serve de articulação dinâmica. Escorar-se nela e promovê-la permite que essa aspiração ao sentido tenha força para desenvolver-se em linguagem e exprimir-se até o fim. Esse é o *che* que já consideramos em ação como dispositivo discursivo do poema, de um verso para o outro, de um dístico para o seguinte: no que diz respeito ao poema como um todo, é ele que consegue exprimir, ao desenvolver sucessivamente toda a linguagem necessária ao poema, "por alternância e variação", por "curvas e sinuosidades", por "movimentos de expansão e recolhimento", "até a mais perfeita exaustão do sentido", a emoção inicial.[44] Intuição eminentemente fecunda (e sobre a qual devemos ainda refletir: para elevá-la a essa noção cardeal que tanta falta nos faz), visto que transcende qualquer oposição entre fundo e forma – distinção abstrata e infrutífera – e explica unitariamente o engendramento concreto do poema: como propensão graças à qual o texto poético se junta e se encadeia organicamente, de modo que cada novo desenvolvimento reative seu dinamismo, e tudo, em seu curso, sirva efetivamente de transição.[45]

---

43 *Shi zhe, yi zhong zhi shenli ye* 势者, 意中之神理也。

44 *Wei neng qu shi, wanzhuan qushen yi qiu jin qi yi* 为能取势, 完转屈伸以求尽其意。

45 Essa concepção do *shi* poético não teve, parece-me, a atenção que merece, em especial por parte dos comentadores de Wang Fuzhi; cf. em particular o estudo de Yang Songnian, *Wang Fuzhi*

A propensão das coisas

Compreende-se que a poética chinesa tenha se mostrado crítica acerca do culto aos "belos versos". Um belo verso é como uma "bela jogada" no *go*.[46] O efeito pode ser espetacular e, no entanto, os bons jogadores desconfiam, preferindo uma partida em que as jogadas são preparadas com antecedência e, por isso, são mais eficazes, mesmo que passem despercebidas (pois passam despercebidas). Na poesia, um belo verso pode ameaçar a trama do poema, beneficiando apenas a si próprio, em vez de acomodar-se ao conjunto do texto e atuar em favor de sua continuidade. Por esse motivo também, certos versejadores consideraram conveniente reagir contra o costume escolar, cada vez mais estabelecido, de dividir o texto em partes. Essa divisão pode gerar, por exemplo, uma mudança na rima, sem que isso implique um

Wang Fuzhi

---

shilun yanjiu (*Investigações sobre a potécia de Wang Fuzhi*), Taiwan, Wenshizhe Chubanshe, em especial p.39 e 47. Essa reflexão sobre a concepção do processo poético em Wang Fuzhi retoma análises que apresentei anteriormente, em especial em *La Valeur allusive*, Paris, École Française d'Extrême-Orient, 1985, p.280, e *Procès et création*, Paris, Seuil, "Des travaux", 1989, p.266.

46 Wang Fuzhi, *Procès et création*, op. cit., p.228. A noção de "jingju" é importante na crítica literária chinesa desde o *Wenfu*, de Lu Ji (noção de *jingce*), mas nesse texto ela tem um sentido diferente daquele que a tradição posterior lhe dará comumente, e que Wang Fuzhi critica aqui: "Que uma única palavra, intervindo no ponto capital do desenvolvimento/ Seja para todo o texto como uma chicotada que nos pega de surpresa" (não apenas para evidenciar o sentido – cf. a interpretação de Li Shan –, mas também, parece-me aqui, para precipitar o texto adiante). Sobre a modificação do valor dessa noção, reportar-se em particular a Qian Zhongshu, *Guanchuipian*, Zhonghua Shuju, 1979, III, p.1197.

novo desenvolvimento do sentido, e o texto pode dar uma guinada, sem que isso signifique fratura. A arte dos antigos poetas seria, ao contrário, "não mudar nem tema nem rima", e o encadeamento ocorre de forma discreta e "natural", sem que eles tenham necessidade de inventar palavras inúteis para mantê-lo.[47] Como na caligrafia, como na pintura, o poema é um conjunto global e unificado que se comunica num único elã, em seu próprio interior. Não é um "melão" que se pode "fatiar": sua continuidade é intrínseca,[48] é a prova de que uma interação está em operação (entre "emoção" e "paisagem", palavras e sentidos...), um *processo* está em andamento: a verdadeira poesia – para retomar o título de Éluard – só existe se for "ininterrupta".

V. A crítica chinesa é alusiva em geral e facilmente qualificada de "impressionista", mas é capaz de dedicar-se a uma análise muito minuciosa de um texto. Ao longo de um comentário, pode lhe ocorrer, em particular, de apontar com precisão de onde vem a *propensão dinamizadora* que se encontra em ação no trecho. Às vezes, basta um primeiro verso, cheio de força imaginária, para conferir elã a todo o poema;[49] se uma estrofe retoma outra, é porque a primeira suscita o dinamismo da seguinte e a prepara.[50] Às vezes acontece de a simples comparação que se opera entre o título e o texto

---

Jin Shengtan séc. XVII

---

47 Ibid., p.61.

48 Ibid., p.19.

49 *Sui dang cheng yi pian zhi shi* 遂宕成一篇之势。Jin Shengtan, *Dushijie*, poema "Ye ren song zhu ying", p.122.

50 *Qian jie shi shengqi hou jie zhi shi* 前解实生起后解之势。Jin Shengtan, poema "Song ren cong jun", p.91.

A propensão das coisas

de um poema já ser reveladora.[51] O título longuíssimo (mas isso é raro na poesia chinesa) explica exatamente a situação que será evocada: uma carta acaba de chegar, da parte do irmão, comunicando a desgraça das inundações provocadas pelas chuvas torrenciais, bem como o martírio vivido pelos funcionários públicos locais (entre eles, esse irmão) – e o poeta responde por compaixão. Mas a ordem em que o poema retoma esses temas é diferente: primeiro evoca as inundações provocadas pela chuva, depois o martírio dos funcionários públicos, a carta do irmão e, por último, o envio do poema, como manifestação de simpatia. Graças a essa ordem poética, o poema consegue "ondular em ondas sucessivas, fazendo alternar vazio e cheio": do contrário seria fatalmente "privado de *che*". O crítico, aliás, convida a uma observação mais atenta, relendo o poema a pospelo, da arte com que o autor consegue dinamizar a continuação do texto: no segundo dístico, ainda não se fez menção à carta, mas o poema começa a indicar que "se soube...", o que introduz e realça a carta evocada posteriormente; no primeiro dístico, ainda não se faz menção à notícia do transbordamento do rio, mas o poema começa a descrever a paisagem submersa pelas ondas, o que introduz e realça o tema da inundação que vem a seguir. E somente depois de ter evocado a angústia dos funcionários públicos locais é que a "ponta do pincel", "fazendo uma ligeira rotação", como na arte da escrita, menciona a carta recebida na antevéspera. Sem essa arte da variação, conclui o crítico, o poema não seria mais que "um enfadonho papel pintado", "paralisado

---

51 Ibid., poema "Lin yi she di shu zhi...", p.23.

em sua rigidez"; ao contrário, graças à "ondulação" que lhe conferem essas curvas sucessivas, produzindo um ritmo de variação por alternância, o leitor é capaz de insuflar sua própria respiração na trama poética e comunicar-se com o ritmo vital do poema, por salmodia.*

É legítimo que seja com relação aos poemas mais longos que se preste mais atenção aos diversos efeitos que contribuem para a continuidade do dinamismo;[52] e que se preste mais atenção ainda no caso da narrativa romanesca, que é o gênero longo por excelência, sobretudo na China. O que, de fato, é a arte da narrativa, se não conseguir suscitar o máximo de tensão, no interior da narração, entre o que precede

Jin Shengtan e o que vem a seguir? A leitura do famoso *À beira da água*, tal como é comentado nas entrelinhas pelo mesmo crítico, que é um dos mais sensíveis da tradição chinesa, fornece mais de um exemplo. Vejamos, por exemplo, como o autor consegue "criar o *che*", nas palavras do crítico, operando uma reviravolta:[53] dois personagens se enfrentam e estão prestes a se arremessar um contra o outro, de armas em punho, quando, de repente, um reconhece a voz do outro — e segue-se uma cena de reencontro. Essa virada da narrativa faz intervir

---

* Quem lê apenas em silêncio, e com os olhos, "fica fora do texto", dizem os críticos chineses. Portanto, convém recitá-lo "em voz alta e em ritmo acelerado" para "apreender o *che*", e também em si mesmo e "lentamente" para captar a "graça invisível" – e essas duas leituras devem apoiar-se mutuamente. Cf. Yao Nai, "Carta a Chen Shuoshi".

52 Ver, em particular, o comentário que Jin Shengtan dedica ao longo poema de Du Fu, "Beizheng", e no qual os efeitos de *shi*, na composição, são apontados com precisão, p.67 et seq.

53 *Shuihuzhuan* (*huipingben*), texto p.149 (trad. Dars, p.146).

A propensão das coisas

tanto a oposição (da agressividade mais intensa à amizade mais respeitosa) como a correlação (essa cena faz eco a um encontro anterior e estabelece a amizade que é desenvolvida em seguida). O romancista recorre conjuntamente, portanto, a dois meios contraditórios para conferir dinamismo à narrativa: de um lado, prepara previamente a narração para o desenvolvimento posterior "inserindo um *che* de arco retesado ou de cavalo prestes a saltar";[54] de outro, suscita surpresa quando "o *che* do pincel faz uma irrupção repentina", rompendo ao máximo com a cena imediatamente precedente.[55]

Para reforçar o laço dinâmico que une a narrativa presente ao desenvolvimento futuro, o romancista cria expectativa: por um efeito (*che*) de "sinuosidade extrema do fio da narração",[56] ou mesmo por simples repetição.[57] Exemplo: um dos heróis entra numa estalagem sem um tostão, e a briga é previsível; ele pede vinho, arroz e carne. Ora, o romancista toma o cuidado, observa o comentador, de repetir que lhe tragam o vinho, o arroz e a carne: esse discreto efeito de retenção confere mais elã (*che*) à cena impetuosa que vem em seguida. O mesmo acontece quando o romancista

Jin Shengtan

---

54 *Fu xian you jin gong nu ma zhi shi* 伏线有劲弓怒马之势。*Shuihuzhuan* (*huipingben*), texto p.254 (trad. Dars, p.280).

55 *Bi shi qi wu* 笔势奇兀。*Shuihuzhuan* (*huipingben*), texto p.547 (trad. Dars, p.635); cf. também texto p.57 (trad. Dars, p.29); texto p.275-6 (trad. Dars, p.311) etc.

56 *Wenshi weiyi quzhi zhi ji* 文势逶迤 曲折之极。*Shuihuzhuan* (*huipingben*), texto p.339 (trad. Dars, p.391); cf. também texto p.111 (trad. Dars, p.105).

57 *Die cheng qi shi, shi xia wen zou de xun ji ke xiao* 叠成奇势, 使下文走得迅疾可笑。*Shuihuzhuan* (*huipingben*), texto p.308 (trad. Dars, p.350).

se permite interromper a narrativa com uma intromissão do autor, no momento mais crítico da narração.[58] Em sentido inverso, para tensionar o elo que une a narrativa presente ao episódio passado, o romancista pode opor um ao outro: uma frase curta, ressaltando o contraste, é suficiente para "dar impulso" ao desenvolvimento posterior.[59] Tiradas do rico catálogo metafórico da tradição chinesa, as mais diversas imagens exprimem sucessivamente essa *tensão de iminência* suscitada pelo *che* romanesco: "como um estranho pico que voa diante de nós";[60] "como bolas de bilhar que começam a pular no ar";[61] "como a chuva que vem da montanha, o vento que enche a torre";[62] "como o céu que desaba e a terra que se fende"; "como o vento que se ergue e as nuvens que surgem"...[63] Ou ainda, simplesmente, "como um puro--sangue que desce a encosta a galope":[64] o suspense está no ápice, e a narração é precipitada adiante.

Temos mais uma vez, portanto, variação por alternância, mas dessa vez como arte da peripécia, assegurando a renovação do dinamismo. Na condução da narrativa, o pincel do narrador emprega habilmente, como o do caligrafista, a continuidade e a descontinuidade. Começa a discussão e os antagonistas vão se enfrentar.[65] "Bebamos primeiro", pro-

---

58 *Shuihuzhuan* (*huipingben*), texto p.502 (trad. Dars, p.586).
59 Ibid., texto p.192 (trad. Dars, p.200).
60 Ibid., texto p.667 (trad. Dars, p.798).
61 Ibid., texto p.1124 (trad. Dars, II, p.360).
62 Ibid., texto p.301 (trad. Dars, p.343).
63 Ibid., texto p.358 (trad. Dars, p.415); cf. também texto p.295 (trad. Dars, p.336).
64 Ibid., texto p.669 (trad. Dars, p.801).
65 Ibid., texto p.197 (trad. Dars, p.207).

A propensão das coisas

põe o estalajadeiro, "e esperemos até que a Lua se levante."
As taças passam em roda, e a Lua aparece no céu. Então ele
diz: "Senhores, e esse combate?". "Ligação-pausa-retoma-
da": "o *che* do pincel", observa o comentador, "arremessa-se
e salta ao máximo". De modo geral, ao longo da narração,
o romancista ora "aperta", ora "afrouxa",[66] o tema é mais
amplo aqui, mais restrito acolá,[67] o que é tratado primeiro
de uma forma é tratado de forma inversa depois[68] — e a
narrativa passa repetidamente "por altos e baixos".[69] Logicamente, quando o romancista consegue fazer o fio da narração oscilar na própria cena, a tensão que leva ao desenlace
é mais viva — e a arte da narrativa chega a sua culminância.
Exemplo: um dos heróis deve vingar-se de sua cunhada, que
causou a morte do marido depois que cometeu adultério;
mas ele também pôs a seus pés, diante dos vizinhos apavo-
rados, a velha alcoviteira que teve participação na trama sór-
dida. Ele agarra o braço da cunhada para acusá-la do crime,
mas começa a lançar ofensas contra a velha: desse "encavalamento" de uma na outra, observa o comentador, resulta
um "excesso de *che*" que "dá elã ao pincel".[70] Quanto mais
bem-sucedida é a montagem, mais discretamente a disposição para ir adiante é introduzida — ao longo do texto — nos
pequenos detalhes.

De modo geral, e seja qual for a obra considerada, o fato
de o romancista conseguir "suscitar certa propensão ao elã —

---

66 Ibid., texto p.1020 (trad. Dars, II, p.214).

67 Ibid., texto p.470 (trad. Dars, p.551).

68 Ibid., texto p.512 (trad. Dars, p.597).

69 *Zhi shi bi mo yi yang, yi cheng wenshi* 只是笔墨抑扬，以成文势。

70 *Shuihuzhuan (huipingben)*, texto p.503 (trad. Dars, p.587).

Mao Zonggang séc. XVIII

mais *che* – em proveito do desenvolvimento subsequente"[71] é uma "técnica fundamental da composição".[72] Na reflexão que fazem a respeito dessa arte, os teóricos do romance não deixaram de mencionar duas regras complementares. Em primeiro lugar, a regra "das nuvens que cortam transversalmente a cadeia de montanhas e da ponte que transpõe a torrente":[73] a textualidade romanesca deve ser ao mesmo tempo contínua e descontínua: contínua (cf. a ponte) para que a mesma inspiração possa percorrê-la de ponta a ponta, descontínua (cf. as nuvens) para evitar uma acumulação tediosa. Como a manipulação divinatória da série de hexagramas, o *che* do texto deve-se à capacidade de transformação deste último, explorando a fundo os recursos do mesmo e do outro, por "inversão ou reviravolta".[74] Em segundo lugar, a regra "das pregas que sucedem às ondas, da chuva fraca que vem depois do aguaceiro":[75] graças ao suplemento de *che* que abunda no fim do episódio, este se prolonga no episódio seguinte – "desdobrado", "refletido", "disputado" por ele.

---

71 *Zuozhe te yu wei hou wen qu shi* 作者特欲为后文取势。

72 *Sanguo yanyi (huipingben)* (*Os Três Reinos*), comentário de Mao Zonggang, cap. 43, p.541.

73 Mao Zonggang, comentário dos *Três Reinos*, "Du sanguozhi fa", in Huang Lin, *Zhongguo lidai xiaoshuo lunzhuxuan*, Jiangxi Renmin Chubanshe, 1982, p.343.

74 *Bi xu bie shi yi jian zhi, er hou wen shi nai cuozong jin bian* 必叙别事以间之，而后文势乃错综尽变。

75 Mao Zonggang, op. cit., p.14. Sobre essa questão, ver as poucas observações, insuficientes, de Ye Lang, *Zhongguo xiaoshuo meixue* (*Estética do romance chinês*), Beijing Daxue Chubanshe, p.146-7.

A propensão das coisas

Razões diversas convergiram nesse sentido: de um lado, foi com o romance que a crítica literária chinesa descobriu os problemas específicos do gênero longo e, em primeiro plano, o da renovação do interesse; de outro, o romance chinês, nascido depois dos outros gêneros e escrito, como em outros lugares, em língua vernacular, somente obteve o reconhecimento dos letrados quando se submeteu a suas concepções críticas. Portanto, não nos admira que a teoria chinesa do romance tenha insistido tanto na importância da continuidade dinâmica: é ela que supostamente valoriza a narrativa romanesca em relação à narrativa histórica (que desde a sua origem é constituída em partes distintas); é ela também que, graças ao elã unitário de seu sopro, livra a narrativa da "obscenidade" que, segundo os letrados pudicos, episodicamente se encontra nela... O desenrolar da narrativa romanesca, mesmo em vários volumes, será concebido segundo o modo mais estreito de ligação, à semelhança da oitava: o interesse pelo tema da "pulsação" comum e de seu "influxo rítmico", tão apreciado na caligrafia e na pintura, ressurge naturalmente. Uma mesma inspiração percorre o romance de parte a parte, e "cem capítulos são como um capítulo", são "como uma página".[76]

Mesmo uma forma de arte tão tardia (em comparação com o longo desenvolvimento da civilização chinesa), e

---

76 Ver, a esse respeito, as diversas "técnicas de leitura" (*dufa*) de Jin Shengtan, a propósito do *Shuihuzhuan*, de Mao Zonggang, a propósito do *Sanguo yanyi*, de Zhang Zhupo, a propósito do *Jinpingmei*. Sou devedor de Rainier Lanselle pelas preciosas indicações a respeito desse ponto.

François Jullien

tão diferente por suas origens (obscuras, mas com toda a certeza orais e populares, e relacionadas à propagação do budismo), não conseguiu escapar da visão comum desenvolvida e imposta por toda uma cultura – a do processo em curso, sucedendo-se por ondulação rítmica: a mesma que já se encontrava inserida no imaginário mais antigo da China, simbolizada pelo dragão.

Conclusão II
O motivo do dragão*

O corpo do dragão concentra energia no arquear, enrodilha-se para avançar melhor: imagem do potencial que é investido na forma, e efetiva-se incessantemente. Ora se abriga no fundo das águas, ora se precipita ao mais alto do céu; e seu andar é uma ondulação contínua: imagem de um elã que sempre se renova, de um polo a outro, por oscilação. Ser sempre em evolução, sem forma fixa; o que não se pode imobilizar nem isolar e escapa a qualquer domínio: o dragão é a imagem de um dinamismo que não se reifica e, por isso mesmo, torna-se insondável. Enfim, tornando-se parte das nuvens e da névoa, o dragão faz vibrar o mundo circundante sob sua impulsão: ele oferece a imagem de uma energia que, ao difundir-se, intensifica o espaço e enriquece-se com essa aura.

O simbolismo do dragão é, na China, um dos mais ricos que existem. Ora, muitos de seus significados, entre os mais

---

* Mesmas referências dos capítulos anteriores (de 3 a 6); sobre o motivo do dragão, reportar-se ao estudo geral e exaustivo de Jean-Pierre Diény, *Le Symbolisme du dragon dans la Chine antique*, Paris, Institut des Hautes Études Chinoises, 1987.

fundamentais, serviram para ilustrar a importância que se atribuiu ao *che* no processo criador. Tensão no interior da configuração, variação por alternância, transformação inesgotável e capacidade de animação: são todos aspectos concorrentes que o corpo do dragão incarna num mesmo elã e caracterizam o dispositivo estético.

I. Antes de servir de modelo à obra de arte, o corpo ondulante do dragão nos envolve por todos os lados. É ele que contemplamos nas curvas e sinuosidades da paisagem, que encontramos escondido nas pregas do relevo:[1] as ondulações desse corpo sem fim são as "linhas da vida" (*che*) por onde circula a energia cósmica, de ponta a ponta, como o sopro nas veias.[2] Na arqueadura desse corpo, quando a encosta se encurva, o geomante percebe uma acumulação de vitalidade, o ponto em que as influências benéficas são mais ricas, em que podem se espalhar melhor e prosperar.

Preocupado em captar esses influxos cósmicos, e inclinado, portanto, a acentuar a expressão do dinamismo através de sua paisagem, o pintor chinês é conduzido a privilegiar, dentre seus motivos, o curso sinuoso de uma cadeia

> Guo Pu séc. IV

---

1 *Shi weiyi quzhe, qian bian wan hua, ben wu ding shi* 势委蛇曲折, 千变万化, 本无定式。 Guo Pu, *Zangshu*; ver, por exemplo, a coincidência significativa de expressões como "o *shi* que vem de longe" e "o dragão que vem de milhares de *li*" (*yuan shi zhi lai, qian li lai long*). Sobre o tema do dragão como "what all topographical formation resemble" [a que se assemelham todas as formações topográficas], cf. Stephan D. R. Feuchtwang, op. cit., p.141 et seq.

2 *Di shi yuan mai, shan shi yuan gu, weiyi dongxi huo wei nanbei* 地势原脉, 山势原骨, 委蛇东西或为南北。

de montanhas: eis que, por efeito do *che*, ela "se encurva e desdobra", elevando-se entre as rochas, "como um dragão".[3] Ele expressa essa tensão na configuração pelo tronco retorcido do pinheiro solitário esticando-se ao céu: com sua carapaça de casca velha, coberta de líquen, eleva seu "corpo de dragão" "num movimento espiralado" – estribando-se na imensidão do vazio – "até a Via Láctea".[4] Dois vícios devem ser evitados por quem deseja traduzir o elã altaneiro dessas árvores: prender-se ao jogo das curvas – porque não há ali mais do que um encavalamento de sinuosidades, sem força; ou, ao contrário, fazer o traço rígido demais e sem ondulação suficiente – porque falta a impressão de vida.[5] Mas que no arquear se condense toda a força recolhida do desdobrar que ocorrerá em seguida, que o movimento esboçado num sentido exija por si mesmo sua superação, por um recomeço em sentido inverso: a sinuosidade do tronco que se eleva é vigorosa como o corpo do dragão.[6] Porque a forma do dragão, a mais simples que seja, resume-se a um traço de energia em movimento: alcançando-a, o dispositivo da figuração chega naturalmente, pela árvore ou pelo relevo, a sua máxima intensidade.

Gu Kaizhi séc. IV

Jing Hao séc. X

Han Zhuo séc. XII

II. O dragão é ao mesmo tempo *yin* no interior do *yang* e *yang* no interior do *yin*; seu corpo se metamorfoseia

---

3 *Shi shi wanshan ru long* 使势蜿蜒如龙。Gu Kaizhi, "Hua yuntai shan ji", *Leibian*, p.581.

4 *Pan qiu zhi shi, yu fu yun han* 蟠虬之势, 欲附云汉。Jing Hao, "Bi fa ji", *Leibian*, p.605.

5 Han Zhuo, "Shanshui chun quanji", *Leibian*, p.665.

6 Ibid., p.666.

continuamente, sem nunca se esgotar: não poderíamos imaginar mais bela encarnação da alternância como motor da continuidade. Tampouco poderíamos nos admirar que a capacidade de elã ininterrupto, que é, em termos de *che*, característica da escrita cursiva, seja comumente referida, em contraste com a arquitetura equilibrada da escrita regular, ao corpo movediço do dragão. Traço curto sem fim, ondulante, robusto e nervoso. Como em perpétua "ida e volta",[7] alterna grandeza e pequenez, lentidão e precipitação: "o *che* da figuração tem uma atitude de dragão-serpente, e tudo nele se alia sem descontinuar: ora assoma, ora se inclina, aqui se eleva e ali se rebaixa".[8] Como no caso do dragão, apenas a oscilação permite avançar sempre, a energia renova--se pela transformação. Um curso "plano", "igual", seria contrário a essa reativação espontânea do elã e fatalmente conduziria a rupturas: toda "uniformidade" é "mortal".

Wang Xizhi séc. III

Acontece o mesmo, como vimos, com a escrita da narrativa: apenas a variação por alternância assegura sua propensão à sucessão. Desta passagem, por exemplo, um crítico literário disse que "o *che* do pincel é admiravelmente sinuoso e ondulante", e compara-o a "um dragão que se arremessa furioso".[9] Um monge devasso sai do mosteiro e desce ao vale, de onde lhe chega um tinido de ferro sendo malhado.

Jin Shengtan séc. XVII

---

7 *Chong shi qiu liu, huo wang huo huan* 虫蛇虬蟉, 或往或还。Suo Jing, "Caoshushi", *Lidai*, p.19.

8 *Ziti xingshi, zhuang ru long shi, xiang goulian bu duan* 字体形势, 犹如龙蛇, 相勾连不断。Wang Xizhi, "Ti Wei furen 'Bichentu' hou", *Lidai*, p.27.

9 Comentário de Jin Shengtan, *Shuihuzhuan huipingben*, op. cit., p.113 (trad. Dars, p.107).

A propensão das coisas

Faminto e com a garganta seca, vai dar na forja de onde vinha o barulho do martelar; ao lado, na porta de uma casa, vê-se o letreiro de uma estalagem. Ora, essas poucas linhas introduzem um duplo desenvolvimento: o monge encomenda armas e depois procura embriagar-se. O narrador, observa o crítico, concentra-se primeiro no tema da gula do monge, depois, "com uma primeira reviravolta", troca esse motivo pela evocação da forja, da qual já se ouviam os tinidos; mas, antes de desenvolver mais amplamente esse segundo tema, ele o abandona de novo e, com uma segunda reviravolta, lembra casualmente o desejo lancinante de um regabofe que devora nosso herói. Os dois temas, interrompendo-se mutuamente, provocam e precipitam um ao outro: ambos são "semeados previamente", como uma semente "da qual se terá apenas, ulteriormente, de colher os frutos". Oscilando de um para o outro, transformando em tema em outro, essas poucas linhas de introdução ganham elã narrativo. O que se verifica, aliás, de uma maneira mais geral, a propósito de toda forma de inciso ou parêntese introduzido na trama da narrativa:[10] eles intervêm para que a narração não se petrifique na uniformidade, mas permaneça elástica e animada, e tenha um papel de dispositivo dinamizador.

Para evocar melhor essa alternância dinâmica que o corpo sempre em evolução do dragão encarna, foi cômodo representá-la por desdobramento, na forma de dois dragões emparelhados: esse motivo dos dois dragões enlaçados ou virados cabeça com rabo é frequente na iconografia chinesa antiga e, nesse caso, como analisa Jean-Pierre Diény,

---

10 Ibid., p.163 (cf. trad. Dars, p.166).

François Jullien

Jin Shengtan

"a colaboração" é que tem primazia na relação simbólica, "e não o conflito".[11] Encontramos uma bela ilustração no comentário minucioso que o mesmo crítico literário fez dessa passagem:[12] dois amigos se encontram depois de muitas desventuras, e o discurso que um dos heróis dirige ao outro, evocando ora a situação de um, ora a situação do outro, desde o momento em que separaram, é desenvolvido por um balanço contínuo:

> Irmão, desde o dia em que vos deixei, depois da compra do sabre,/ não deixei um minuto sequer de pensar com tristeza em vosso sofrimento (1)./ Desde que recebeste vossa condenação,/ não encontrei meio de vos socorrer (2)./ Soube que estavas exilado em Cangzhou,/ mas não consegui vos encontrar nos arredores da prefeitura (3)...

Seguem-se ainda outras cinco sequências, em que o tema do "outro" é "completado" pelo tema do "eu": "o *che* da narração", como dispositivo textual, "é o de dois dragões enlaçados";[13] e, quando finalmente é evocado o reencontro, é como se "de repente os dois dragões se encaixassem". A narrativa se desenvolve *proprio motu*, em função das duas oscilações enlaçadas, e o dinamismo é retomado por alternância de um polo ao outro, de um movimento ao seguinte: o reencontro que encerra a narrativa é esperada; todo o desenvolvimento, sob o impulso desse movimento

---

11 Jean-Pierre Diény, op. cit., p.205-7.

12 Comentário de Jin Shengtan, op. cit., p.189 (cf., para essa passagem, trad. Dars, p.196).

13 *Bishi yaojiao* 笔势天矫。

A propensão das coisas

ondulatório, é propelido por si mesmo, com força, para tal desfecho.

III. Como está sempre em transformação, o dragão não tem forma fixa, não poderia materializar-se em uma configuração definida. Ora aparece, ora desaparece, ora se desenrodilha, ora se enrodilha: "quanto a sua aparência, não há ninguém que possa controlar suas variações",[14] e por isso é considerado um ser divino. Segundo um antigo ditado, o dragão é estimado "porque não se deixa pegar vivo":[15] é tão impossível apreendê-lo definitivamente quanto o próprio Caminho, o *Tao*. Ao sair de sua entrevista memorável com o velho mestre taoista Laozi, Confúcio teria dito a seus discípulos:

> Do pássaro, sei que pode voar; do peixe, que pode nadar; do quadrúpede, que pode andar. O animal que anda, podemos pegá-lo com um laço; o que nada, com uma linha; o que voa, com uma flecha presa a um fio. Do dragão, porém, não posso saber nada: apoiando-se no vento e nas nuvens, ele sobe ao céu... Hoje vi Laozi: ele é semelhante ao dragão![16]

Como vimos, esse já era o ideal do estrategista: ele renova constantemente seu dispositivo, "ora dragão, ora serpente", e "nunca tem formação fixa",[17] o que lhe permite não estar nunca onde se espera que esteja, não se deixar subjugar

---

14 Yang Xiong, *Fayan*; cf. Jean-Pierre Diény, op. cit., p.242-3.

15 *Zuozhuan*; cf. Jean-Pierre Diény, op. cit., p.1.

16 *Shiji*, Beijing, Zhonghua Shuju, VII, cap. 63, p.2140.

17 *Huainanzi*, cap. 15, p.266.

e paralisar. Não só o adversário não consegue alcançá-lo, como, além disso, sente-se progressivamente desorientado sob o efeito desse dinamismo – que sempre rebrota. Esse também é o ideal do pintor. Quando este desenha pinheiros, "o dispositivo [*che*] é tão variado que o aspecto de todas essas transformações torna-se insondável":[18] nessa árvore--dragão, o artista representou o infinito sobejo da vida. O mesmo acontece na poesia, sobretudo quando o desenvolvimento é longo (o que é raro na poesia chinesa clássica): de tanto variar pela ondulação, o desenrolar do poema escapa a qualquer domínio prosaico do leitor, desaponta qualquer fixação temática e torna-se inapreensível. Testemunho desse poema (de mais de cem de versos) em que o autor reconstitui a "longa marcha para o Norte" que o levou de volta ao seio de sua família, após as grandes revoltas que sacudiram a China:[19]

> ... Do alto da colina contemplo Fuzhou:
> Picos e vales ora surgem, ora se escondem.
> Cheguei já à beira do rio
> E meu criado está ainda no cimo das árvores.
> Os mochos piam nas pálidas amoreiras,
> Os musaranhos nos saúdam da borda dos buracos.
> No meio da noite, atravessamos um campo de batalha:
> A Lua fria ilumina os esqueletos.

---

18 *Qi shi wan zhuang, bian tai mo ce* 其势万状, 变态莫测。Han Zhuo, op. cit., *Lidai*, p.665.

19 Du Fu, "Bei zheng"; comentário de Jin Shengtan, *Dushijie*, p.71.

A propensão das coisas

Milhares de soldados, em Tongguan:
Desaparecidos – tudo desabou de uma vez!...

O espírito da poesia chinesa – e esse é um dos aspectos que mais a distinguem de nossa tradição clássica – é não ser nem descritiva nem narrativa: do que deveria ser um "relato de regresso", ela conserva apenas a reação da consciência, registra apenas a oscilação contínua. A variação por alternância que se contempla primeiro moldando a paisagem – picos e vales sucedendo-se a perder de vista – encontra-se no ondular sem fim dos motivos: entre a impaciência de um e a lentidão do outro; entre a serenidade do mundo natural e a inquietação do mundo humano; ou ainda, entre a evocação da paisagem percorrida e a emoção sentida; entre o destino pessoal retraçado por essa marcha solitária e o drama coletivo ilustrado pelo campo de batalha... O poema serpenteia por todos esses contrastes, não atola em nenhum. Segundo o comentador, o poeta, regressando para junto dos seus, está **Jin Shengtan** ansioso, daí a evocação dos "esqueletos"; porém, ao mesmo tempo, acabrunhado, ele pensa nos recentes desastres militares e, "assim que esse grande tema político é abordado, a questão pessoal, familiar, é completamente deixada de lado". Ela ressurgirá naturalmente na sequência. E o crítico acrescenta: "Vendo o *che* do pincel ir num sentido e depois noutro, diríamos realmente que se trata de um dragão em seu caminhar elástico e sinuoso: é impossível agarrá-lo!".[20]

---

20 *Zhen ru long xing yaojiao, shi ren bu ke zhuonuo* 真如龙行天矫, 使人不可捉搦。

François Jullien

Essa reflexão, sugerida entre dois versos, merece ser desenvolvida, porque o motivo do *dragão-poema* a que a imaginação do crítico está presa contém uma rica intuição da poesia. Visto que nunca adota forma fixa, o dragão pode continuar fascinante em sua estranheza, escapar de todo domínio, acenar para um além contínuo. Ora, o mesmo acontece com o poema que, em seu curso, reage constantemente a suas próprias palavras, nunca se conserva uniforme ou se ostenta: porque seu desenvolvimento não se deixa constituir em tema e, assim que começa a fixar-se e prender-se, a consciência leitora é imediatamente desviada e conduzida além – a linguagem do poema escapa ao peso do sentido, à inércia de nossa atenção, e conserva sempre intacta, por ser imprevisível, sua força de ataque. Por isso, ele se torna mais elástico e disponível para captar e adotar, por suas sinuosidades sem fim, o ritmo sempre novo de nossa emoção. Assim, o discurso poético revela-se um processo de conversão contínua, seu dispositivo o leva a uma transcendência contínua. Poderíamos até mesmo definir o poema, nesse sentido, simplesmente como um dispositivo de *produção de transcendência*: pelos zigue-zagues de sua ondulação, esboçados como relâmpagos, o poema abre-se para o inefável, o vago, o infinito.

À beira da água   O efeito de inapreensibilidade é importante também na narração romanesca. Ainda no mesmo romance, nossas tropas de fora da lei dirigem-se aos pântanos do monte Liang. Durante o caminho, novos bandos juntam-se a eles, com armas e bagagens, e aprontam-se para prosseguir todos juntos a marcha. Subidamente, no momento de partir, o chefe exclama: "Alto! Não podemos partir assim!". Segue-

-se então este comentário:[21] "O *che* do texto que relata esse trajeto é como um dragão que se precipita no mar: quando se chega lá, o autor recorre a uma mudança repentina – no meio do caminho –, de modo que o leitor não sabe mais onde se encontra a carapaça...". Em outro trecho, como anteriormente no caso do poema, "o *che* do pincel não se deixa agarrar e assim nos mantém na incerteza".[22] O que significa que a narrativa escapa para recomeçar com mais afinco, e seu poder de ondulação, saído do novo desenvolvimento das peripécias, é ilimitável. Conduzida por esse vaivém contínuo, a narração romanesca não cansa de se metamorfosear; por efeito desse dispositivo, ressurge de improviso e frusta a expectativa. Por isso pode conduzir o leitor, com cada vez mais força, suspenso em seu fio, enfeitiçado por ela: de olhos cravados nessa indeterminação que corre de página em página, por voltas e reviravoltas, para abrir caminho à aventura.

IV. Esse infinito poético, esse maravilhoso romanesco, invadem a obra como uma atmosfera: também é frequente na iconografia chinesa representar o corpo do dragão através das nuvens – envolvido em brumas. Apoiando-se nelas, já diziam os legistas quando pensavam na posição do príncipe, é que o dragão pode subir tão alto no céu e distinguir-se do verme miserável que rasteja no chão; em sentido inverso, quando o dragão se põe em movimento,

---

21 *Shuihuzhuan*, comentário de Jin Shengtan, op. cit., p.645 (cf., para essa passagem, trad. Dars, p.770).

22 Ibid., p.504 (trad. Dars, p.588), ou ainda p.543 (trad. Dars, p.630).

"nuvens luminosas erguem-se e aglomeram-se". Aparecendo fugidiamente aqui e ali, através das nuvens, o corpo do dragão envolve-se com a magia do mistério; ao mesmo tempo, anima todo o espaço cósmico, sob um mesmo impulso dinâmico, com uma única tensão de vida.

A relação forte que une a extensão da folha à ondulação vigorosa que a percorre, nós a sentimos à flor da pele, e como que fisicamente, em sua intensidade máxima, na experiência da cursiva. Misturar nuvens e dragões é um lugar **Jiaoran** comum dos poemas que celebram esse tipo de caligrafia:

> Em torno do monte Langfeng as nuvens evoluem
> [inumeráveis,
> Os dragões apavorados galopam – voam para cair![23]

Porque procede de uma inspiração contínua, o traço vivifica e reativa, de ponta a ponta, o meio em que se desenrola; do mesmo modo que esse meio coopera para o seu desenrolar: o espaço, na estética chinesa, nunca é limitado *a priori*, nunca é porção ou canto, mas espaço cósmico inteiro, efetivando-se das profundezas do vazio, portanto aberto para o infinito. Essa interação é fundamental e deve ser lida de perto: ao motivo das nuvens em torno do corpo do dragão, atraídas dos quatro contos do céu, cabe evocar essa intensificação do espaço atravessado pela corrente da escritura; ao mesmo tempo que essas nuvens vaporosas, misturadas à tensão das linhas planas, arejam a composição e permitem que exale sua vitalidade.

---

23 Jiaoran, a propósito da caligrafia de Zhang Xu; cf. Hsiung Ping-Ming, op. cit., p.181.

A propensão das coisas

Podemos explicar de forma análoga o engendramento do *espaço poético*, que não é outro senão a abertura da linguagem ao campo de suas virtualidades. De acordo com uma proposição teórica já mencionada, quem "sabe alcançar o *che*" **Wang Fuzhi** tem condições, "pela sucessão de idas e vindas, contração e **séc. XVII** extensão", de exprimir toda a aspiração de seu foro interior e sem uma palavra de mais: "o poema é como um dragão vigoroso que não se cansa de ondular, com volutas de nuvens ao seu redor. Tem-se a impressão de um dragão vivo, não pintado".[24] Sob a oscilação ininterrupta do desenvolvimento poético condensa-se uma aura que o torna tanto mais eficaz quanto ela lhe permite irradiar: os versos do poema ressoam toda a vida que se acumula ao redor deles; a tensão das palavras aumenta, liberando um patrimônio imaginário – como que se deixando carregar por ele. Cabe ao dispositivo textual suscitar – por essa contínua transcendência, apontando continuamente para o indizível – o "mundo" poético.[25]

V. Assim como esclarece a referência ao dragão, a concepção que a China criou do dispositivo estético está muito longe de um funcionamento rígido, mecânico e estereotipado. Como no campo estratégico, é dominada pela noção

---

24 Wang Fuzhi, op. cit., p.48. Esse ápice da arte poética somente foi alcançado, segundo Wang Fuzhi, por Xie Lingyun; como exemplo, cf. seu comentário sobre o poema "You nan ting", no *Gushi pingxuan*.

25 Forma de traduzir mais precisamente, da parte de Wang Fuzhi, as noções de *qixiang* ("aura do sentido") ou *jing* ("mundo poético"), que desde os Tang servem para caracterizar a experiência poética da China.

de eficácia e variabilidade (eficácia por variação); como no campo político, sublinha a espontaneidade do efeito, bem como seu caráter inesgotável. É por isso que pode explicar ao mesmo tempo os condicionamentos objetivos que determinam materialmente o processo e a experiência de "transcendência" que está implicada nele e emana dele. Ela une em um mesmo funcionamento o ajuste técnico e a dimensão do êxtase: porque, como vimos, basta a potencialidade disposicional – por sua força de propensão – para desencadear essa abertura para o "além".

Portanto, o "infinito", o "espiritual" e o "divino" não se devem, aqui, ao acréscimo de uma metafísica idealista da consciência reagindo ao ponto de vista redutor da análise tipológica das formas, ou dos procedimentos, nem são invocados para servir de suporte retórico a um vago *tremolo* sobre a Arte ou a Poesia: eles são efetivamente engendrados pela tensão interna da obra de arte, do mesmo modo que são parte integrante do dinamismo cósmico. Quando se fala de Vazio ou de Invisível, não há compensação espiritualista ou efusão lírica: ambos são dimensão natural do fenômeno estético, do mesmo modo que atuam em todo o processo. A arte não "imita" a natureza (como objeto), mas, fundamentando-se na relação atualizadora do visível e do invisível, do vazio e do pleno, ela simplesmente reproduz sua lógica.

A oscilação por alternância, simbolizada pelo dragão, é o grande princípio regulador desse dinamismo. É, portanto, um motivo constante não apenas do pensamento estético dos chineses, como também de toda a sua reflexão: é ela que encontramos na forma como os chineses articulam o devir histórico e, mais em geral, na forma como concebem a propensão natural da realidade.

A propensão das coisas

Alcançar o *che* como "princípio da arte de pintar": para representar uma montanha, é conveniente proceder não por acumulação de rochas cobrindo progressivamente todo o espaço, mas captando primeiro o movimento de conjunto da composição (excerto do *Jardim do grão de mostarda*).

↓ indica a linha vertical em que aparece a palavra *che*
• assinala o caractere *che*

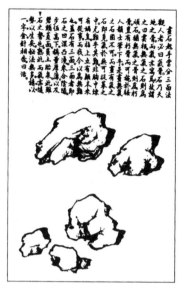

Mesmo na pintura dos rochedos, a energia vital nasce – e manifesta-se – obedecendo à tensão do traçado (*che*).

A arte de alcançar o *che* como configuração dinâmica, combinando rochedos (de um a cinco).

A propensão das coisas

"Alcançar o *che*":
na pintura dos salgueiros, basta separar os finos ramos ondulando ao vento para animar a composição (excerto do *Jardim do grão de mostarda*).

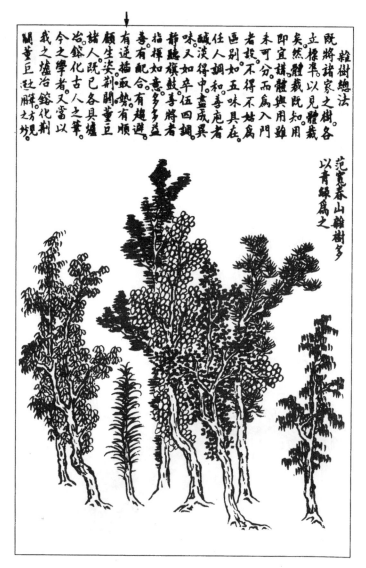

"Alcançar o *che*":
aqui, técnica com a qual o pintor Fan Kuan combinava diferentes espécies de árvores num bosquezinho: irregularidades e contrastes dão um caráter de tensão à configuração (excerto do *Jardim do grão de mostarda*).

A propensão das coisas

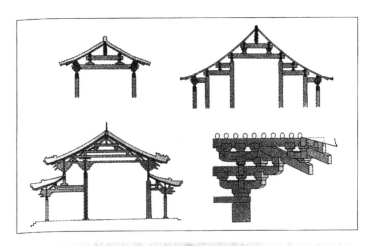

A curva do telhado exprime uma tensão na configuração *(che)* tradicional da arquitetura do Extremo Oriente: ela não é predeterminada, mas é objeto de cálculos específicos em função das diversas variáveis que caracterizam a construção.

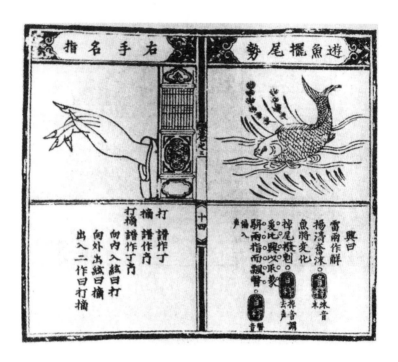

A propensão das coisas

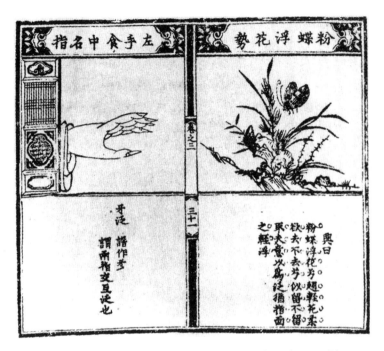

Pranchas do *Grande tratado do som supremo*, representando as diversas "disposições eficazes" (*che*) da mão sobre as cordas do alaúde:
página ao lado: o movimento indolente do rabo da carpa;
acima: a borboleta branca rente às flores.
Cada movimento-posição é representado pelo croqui do quadro superior esquerdo e comentado no quadro abaixo; no quadro da direita, um segundo croqui representa, com referência ao mundo animal, a perfeição instintiva do gesto que será executado e, no quadro abaixo, o curto poema traduz, de modo alegórico, o estado de espírito desejado.

As "linhas da vida" do relevo constituem uma rede de veias irrigada pela pulsação cósmica.

O dragão, símbolo de tensão no interior da configuração: "Os pinheiros de Li Yingqiu gostam de se elevar em movimentos sinuosos que lembram o corpo enrodilhado do dragão (ou o voo da fênix)" (excerto do *Jardim do grão de mostarda*).

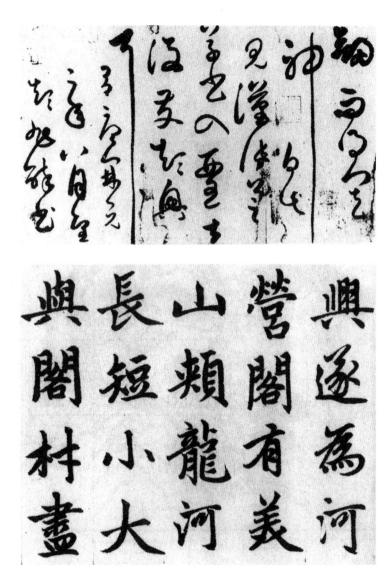

Riqueza de elã assegurando a continuidade do dinamismo característico da cursiva (no alto, o *Ziyantie* de Zhang Xu), em contraposição à arquitetura mais estável – e descontínua – da escrita regular (embaixo, caligrafia de Zhao Mengfu).

A propensão das coisas

O dispositivo estético

Paisagem clássica da estética chinesa (atribuída a Muqi). Ao longe, vislumbra-se a linha dos montes; mais perto, alguns telhados aparecem entre as árvores e, na água, flutua o barquinho de um pescador.
A tensão gerada pela correlação da linha de contorno com a aquarela, do visível com o invisível, do vazio com o cheio, dá capacidade de transcendência à paisagem, abrindo-a para a vida espiritual.

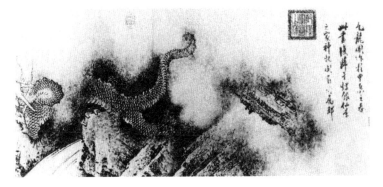

O dispositivo estético

Tensão e atmosfera: o corpo do dragão aparece fugidio através das nuvens; intensificação do espaço (caligráfico, poético...) e poder de animação (Chen Rong, detalhe de *Nove dragões aparecendo através das nuvens e das ondas*).

III

7
*Situação e tendência em história**

I. O que é uma situação histórica e como analisá-la? No fundo, o problema continua o mesmo — mas transposto para o domínio da sociedade: transcender, para refletir melhor sobre o real, a antinomia do estático e do móvel, de um estado e de um devir. Isto é: conseguir conciliar o ponto de vista imobilizador a que nos induz necessariamente a visão sincrônica e o ponto de vista dinâmico que explica a evolução em ação e o curso dos acontecimentos: as circuns-

---

* Neste capítulo, os textos citados do *Xunzi*, do *Shangjunshu*, do *Guanzi* e do *Han Feizi* remetem ao *Zhuzi jicheng*, v.2 e 5.
O *Fengjianlun* de Liu Zongyuan é citado segundo a edição *Liu He Dongji*, Shanghai, Renmin Chubanshe, 1974, 2v.; o *Rizhilu* de Gu Yanvu, segundo a edição de Taipei, Shangwu Yinshuguan (4v.), v.3.
De Wang Fuzhi, os textos utilizados são essencialmente o *Dutongjianlun* (Beijing, Zhonghua Shuju, 1975, 3v.) e o *Songlun* (Taipei, Jiusi Congshu).
Enfim, as referências à história literária chinesa remetem sobretudo à antologia de Guo Shaoyu, *Zhongguo lidai wenlunxuan*, reed., Hong Kong, Zhonghua Shuju, 1979, v.2.

François Jullien

tâncias, ao mesmo tempo que formam um todo singular, transformam-se globalmente. É preciso pensar o sistema em seu devir, e o processo da História também se apresenta, a todo instante, como um certo dispositivo: *che* significará ao mesmo tempo, nesse contexto, uma situação particular e a tendência que se manifesta através dela, orientando-a.[1]

Toda situação constitui por si mesma uma direção. Desde a Antiguidade, pensadores chineses, e em especial os teóricos do autoritarismo, deram relevo, em termos de *che*, aos dois aspectos complementares dessa implicação tendencial: de um lado, a capacidade de determinação objetiva, coerciva em relação à iniciativa dos indivíduos, que é a da situação histórica, enquanto conjunto operante de fatores; de outro, o caráter sempre original e inédito dessa situação – como momento particular de uma evolução, de onde se segue que

---

1 Étienne Balazs propôs traduzir esse emprego de *shi* num contexto histórico por *power of prevailing conditions, tendency, trend* ou então *necessity*. Cf. *Political Theory and Administrative Reality in Traditional China*, Londres, 1965 (trad. fr. in *La Bureaucratie céleste: recherches sur l'économie et la société de la Chine traditionnelle*, Paris, Gallimard, 1968, p.257). No estudo intitulado *Nation und Elite im Denken von Wang Fu-chih* (Mitteilungen der Gesellschaft für Natur und Völkerkunde Ostasiens, v.49, Hamburg, 1968, p.87), Ernest Joachim Vierheller traduz *shi* por "die besonderen Umstände, die Augenblickstendenz, die su diesen Zeiten herrscht"; e Jean-François Billeter ("Deux études sur Wang Fuzhi", *T'oung Pao*, E. J. Brill, 1970, v.56, p.155): "Poderíamos propor de maneira mais simples, e provisoriamente, *situação ou curso das coisas*. O curso das coisas é, evidentemente, inseparável da estrutura delas". Curso *e* situação a um só tempo, e é a essa ambivalência (para nós) que o termo deve sua riqueza filosófica.

ela é irredutível aos antigos modelos – conduz o curso das coisas a renovar-se incessantemente e pode servir de argumento a favor da modernidade.

Com efeito, de um lado, o que aparece como *circunstância* no curso da História age como uma *força* e possui eficácia. Em sentido inverso, as forças, em história, são sempre dependentes de certa disposição e não podem abstrair-se dela. Um exemplo, dos mais simples, da distinção que se deve operar: tomemos o homem mais forte da região, ele será incapaz de levantar a si mesmo – não que lhe falte força, mas a "situação" (*che*) não permite que ele a exerça.[2] O que significa, de maneira geral, que a primazia pertence às condições objetivas e estas são determinantes dentro do processo.[3] O homem político, portanto, deverá apoiar-se nelas,[4] à semelhança do estrategista que sabe explorar as vantagens do "terreno"; caso contrário, compete a ele mudar radicalmente as condições em questão – e essa é a reforma que defendem os autoritaristas legistas – para torná-las favoráveis a sua ação. Assim como, na guerra, bravura e covardia dependem do potencial nascido da situação, assim também, na sociedade, a moralidade pública é completamente tribu-

Xunzi
séc. IV-III a.C

Shang Yang
séc. IV a.C

---

2 *Fei wu li, shi bu ke* 非无力，势不可。Xunzi, cap. "Zidao", p.348.

3 Ver, por exemplo, para o uso de *shi* no sentido de fator determinante, ao mesmo tempo "força" e "condições", o *Shangjunshu*, cap. 11 "Li ben", p.21 (*xing san zhe you er shi*: "para estabelecer esses três pontos, duas condições são fatores determinantes"); ver também, mais adiante, *er shi yu bei shi*: "[...] manifesta-se no fato de tornar inteiro o potencial da situação".

4 *Jiu chu li shi bi wang* 久处利势必王。*Shangjunshu*, cap.20, "Ruo min", p.35.

tária das condições históricas: se, graças à ordem totalitária, a situação é tal que ninguém pode comportar-se mal, até mesmo os piores bandidos se tornarão dignos de fé; mas se a situação é inversa, todos, até os modelos de virtude, terão uma moralidade duvidosa.[5] Ou a situação histórica é tal que por si só conduz à ordem, ou, ao contrário, acarreta por si mesma a desordem.[6] Do mesmo modo, na relação de força que opõe cada principado a todos os outros, apenas certa situação permite a soberania total (se os principados poderosos são poucos), enquanto a situação inversa permite somente a hegemonia.[7] Não é o valor moral da pessoa que conta nesse caso, mas a época.

Guanzi séc. III a.C

Por outro lado, no que diz respeito à evolução social, vários esquemas se opõem entre as escolas chinesas da Antiguidade – disso nascerá uma consciência maior do *devir* humano. De acordo com a perspectiva dos moralistas, a civilização é obra dos Sábios, que, preocupados com o bem comum, levaram a humanidade a criar um território, prover a suas necessidades materiais e, por último, desenvolver suas inclinações morais.[8] O que contradiz categoricamente

---

5 *Shi bu neng wei jian, shi de wei jian* 势不能为奸, 势得为奸。 *Shangjunshu*, cap.18, "Hua ce", p.32. Ideia análoga no *Guanzi*, cf. Roger T. Ames, op. cit., p.77 e p.224, nota 39.

6 *Shi zhi zhi dao ye, shi luan zhi dao ye* 势治之道也, 势乱之道也。 *Shangjunshu*, cap.26, "Ding fen", p.43. A meu ver, a força desse termo é, em geral, insuficientemente expressada na tradução de Jean Lévi, *Le Livre du prinpe Shang*, Paris, Flammarion, 1981, p.112, 146, 160, 177 e 185.

7 *Guanzi*, cap.23, p.144.

8 *Mencius*, cap.3, "Tengwengong", parte 1, § 4 (trad. Legge, p.250).

A propensão das coisas

o ponto de vista naturalista (o dos taoistas), uma vez que, segundo eles, a intervenção desastrada desses "Sábios" é que levou à deterioração progressiva das relações sociais; foi por causa dela que a harmonia espontânea se perdeu, guerras estouraram e a era dourada acabou: o bandido Zhi acusa Confúcio de ser o último representante da linhagem dos grandes culpados.[9] Mas uma coisa é certa, concluem os "realistas", partidários de uma política autoritária que acabe com as rivalidades que afligem a China: a humanidade passou por uma sucessão de etapas, e as difíceis invenções de uma época fatalmente parecerão irrisórias às gerações seguintes.[10] Além disso, há intervenção de novos fatores, como a pressão demográfica, que alteram os antigos equilíbrios e mudam radicalmente os modos de viver. Não há modelo atemporal, portanto: o que entra em conta — e gera urgência — são apenas as condições atuais. Muito mal inspirado seria aquele que, por ter tido a sorte de ver um coelho quebrar o pescoço num tronco dentro de sua propriedade, abandonasse para sempre a enxada para ficar de tocaia, com a esperança de lhe acontecer uma segunda vez essa sorte. Pois, do mesmo modo que João Sem Terra, o coelho da história, nunca passa duas vezes pelo mesmo lugar, cada momento corresponde a uma situação diferente, e convém não ficar para trás em relação a sua época, confiando em velhas receitas, ou, ao contrário, deixar-se envolver-se pelas

Han Fei séc. III a.C

---

9 Zhuangzi, cap. "Daozhipian" (trad. Liou Kia-hway, "Connaissance de l'Orient", 1973, p.239).

10 Han Feizi, cap.49, "Wu du", p.339.

circunstâncias, abraçando cegamente o presente.[11] Devemos avaliar o presente levando em conta a progressão do tempo, e sua novidade, bem como, graças à perspectiva abstrata que nasce do distanciamento, seu caráter lógico: precisamente para apreciar melhor sua oportunidade histórica.[12]

Como ocasião histórica exemplar, recordemos como se encerrou a Antiguidade chinesa: durante dois séculos, o principado de Qin, juntando-se tardiamente às grandes potências, conseguiu, graças à política autoritária que impôs a seus súditos, derrotar pouca a pouco seus rivais, destruir um a um os outros principados e, finalmente, fundar o Império (em 221 a.C.). Menos de duas décadas, porém, foram suficientes para que a revolta vencesse e a dinastia afundasse. É que, por não se conduzir com moralidade, "a situação-tendência [*che*] que permite conquistar difere daquela que permite conservar".[13] Há duas lições aqui: a ascensão regular de Qin expressa a inelutabilidade da tendência; e

Jia Yi séc. II a.C.

---

11 *Xiu jin ze sai yu shi* 修今則塞于势。 *Shangjunshu*, cap.7, "Kai sai", p.16. Atualmente, essa concepção do *shi* faz parte da teoria dos modernistas; ver, a título de exemplo, o início da célebre carta de Wang Anshi a Renzong, *Wang Wen gong wenji*, Shanghai Renmin Chubanshe, I, p.2.

12 *San dai yi shi er jie ke yi wang* 三代异势而皆可以王。

13 *Gong shou zhi shi yi ye* 攻守之势异也。 Jia Yi, "Guoqinlun". Esse texto é tão importante que é citado várias vezes no *Shiji* de Sima Qian: na "Biografia do primeiro imperador" e no cap. 48, "Casa de Chen She" (*Shiji*, Beijing, Zhonghua Shuju, v.1, p.282; v.6, p.1965). A diferença entre as traduções é sintomática da ambivalência do termo *shi*: Chavannes (*Mémoires historiques*, v.2, p.231) traduz o termo por *condições* ("visto que as condições para conquistar e as condições para conservar são diferentes"), e Burton Watson (*Records of the Grand Historian*

A propensão das coisas

sua queda repentina, no momento em que chega ao topo do poder, traduz a lógica – igualmente inevitável – da queda.

II. O primeiro imperador não só unificou politicamente a China, como também a transformou profundamente, fazendo-a passar do sistema de feudos que prevalecera até então ao sistema de circunscrições administrativas – comendadorias e prefeituras – que será predominante no período seguinte: mudança fundamental que confere à civilização chinesa grande parte de sua originalidade, uma vez que substitui o antigo privilégio de sangue, tão difundido, por uma estrutura burocrática moderna, formada por funcionários nomeados, avaliados e exoneráveis. Mais de um milênio depois, houve tentativas de explicar o acontecimento, considerando-o em relação à evolução geral da qual decorrera; e foi o termo *che* que serviu de noção para o caráter inevitável da transformação.[14]

---

of China, v.1, p.33), por *power* ("the power to attack and the power to retain").

14 Liu Zongyuan, "Fengjianlun" ("Do feudalismo"), p.43. Historiadores contemporâneos da filosofia chinesa, na China, ressaltaram o caráter "progressista" da concepção de *shi* em Liu Zongyuan, e elevaram esta última a teoria (cf. Hou Wailu, "A filosofia e a sociologia materialistas de Liu Zongyuan", in *Liu Zongyuan yanjiu lunji*, reed., Hong Kong, 1973, p.16). Essa sistematização da teoria histórica do *shi* foi levada ao mais alto grau no fim da Revolução Cultural, e o "Fengjianlun" era oferecido ao "estudo das massas" (Liu Zongyuan, novo legista, opondo-se ao reacionário Han Yu numa "luta entre as duas linhas"; cf. a biografia de Liu Zongyuan realizada pelo Departamento de História da Universidade de Shanxi, Renmin Chubanshe, 1976, p.53 et seq.). Para uma análise

François Jullien

Liu Zongyuan séc. VIII-IX

Para compreender este último, é forçoso retornar ao ponto de partida da evolução: o antigo sistema de feudos não surgiu de uma "intenção criadora" ou de uma "ideia" dos Sábios soberanos, mas foi produto de uma "tendência decorrente da situação" (*che*)[15] que, como *propensão*, atravessou sem interrupções toda a história primitiva. Voltar à origem desse processo histórico, como nos mostram, é nos fazer coincidir com os primórdios da humanidade (e nos permitir supor, por indução, que houve um início histórico da humanidade). Porque foi o "advento progressivo dessa tendência"[16] que levou o homem do estado de natureza a uma organização social mais e mais desenvolvida: indefesos em comparação com os animais, os homens necessitam de recursos materiais, e estes, inevitavelmente, suscitam rivalidades; para resolver as disputas, eles precisam da intervenção de uma autoridade — que serve de árbitro e assume o poder de castigar; os homens se agrupam e as primeiras coletividades se formam; mas as rivalidades crescem proporcionalmente, produzem guerras e, para acabar com as dissensões, exigem cada vez a intervenção de uma autoridade de grau superior: dos primeiros chefes de comunidades aldeãs passa-se aos chefes de cantão, depois aos

---

da implicação histórica desse debate na época de Liu Zongyuan, cf. em especial David McMullen, *State and Scholars in T'ang China*, Cambridge, Cambridge University Press, 1987, p.196-7; e "Views of the State in Du You and Liu Zongyuan", in Stuart R. Schram (org.), *Foundations and Limits of State Power in China*, Londres/Hong Kong, SOAS/CUHK, 1987, em particular p.64 e 79-80.

15 *Fengjian fei shengren yi ye, shi ye* 封建非圣人意也, 势也。

16 *Shi zhi lai* 势之来。

A propensão das coisas

chefes de principado, aos chefes de confederação e, finalmente, ao Filho do Céu. A estrutura hierárquica correspondia
simplesmente a um aumento de escala; e, uma vez que se
desenvolve completamente no espaço, essa estrutura tende
a parar no tempo e os títulos são transmitidos hereditaria-
mente de pai para filho: por uma sucessão de encadeamentos
necessários, nasceu o sistema feudal.

O deslocamento progressivo desse sistema, de século em
século, no fim da Antiguidade, está ligado também a um
encadeamento contínuo: a autoridade central perde força, **Liu Zongyuan**
os antigos feudos ganham independência, novos principa-
dos se formam e o poder real é usurpado. Nasce uma nova
ordem – o Império. Os nostálgicos dirão que o sistema
feudal instaurado pelos antigos soberanos era preferível ao
sistema administrativo que o substituiu, porque os grandes
soberanos do passado, tão respeitados por sua sabedoria,
não o abandonaram. Mas isso é pura ilusão, como nos foi
demonstrado: se os antigos soberanos não renunciaram ao
sistema feudal, é porque "eles não podiam"; eles conseguiram o poder graças ao apoio dos outros senhores feudais e,
uma vez que o tinham, eram obrigados a recompensar seus
aliados, concedendo-lhes feudos – não por generosidade
ou grandeza de alma, mas para garantir sua segurança e a
de sua linhagem. Contrariando o idealismo moral segundo o qual, sem a obra dos Sábios, a humanidade não teria
sobrevivido,[17] vemos nitidamente que a História é um pro-

---

17 Han Yu, "Yuandao" ("Da origem do Caminho"). É óbvio que
não se pode reduzir o célebre ensaio fundador da renovação
confuciana a essa fórmula, como fizeram os comentadores

cesso que se desenvolve por si só, por simples necessidade interna. O que serve também de argumento ao pensador do último século dos Tang diante das falsas justificações dos governadores de província que se sentiram tentados – como sempre que o poder central se enfraquecia na China – a comportar-se como novos senhores feudais: a superioridade do sistema administrativo está definitivamente demonstrada, o processo é irrevogável.

Quase um milênio depois, essa análise da principal transformação da história chinesa tirou partido do importante desenvolvimento filosófico do "neoconfucionismo":[18] se a *tendência decorrente da situação (che)* é inevitável, é porque "aquilo a que tende" é eminentemente "lógico".[19] Houve uma *lógica* do sistema feudal nos primeiros tempos da civilização, quando era vantajoso ao exercício do poder ser hereditário, visto que a reflexão política ainda era pouco desenvolvida e o que importava era a experiência adquirida e transmitida em família. Do mesmo modo, há uma lógica

> **Wang Fuzhi**
> **séc. XVII**

---

da Revolução Cultural. Entretanto, esse texto se aproxima das concepções históricas do *Mencius*, em detrimento de uma interpretação da História baseada na ideia de necessidade interna. Sobre as relações entre Liu Zongyuan e Han Yu, cf. Charles Hartman, *Han Yu and the T'ang Search for Unity*, Princeton, Princeton University Press, 1986.

18 Wang Fuzhi, primeira página do *Dutongjianlun*. Esse texto foi amplamente utilizado pelos comentadores modernos de Wang Fuzhi; cf. em especial Ji Wenfu, *Wang Chuanshan xueshu lunji*, p.122 et seq.; ele foi traduzido por Ian McMorran em sua tese não publicada *Wang Fu-chih and his Political Thought*, Oxford, University of Oxford, 1968, p.168-71.

19 *Shi zhi suo qu, qi fei li er neng ran zai* 势之所趋, 岂非理而能然哉。

do sistema burocrático que sucedeu ao sistema feudal, visto que, com a promoção e a demissão dos funcionários públicos, o povo encontrou certo alívio para as exações que os governantes o fazia sofrer: com o passar dos anos, a arte política veio progressivamente à luz e, assim, tornou-se acessível a todos, na medida de suas capacidades. Resta refletir, a partir dessa tendência geral, por qual processo particular operou-se essa transição, já que o desenrolar da crise que essa mutação não poderia deixar de provocar é em si, de etapa em etapa, perfeitamente inteligível. No princípio, apenas o título de príncipe era hereditário, mas os oficiais superiores também quiseram transmitir o cargo aos seus filhos: trata-se do tal "transbordamento" a que "leva inevitavelmente a tendência".[20] Contudo, a partir do momento que todos os cargos se tornaram hereditários, ocorreu um divórcio gritante entre as capacidades naturais e as funções exercidas — já que existem tanto "estúpidos" nas famílias nobres como "mentes brilhantes" entre os camponeses. Estes não suportam a submissão em que se encontram e procuram uma chance de subir: "a tendência decorrente da situação conduz inevitavelmente à exacerbação e à explosão das tensões".[21] Disso decorre, por fim, a mutação histórica que anula o princípio de hereditariedade: à exacerbação e à explosão das tensões sucede um estado de coisas mais coerente. Sob pressão da tendência, a própria "lógica" se alterou.[22]

---

20 *Shi suo bi lan* 势所必滥。

21 *Shi suo bi ji* 势所必激。

22 *Shi xiang ji er li sui yi yi* 势相激而理随以易。

Uma transformação tão grande não tem relação apenas com iniciativa do primeiro imperador, conforme nos esclarecem, nem apenas com sua capacidade, embora, graças à **Wang Fuzhi** instauração da máquina burocrática, ele acreditasse atender a suas ambições privadas. Foi o curso natural das coisas — até em sua dimensão de insondável, o "Céu" — que aproveitou o interesse particular do imperador para realizar aquilo que correspondia ao interesse geral. Aliás, do ponto de vista do benefício individual, a longevidade dinástica mais perdeu do que ganhou privando-se do apoio que a pirâide de vassalos lhe garantia (basta observar que as dinastias imperiais nunca duraram tanto quanto as antigas dinastias feudais). Isso prova que a mutação era desejada pela ordem das coisas e "nem mesmo um Sábio poderia opor-se a ela".

Essa transformação do feudalismo em burocracia, decidida de forma autoritária pelo primeiro imperador, parece **Wang Fuzhi** provocar uma revolução repentina. E, no entanto, sob as guinadas e reviravoltas da História, o filósofo chinês discerne uma evolução, mais lenta e regular, que confirma o caráter ao mesmo tempo tendencial e lógico da transformação. Por um lado, a mutação se desenhou muito antes que o primeiro imperador tomasse a decisão de iniciá-la: nos últimos séculos da Antiguidade, muitos territórios que haviam perdido seu suserano passaram a uma tutela **Gu Yanwu** de tipo administrativo.[23] O novo sistema preexistia à deci**séc. XVII** são imperial: esta somente o generalizou. Por outro lado, mal a primeira dinastia se extinguiu, os restauradores do

---

23 Esse é o ponto de vista não só de Wang Fuzhi, mas também, na mesma época, de um erudito como Gu Yanwu; cf. "Junxian" ("Das circunscrições administrativas"), *Rizhilu*, cap.7, p.94.

A propensão das coisas

Império voltaram, menos de vinte anos depois, ao sistema de feudos: isso ocorreu porque, além das más recordações deixadas pelo primeiro imperador, promotor da reforma, o antigo sistema feudal ainda estava muito presente nos hábitos e mentalidades, portanto a tendência que orientava o curso da História não tinha capacidade para suportar uma mudança tão repentina.[24] Mas isso não podia ser um retrocesso: os que receavam que os novos mestres do Império, concedendo grandes feudos, prejudicassem seu poder (e fizessem a China retornar à época da rivalidade entre os principados) "gemeram em vão", pois não compreenderam o caráter lógico e inexorável da evolução principiada. Não há dúvida de que, uma vez consolidado o poder dos Han, as revoltas dos príncipes feudais ao longo do primeiro século da dinastia estavam condenadas ao fracasso e representavam "a última chama de uma lâmpada prestes a se apagar". Diante do acúmulo de pressão feita pela tendência centralizadora, os grandes feudos não podiam fazer mais do que permitir seu desmembramento, e os opositores caíram sozinhos:[25] a concessão desses feudos foram as "últimas ondas" de um mundo prestes a acabar, e sua quase abolição foi um "prelúdio" dos períodos que estavam por vir. Toda restauração na História é impossível, conclui o filósofo: a tendência é necessariamente *gradual* e, ao mesmo tempo, *irreversível*.

Essa mutação é irreversível porque se insere numa evolução muito mais geral: a tendência à unificação. No princípio,

Wang Fuzhi

Wang Fuzhi

---

24 *Shi you suo bu de ju ge* 势有所不得遽革。 Wang Fuzhi, *Dutongjianlun*, cap. 2 (Wendi), p.40.

25 *Fengjian zhi bi ge er bu ke fu ye, shi yi ji er si zhi yi zhao* 封建之必革而不可复也, 势已积而俟之一朝。 Wang Fuzhi, *Dutongjianlun*, cap. 3 (Wudi), p.66.

François Jullien

Gu Yanwu
séc. XVII

segundo nos dizem, o espaço chinês era um mosaico de pequenos domínios, análogos a chefaturas, cada qual com hábitos e jurisdição própria, e apenas pouco a pouco, em especial após o reconhecimento de uma suserania comum e a formação de feudos maiores, é que esse mundo se tornou mais homogêneo e surgiu uma cultura comum:[26] a instauração do sistema feudal já era em si uma etapa importante nesse processo de unificação, e a adoção do sistema burocrático, ao mesmo tempo que acabava com o sistema de feudos, correspondia à mesma tendência lógica de uniformização que, em épocas anteriores, caracterizara o feudalismo. A medida adotada pelo primeiro imperador, portanto, foi a

Wang Fuzhi

consumação de uma evolução milenar.[27] Ela se justifica, além do mais, pelo caráter *global* da mutação em questão: a passagem dos feudos para as prefeituras não apenas tem um interesse administrativo e político, como também diz respeito à vida do povo como um todo e, acima de tudo, em sua condição material. Porque está provado que os gastos públicos, tornando-se comuns graças à uniformização imperial, podem cair consideravelmente – os impostos diminuem e a racionalidade econômica aumenta.[28] A tendência histórica, enquanto propensão da situação, correspondeu a um progresso, portanto, e a razão mais forte que se opõe ao retorno do feudalismo é simplesmente que "a força do povo não seria capaz de suportá-lo".[29] Nesse sentido, mesmo os domínios que parecem menos diretamente ligados a essa mutação –

---

26 Wang Fuzhi, *Dutongjianlun*, cap. 20 (Taizong), p.684; cf. também Gu Yanwu, op. cit., cap. 7, p.96.

27 *Jian you he yi zhi shi* 渐有合一之势。

28 Ibid., cap. 2 (Wendi), p.46-7.

29 *Min li zhi suo bu kan er shi zai bi ge* 民力之 所不堪而势在必革。

A propensão das coisas

como o sistema de escolas e o modo de seleção – são parte interessada dessa transformação.[30] Todas as instituições de uma mesma época são solidárias umas com as outras e "apoiam-se mutuamente": querer, na época das circunscrições administrativas, inspirar-se no sistema de recomendação que predominava nos tempos do feudalismo mostra apenas que não se compreendeu a unidade de conjunto de cada época – e, portanto, a ruptura de uma em relação à outra e a radicalidade da mudança.

Existe um *antes* e um *depois*, e estes são incompatíveis. Na Antiguidade, como ainda nos dão como exemplo, militar e civil confundiam-se; a partir da fundação do Império, foi necessário separá-los: "o estado de coisas evolui em função da tendência, e as instituições devem mudar em conformidade com ela".[31] Devemos considerar a tendência em ação pela diferença das épocas – no tempo, em longos prazos.[32] Nada acontece de um dia para o outro, mas tudo muda dia a dia. A História é feita desses "deslocamentos profundos", dessas "transformações silenciosas".[33]*

Wang Fuzhi

---

30 Wang Fuzhi, *Dutongjianlun*, cap. 3 (Wudi), p.56-8.

31 *Shi sui shi qian erfa bi bian* 事随势迁而法必变。Wang Fuzhi, *Dutongjianlun*, cap. 5 (Chengdi), p.122. Mas o homem não tem de evoluir da mesma maneira; cf. cap. 6 (Guangwu), p.150.

32 *Yi gu jin zhi tong shi er yan zhi* 以古今之通势而言之。

33 Wang Fuzhi, *Dutongjianlun*, cap. 12 (Huaidi), p.382.

* Essa atenção que o pensamento chinês dá à transformação lenta e progressiva dilui o acontecimento na continuidade histórica: por mais repentino e espetacular que pareça, o acontecimento é sempre a conclusão lógica de uma tendência que no mais das vezes é, a princípio, muito discreta (sobre essa questão, cf. o comentário *wenyan* da primeira linha do hexagrama *Kun*, no *Livro das mutações*).

François Jullien

III. A passagem do feudalismo para a burocracia é um progresso relativo e, por isso mesmo, contradiz o mito de uma era dourada.[34] Tornou-se comum entre os reformistas chineses dizer, diante dos que louvavam o passado, que, se a humanidade só tivesse degenerado, "hoje não passaríamos de diabos"! E se, por falta de pistas ou indícios, é difícil especular sobre as origens, tanto quanto sobre os fins últimos, **Wang Fuzhi** podemos ao menos nos dar conta, diz o filósofo, considerando apenas os tempos históricos (da China), de quanto o homem evoluiu até o estágio da barbárie e da cultura, em seguida: os chineses dos primeiros tempos viviam como os animais selvagens e, se os primeiros soberanos foram tão venerados pela tradição, é justamente porque fizeram o homem evoluir a partir dessa animalidade primitiva. "Está claro que é mais fácil governar o povo hoje do que no tempo dos antigos reis." Isso quer dizer que o progresso domina o mundo e lhe serve de lei? Certos momentos catastróficos da história chinesa, como o século III-IV (após a queda dos Han), quando o mundo político parece vacilar e estar à beira da selvageria, lembram ao mesmo pensador que também o retrocesso é possível:[35] o homem pré-histórico – "o animal que fica de pé" –, o que "grunhe quando sente fome e joga fora o resto de comida quando se sente saciado", não

---

34 Wang Fuzhi, *Dutongjianlun*, cap. 20 (Taizong), p.692-4.

35 *Siwenlu* (*waipian*), Beijing, Zhonghua Shuju, p.72. Esse aspecto foi frequentemente omitido pelos comentadores chineses de Wang Fuzhi, que a todo custo querem fazer dele um pensador progressista; cf., por exemplo, Li Jiping, *Wang Fuzhi yu Dutongjianlun*, Jinan, Shandong Jiaoyu Chubanshe, 1982, p.153 et seq.

A propensão das coisas

está apenas atrás de nós: talvez ele esteja também diante de nós. A força do evolucionismo, que desafia todos os dogmas da natureza humana, deve ser considerada em ambos os sentidos: quando o ser cultural do homem é abalado, seu modo de viver muda, suas práticas evoluem, e "sua natureza orgânica se modifica"; ele está pronto a voltar à animalidade bruta, e a civilização a afundar novamente no caos. E tudo, até o menor traço, será apagado.

Portanto, não é o progresso que rege o mundo, mas a alternância. No espaço e no tempo.[36] Porque, aos olhos do mesmo filósofo, nada garante que, na época em que os chineses viviam no estado de selvagens, não houvesse outro lugar "sob o sol" (finalmente os chineses não limitam mais o "mundo" à China!) que já não estivesse em processo civilizatório. Mas é difícil para os chineses ter a certeza material desse fato, porque nesse tempo eles eram incultos e essa civilização deve ter degenerado e desaparecido. O que é certo para o pensador, no entanto, é que essa alternância pode ser demonstrada a partir dos dois últimos milênios da história chinesa: na Antiguidade, o Norte é o berço da civilização chinesa, depois esse foco se desloca lentamente para o Sul, e o Norte cai de novo nas sombras, degrau por degrau. Sob os Song (séculos XI-XIII), os povos do Sul ainda eram desprezados, mas desde os Ming (a partir do século XIV) viu-se que a cultura estava concentrada nos arredores do Grande Rio e as planícies setentrionais tornaram-se a fonte de todos os males; e o extremo Sul – Guangzhou, Yunnan – foi progressivamente tocado pelas influências benéficas.

Wang Fuzhi

---

36 Ibid., p.72-3.

François Jullien

Com o tempo, os "influxos cósmicos" deslocam-se, mas o equilíbrio – civilização/barbárie – permanece constante.

Como tal, essa concepção de certa tendência à alternância (*che*)[37] – florescimento e declínio – é comum a todas as teorias chinesas da História[38] e serve de ponto de vista dominante, ou mesmo de fundo de evidência. Contudo, para o nosso filósofo, ainda é importante estabelecer distintamente o que significavam os termos *tendência* e *alternância*: contrariando primeiro a visão moralista herdada da Antiguidade,[39] compreender que as fases de florescimento são obra dos grandes soberanos, mas também são implicadas, como tendência, pela regularidade dos processos: a História perde heroísmo criador, mas ganha necessidade interna; contrariando em seguida todos os servidores da ideologia imperial, explicitar quanto a alternância implica, por seu próprio princípio, ruptura e diferença de uma época para outra, e, portanto, não pode ser reduzida a suporte de uma continuidade artificialmente acrescentada. Porque, nesse caso, ao contrário do precedente, a tendência negativa não tem mais consistência própria e parece ser assimilada por si só; e a regularidade é de tal maneira codificada que se torna artificial.

Wang Fuzhi

---

37 *Tian xia zhi shi, yi li yi he, yi zhi yi luan er yi* 天下之势，一离一合，一治一乱而已。

38 Ver, por exemplo, Huang Mingtong e Lü Xichen, *Wang Chuanshan lishiguan yu lishi yanjiu*, Changsha, Hunan Renmin Chubanshe, 1986, p.10 et seq.

39 Essa concepção já é explicitada no *Mencius*, cap. 3, "Tengwengong", parte 2, § 9 (trad. Legge, p.279): em Mêncio, Yao e Shun, o rei Wu e o duque de Zhou, Confúcio como autor do *Chunqiu* e, por fim, o próprio Mêncio intervêm, em determinada época, para pôr ordem nas coisas.

A propensão das coisas

Esse segundo erro, em especial, merece ser delatado, porque a ilusão que gera não é inocente. De fato, o advento do Império levou à construção de uma concepção geral da História, remontando às antigas dinastias reais, que é a mais completamente *integrada* que existe (a nova dinastia imperial aproveitou-se dessa integração para apresentar-se como uma consequência legítima). Para isso, os chineses fizeram um esforço de imaginação para calcar, de forma sistemática, a alternância histórica no ciclo da natureza, concebido tradicionalmente a partir da interação dos "cinco elementos". Quer o esquema seja concebido em sentido mais antagônico: a *madeira* é vencida pelo metal, o *metal* pelo fogo, o *fogo* pela água, a *água* pela terra, a *terra* pela madeira e assim por diante; quer o esquema signifique apenas a "geração mútua": a *madeira* (que também é a primavera, o Leste, o nascimento) gera o fogo, o *fogo* (que também é o verão, o Sul, o crescimento) gera a terra, a *terra* (que está no centro do processo: comanda todas as estações e representa o centro e a plena maturidade) gera o metal (que também é o outono, o Oeste, a colheita), e o *metal* gera a água (que é também o inverno, o Norte, a recolha).[40] Mesmo que esse tipo de esquema seja complicado por uma sucessão de "cores" ou "virtudes", ainda se trata de ciclos fechados e repetitivos em que a alternância intervém somente como fator de transmissão e serve ao eterno recomeço. Conse-

Zou Yan
séc. III a.C.

Don Zhongshu
séc. II a.C.

---

40 *Wu xing xiang sheng ou xiang sheng* 五行相胜。相生。 Essa concepção foi herdada de Zou Yan (no século III d.C.) e teorizada por Dong Zhongshu (175-105 a.C.) no *Chunqiu fanlu*; cf. Anne Cheng, *Étude sur le confucionisme Han*, Paris, Institut des Hautes Études Chinoises, 1985, v.26, p.25 et seq.

quentemente, projetar esses esquemas no curso da História (cada dinastia correspondendo a um elemento cíclico, a uma virtude, a uma cor...) leva a conceber este último de forma homogênea e regular: como se a História fosse apenas um encadeamento ininterrupto de "reinos",[41] imaginados como totalidades harmoniosas e unificadas, cada dinastia cedendo voluntariamente seu lugar à seguinte, e esta lhe sucedendo com toda retidão. Idealização tanto mais **Wang Fuzhi** censurável, segundo o filósofo, quanto foi utilizada deliberadamente, ao longo da história chinesa, para esconder as piores usurpações. A função de integração outorgada à historiografia oficial foi levada a tal grau de formalismo que acabou servindo para integrar absolutamente tudo: bastou o chefe de bando mais tenebroso atribuir pomposamente a si mesmo um elemento, uma cor, uma virtude (como os bárbaros que aspiravam ao Império no século III-IV), ou se enfarpelar com o nome da dinastia precedente (como Li Mian no século X), para de ofício querer iniciar uma nova era e servir de elo à legitimidade.[42]

Wang Fuzhi Essa visão uniformizadora da História, e falsamente lenitiva, repousa sobre uma montagem artificial que convém denunciar. No intervalo entre as grandes dinastias (dos Han ou dos Tang) há períodos de confusão e anarquia que são como buracos abertos nessa pretensa continuidade (nos séculos III, X). É preciso compreender que a ordem "não é a continuação" da desordem, mesmo que a substitua;[43]

---

41 *Zheng tong* 正统。

42 Wang Fuzhi, *Dutongjianlun*, cap. 16 (Wudi), p.539-40.

43 *Li er he zhi, he zhe bu ji li* 离而合之, 合者不继离。

que a unidade política "não é o prolongamento" da divisão, mesmo que lhe suceda. Uma tendência somente se exerce e se torna dominante, numa situação histórica, em detrimento da tendência inversa. Ordem ou desordem, unidade ou divisão são fatores rivais que, como nos foi demonstrado, dinamizam o curso da História ao se oporem. *Tendência é tensão* e, graças a ela, a História é inovadora. Foi ela que conduziu a história chinesa a suas grandes mutações: unificação política (no fim da Antiguidade), divisão (no século III, após os Han), reunificação (sob os Sui e os Tang, nos séculos VII-IX), ocupação estrangeira (a partir dos Song, no século XI e no XIII, e novamente sob os manchus, no século XVII). Sendo assim, é impossível, mesmo para o Sábio, prever qual será a próxima mutação.[44] A única coisa que sabemos é que, oscilando dessa maneira, sob a tensão da alternância, a História avança: nem segue uma linha de progresso contínuo nem anda em círculos.

Podemos avaliar melhor a realidade da alternância, no curso da História, seguindo nosso filósofo, quando consideramos o princípio próprio e independente pelo qual se recompõe, de época para época, a tendência negativa: a **Wang Fuzhi** que conduz à usurpação, à cisão, à invasão.[45] No início, o gatilho da tendência é em geral um episódio visto como secundário (como o curto interregno de Wang Mang, no começo da nossa era, marcando o ponto de partida da tendência à usurpação que prosseguiu com Cao Pi, no início do século III, e muitos outros). Ao mesmo tempo, mal uma

---

44 Wang Fuzhi, *Dutongjianlun*, "Xulun", I, p.1106.
45 Ibid., cap. 19 (Yangdi), p.656-7.

tendência se delineia que seu impulso se espalha por si só, levando-a a desenvolver-se cada vez mais, até se esgotar (como a tendência à cisão que começou no século III e se manifestou periodicamente até o século X; ou a tendência à invasão que sucede a esta primeira e é recorrente na China a partir dos Song). O ponto de partida pode ser ínfimo, mas é determinante, porque introduz uma nova inclinação na História que esta depois penderá constantemente a seguir. Ou mesmo a ir a fundo nela: a tendência histórica possui uma grande força de propensão, e esse precedente mínimo pode alterar o curso posterior por vários séculos. Porque, depois que se forma uma dobra, é quase impossível "trocar a corda ou alterar a relheira". Daí a extrema cautela que devem sempre demonstrar os que desempenham um papel no curso da História (do mesmo modo que cada um de nós, em nosso foro íntimo, com relação a nossos desvios morais):[46] tanto é fácil o primeiro desvio quanto é difícil com o tempo endireitar o descaminho.

Wang Fuzhi A prova são os fundadores da dinastia Tang (no início do século VII), que instauram uma nova era de paz e prosperidade: por mais bem-intencionados e preocupados com a justiça que fossem, para tomar o poder eles não puderam se eximir totalmente da antiga tendência à usurpação que já fazia parte, havia muito tempo, dos costumes políticos da China; além disso, por mais consciência que tivessem do perigo, não puderam se dispensar completamente, em

---

46 *Shen qi zhe, shi zhong xiang guan, wu ju sheng ju mie zhi lishi* 神气者, 如终相贯, 无遽生遽灭之理势。Wang Fuzhi, *Zhangzi zhengmeng zhu*, Beijing, Zhonghua Shuju, p.68.

A propensão das coisas

suas operações militares, de buscar apoio nos elementos "bárbaros" das regiões fronteiriças – mesmo que fosse para não correr o risco de serem pegos por eles pela retaguarda. Todavia, ao fazer isso, sem querer abriram caminho para a nova tendência negativa que ia dominar todo o milênio seguinte: a da invasão. Porque, depois deles, os soberanos Tang recorreram aos uigures para lutar contra os rebeldes que ameaçavam a dinastia (An Lushan, em meados do século VIII) e aos Shatuo para sufocar as revoltas em que o poder acabou afundando (Huang Chao, no fim do século IX). Mais tarde, os Shatuo buscaram o apoio de outras tribos bárbaras, os Kitan, para se estabelecer na China, e essa situação se agravou sob os Song, que apelaram para os Jürchen contra os Liao, e depois aos mongóis contra os Jürchen, até que foram engolidos por esses últimos "aliados". Como uma "planta rasteira" ou uma "seta disparada", o mal se propagou – até ser irreversível.

Essa é a definição mais geral da "tendência decorrente da situação" (o *che* em história): "o que, depois de posto em movimento, não conseguiria parar".[47] As revoltas camponesas do fim dos Tang (na segunda metade do século IX) são citadas como exemplo: mal uma revolta amaina que outra começa (a de Pang Xun após a de Qiu Fu), a tendência "se desenvolve *sponte sua* e não pode se interromper".[48] Esta

---

47 *Yi dong er bu ke zhi zhe, shi ye* 一动而不可止者, 势也。*Dutongjianlun*, cap. 15 (Xiaowudi), p.511. A expressão é recorrente na reflexão histórica de Wang Fuzhi: por exemplo, *Dutongjianlun*, cap. 12, p.368, ou *Songlun*, cap. 3, p.62; cap. 14, p.253.

48 *Jie ziran bu ke zhong zhi zhi shi* 皆自然不可中之势。*Dutongjianlun*, cap. 27 (Izong), p.957.

cria por si só uma paralisia progressiva. Ou ainda, como um exemplo de outro tipo, a tendência à ingerência das imperatrizes nos negócios do Estado.[49] Uma medida salutar do século III proíbe categoricamente essas intromissões, mas esta reaparece sob os Tang durante certo tempo, até que lhe dão um firme basta, e ressurge de vez sob os Song: uma regência (que não se justificava de fato) dá a partida à recrudescência do mal (na menoridade de Renzong, no século XI), e este continua a propagar-se nos reinados seguintes – sem precisar de pretexto. Depois que a trilha está traçada, a tendência se transforma numa força inercial que se opõe a qualquer tentativa de remediá-la; e torna-se cada vez mais difícil fazer marcha a ré[50] e libertar-se.

Desse modo, podemos seguir o declínio gradual das dinastias (fato ao qual o autor é atento, porque ele próprio viveu no fim da dinastia dos Ming, no século XVII): quando se atinge certo ponto sem volta, a queda é inevitável.[51] É inútil culpar a invencibilidade do adversário, uma decisão política errada ou certa operação duvidosa (por exemplo, sob os Song, a força dos Jürchen ou a aliança desastrosa com os Jin), o declínio é sempre global, assim como qualquer outra transformação histórica.[52] Ele não é fruto de acontecimentos particulares, mas de uma degradação geral: "o príncipe não se parece mais com um

---

49 *Songlun*, cap. 4, p.74.

50 *Ji zhong nan fan zhi shi, bu neng ni wan yu yi zhao* 极重难返之势, 不能逆挽于一朝。

51 Tema do *bi wang zhi shi*: cf., por exemplo, *Dutongjianlun*, VIII (Huandi), p.245, ou cap. 12 (Mindi), p.385.

52 *Songlun*, cap. 8, p.155.

príncipe", nem "o primeiro-ministro com o que deve ser um primeiro-ministro", os costumes se degeneraram e a indispensável coesão moral se perdeu. Tudo se desnatura, nada permanece de pé. Nenhum fator evolui num mesmo sentido, a desagregação é completa.[53] E apenas uma grande reviravolta, que redistribua novamente as cartas, seria capaz de restabelecer a situação.

IV. De fato, o curso da História é regido – ainda segundo o mesmo pensador – por uma lógica dupla: de um lado, qualquer tendência que se inicie tende a amplificar-se; de outro, qualquer tendência levada ao extremo esgota-se e exige sua contraversão.[54] Esse princípio é absolutamente geral, e é ele que justifica a alternância. No entanto, podemos distinguir entre duas formas de tendência negativa e, a partir daí, entre dois modos de contraversão: ou a tendência negativa acarreta um *desvio* progressivo, torna-se cada vez mais difícil fazer marcha a ré e apenas uma transformação geral, se não houve esgotamento próprio, pode servir de desenlace; ou ela conduz a um *desequilíbrio* e, nesse caso, do próprio desequilíbrio surge a reação – e quanto maior o desequilíbrio inicial, mais forte a reação.[55] No primeiro

Wang Fuzhi

---

53 *Wu yi er fei bi wang zhi shi* 无一而非必亡之势。

54 *Wu ji bi fan* 物级必反。 *Songlun*, cap. 14, p.252.

55 Somente a partir dessa distinção é que se pode compreender que Wang Fuzhi fala, de um lado, de uma tendência que, "levada ao cúmulo, é difícil de reverter" (cf. *Songlun*, IV, p.74) e, de outro, de uma tendência que, "levada ao cúmulo", fragiliza--se na mesma proporção e, portanto, é "fácil de reverter" (cf., por exemplo, *Songlun*, VII, p.134). No segundo caso,

François Jullien

caso, só se pode constatar, de forma cada vez mais passiva, que se está atolado, enquanto no segundo, implicando dois polos contrários, instaura-se uma dinâmica de equilíbrio. Consequentemente, as estratégias diferem: de um lado, convém prevenir o mal o mais cedo possível; de outro, pode-se contar com esse efeito de inversão e confiar no tempo.

Wang Fuzhi

Pois, quando a tendência conduz ao desequilíbrio da situação, quanto mais ela se acentua, mais se fragiliza; quando mais "pesa" de um lado, mais "alivia" de outro e é "fácil de inverter":[56] essa "lógica" da contraversão está inserida, como tal, no desenvolvimento regular de qualquer processo (o "Céu").[57] Assim, na política, qualquer pressão que seja exercida com muita força é levada em seguida a se abrandar. O testemunho é o grande imperador dos Han (Wudi, século I-II a.C.), que nos é apresentado primeiro mergulhado numa política extremamente autoritária e ambiciosa, expansionista e onerosa, à qual era totalmente impossível se opor. Mas do próprio excesso nasce a fraqueza: "quanto mais nos entranhamos num caminho impraticável", mais "fatalmente somos conduzidos a penar". O ressentimento cresce por todo o lado, e o imperador, em seu coração, sente-se inquieto; por isso, no fim de sua vida, ele encerra

---

     zhong (pesado) contrapõe-se a *qing* (leve), e essa tendência é comumente denominada *qing zhong zhi shi* (cf., por exemplo, *Dutongjianlun*, p.263).

56 *Ji zhong zhi shi, qi mo bi qing, qing ze fan zhi ye yi, ci shi zhi biran zhe ye* 极重之势，其末必倾，倾则反之也易，此势之必然者也。*Songlun*, cap. 7, p.134-5.

57 *Shun biran zhi shi zhe, li ye; li zhi ziran zhe, tian ye* 顺必然之势者，理也，理之自然者，天也。

A propensão das coisas

as expedições militares e abranda a política interna, "sem precisar das objurgações reiteradas dos outros", "porque sua própria maneira de ver se modificou". O mesmo episódio é descrito repetindo-se sob os Song, quando a ambição política de um novo imperador (Shenzong, século XI) beneficia o primeiro-ministro (Wang Anshi), que se arroga todos os poderes e inicia, apenas com o apoio de sua camarilha e silenciando os demais, uma série de reformas utópicas e radicais: no reinado seguinte, essas medidas caíram em desuso, uma após a outra – tão infalivelmente como "caem as folhas murchas no outono". Toda revolução causa uma reação e o que é forçado desfaz-se por si só.

Essa lógica da contraversão encontra um modelo explícito nas representações hexagramais do antigo *Livro das mutações*, que, a partir de dois tipos de linha, antitéticos, mas complementares (linha contínua e descontínua, — e — —), serviram de base para a concepção chinesa do devir. Consideremos os hexagramas 11 e 12, *Tai e Pi*, ☷ e ☷.[58] O primeiro é formado, na parte inferior, por três linhas contínuas (simbolizando a iniciativa e a perseverança: o Céu) e, na parte superior, por três linhas descontínuas (simbolizando o princípio da obediência e do cumprimento: a Terra): o Céu que está embaixo tende para o alto, e a Terra que está em cima tende para baixo, o que significa que as influências benéficas de um e outro cruzam-se e alto e baixo comunicam-se de forma harmoniosa. Dessa interação perfeita decorrem prosperidade e concórdia no interior dos existentes, e o diagrama serve para simbolizar o florescimento. O segundo, ao contrário, é formado por

---

58 *Tai e pi* 泰, 否。

três linhas descontínuas simbolizando a Terra, na parte inferior, e por três linhas contínuas simbolizando o Céu, na parte superior: o Céu em cima e a Terra embaixo afastam-se cada vez mais e recolhem-se em si mesmos. Não há mais interação benéfica, as potencialidades entram numa fase de estagnação, é tempo de declínio. Ora, esses dois esquemas opostos se sucedem, um procede completamente do outro por simples inversão. Os dois sozinhos dão conta de toda alternância: um está relacionado ao primeiro mês do ano chinês (fevereiro-março), início da primavera, quando brotam as forças da renovação, e o outro ao sétimo mês (agosto-setembro), quando o ponto culminante do verão já passou e se anuncia o estiolamento futuro.

Podemos ler ainda de mais perto, em cada um dos hexagramas, o processo da passagem e o trabalho da inversão. Porque, se os dois princípios opostos (*yin* e *yang*, florescimento/declínio) se excluem e se repelem categoricamente, eles também se condicionam e se implicam mutuamente. Conflito declarado, entendimento tácito: o princípio que se efetiva contém de modo latente o princípio oposto. A cada instante, a progressão de um acompanha necessariamente a regressão do outro, mas, ao mesmo tempo, cada princípio em progressão exige sua regressão. O futuro está em ação no presente, e o presente que se desenrola está prestes a passar. O devir é gradual, existe apenas a transição. Assim, no estágio do primeiro hexagrama, o da prosperidade, a terceira linha (partindo-se de baixo, a última da primeira metade) já nos previne de que "não há ida sem volta", não existe "terreno plano que não seja seguido de uma encosta"; e, na sexta linha, no topo do hexagrama, a divisa é:

O livro das mutações

A propensão das coisas

"A muralha regressa ao fosso". É o *break down*:[59] a transformação anunciada na metade do hexagrama entra em sua fase de atualização, o muro da cidade cai no fosso de onde foi tirado, os fatores de positividade esgotam-se – e só nos resta enfrentar com cautela e firmeza a fase oposta. No estágio do segundo hexagrama, o do declínio, os fatores de negatividade, de linha em linha, são progressivamente contidos e dominados e retiram-se: no fim do hexagrama (sexta linha) ocorre a inversão esperada, pode começar uma nova fase de felicidade. O florescimento se transformou em declínio por si mesmo, e esse declínio é a oportunidade de um novo florescimento.*

---

59 A maneira como Toynbee justifica o fato de ter situado o início da contraversão (aquilo que acarreta o declínio de uma civilização) relativamente cedo (em 431 a.C., por exemplo, no caso da civilização helênica) parece muito próxima da intuição chinesa, para a qual o declínio surge no estágio do hexagrama da prosperidade (na terceira e, sobretudo, na sexta linha); e também como concebe o que é "partido"; cf., por exemplo, a explicação dada em *L'Histoire et ses interprétations* (entretiens autour de Arnold Toynbee sous la direction de Raymond Aron), Paris, Mouton, 1961, p.118: "O que é partido pelo *break down, what has broken down*, é a harmonia, a cooperação entre os seres humanos que possuem o poder criativo dentro da minoria dirigente, os que de fato participaram ativamente do progresso da civilização".

* Em seu *Comentário interno* do *Livro das mutações* (hexagramas *Tai* e *Pi*), Wang Fuzhi exprime em termos de *che* o caráter inelutável de cada uma dessas fases: de forma exatamente análoga à maneira como explica as grandes mutações sociais e políticas da China em sua obra histórica. Portanto, trata-se de uma lógica absolutamente geral (encarnada por todo o processo) da qual a História é apenas uma ilustração particular.

Essa é a lógica, explicitada desde a Antiguidade, da contraversão que o pensador chinês encontra em ação na história. Pois, do mesmo modo que o processo da natureza, o processo histórico opera, de forma regular, por reequilíbrio e compensação: "que aquilo que está contraído possa de novo expandir-se, essa é a tendência decorrente da situação [*che*]".[60] É, obviamente, o que acontece entre potências rivais: na China da Antiguidade, o principado de Jin ascendeu progressivamente à hegemonia (sob o príncipe Jing) e depois teve de decair;[61] e o que tomamos por destino é a inexorabilidade de um processo absolutamente natural.[62] Do mesmo modo, sozinha e sem necessidade de intervenção humana (assim é o "Céu"), uma pressão política excessivamente autoritária é conduzida a abrandar-se, como no exemplo anterior (Shenzong e Wang Anshi, dos Song).[63] E, se o imperador dos Song mergulhou numa política tão ambiciosa e coerciva, foi por reação ao longo reinado anterior (Renzong, 1022-1063), quando o pacifismo chegou ao ponto da passividade. Um excesso exige outro: a descontração exige a tensão, e esta é seguida de um novo relaxamento.[64] Não há evento político que não possa ser interpretado segundo a dinâmica da alternância e da "ten-

---

60 *Qu er neng shen zhe, wei qi shi ye* 屈而能伸者, 惟其势也。*Songlun*, cap. 15, p.259.

61 Wang Fuzhi, *Chunqiu shilun*, cap. 4.

62 *Ji er bi fan zhi shi cheng hu tian* 极而必反之势成乎天.

63 *Pi ji er qing, tian zhi suo bi dong, wu dai ren ye* 否极而倾, 天之所必动, 无待人也。*Songlun*, cap. 7, p.135.

64 *Cheng da chi er shi qie qiu zhang zhi ri* 承大弛而势且求张之日。*Songlun*, cap. 6, p.118.

dência contínua à mudança".[65] Como compreender, por exemplo, um decreto tão nefasto de um imperador dos Han (Yuandi, no século I a.C.) que, ao estabelecer os critérios morais da hierarquia pública, levou os funcionários a tornarem-se indolentes e a perderem a integridade moral de que tanto necessita o Estado?[66] Essa medida só pode ser explicada como reação à situação precedente: antes, havia uma bagunça entre os funcionários letrados, e estes, não tendo um reconhecimento oficial que assegurasse a posição que ocupavam, tentavam impor-se a todo custo, a ponto de fazer sombra ao imperador. Daí, por "tendência à inversão", a decisão de arregimentá-los e a submissão a que foram constrangidos. Conclusão: "O curso é temeroso, mais ainda, porém, é a sua reversão".

V. "Tensão-relaxamento", "expansão-recolhimento", ou "ordem-desordem", "florescimento-declínio": toda história passa inexoravelmente por "altos e baixos".[67] Não em virtude de um princípio metafísico qualquer, projetado no curso do tempo, mas por necessidade interna de todo processo: os fatores em ação — positivos ou negativos — necessariamente se esgotam e fatores de compensação os substituem. Há uma dinâmica reguladora inserida em cada

---

65 *Xiang reng zhe zhi bi xiang bian ye, shi ye* 相仍者之必相变也, 势也。

66 *Dutongjianlun*, cap. 6 (Yuandi), p.106-7.

67 *Zhang-chi; shen-qu; zhi-luan; sheng-shuai; yi-yang* 张弛, 伸屈, 治乱, 盛衰, 抑扬。 Para essas expressões, cf., por exemplo, *Dutongjianlun*, cap. 13 (Wudi), p.405; *Songlun*, cap. 15, p.259; *Dutongjianlun*, cap. 20 (Taizong), p.691; ibid., cap. 13 (Chengdi), p.411, respectivamente.

etapa do devir – ainda que da forma a mais discreta possível, mesmo de modo incoativo – e é ela que constitui toda situação histórica em dispositivo que se deve manipular. A tática, nesse sentido, é das mais simples, mas é também tão constantemente pertinente que serve ao homem do Caminho moral: saber aproveitar a tendência que se encontra no curso das coisas é sua forma de sabedoria; deixar que o dispositivo constituído pela situação opere em seu sentido é, para ele, um ideal. Visto que toda situação histórica, mesmo a mais desfavorável, é sempre prenhe de uma evolução futura que, a curto ou longo prazo, pode atuar de maneira positiva. Se não hoje, amanhã. Basta saber confiar no fator que, de todos, é o mais determinante: o fator tempo.

Wang Fuzhi Dois princípios gerais, segundo nosso filósofo, bastam para gerir a lógica temporal da alternância: em primeiro lugar, antes que ocorra a mutação, evitar todo excesso para impedir que se dê o excesso oposto por reação; em segundo lugar, no momento em que sucede a mutação, manter-se firme em seu foro íntimo e ao mesmo tempo prestar-se de boa vontade à transformação.[68] Porque nada é mais tolo e destruidor do que querer opor-se à mutação quando esta se anuncia necessária:[69] sejam quais forem suas qualidades pessoais, aquele que, por fidelidade, teima no *statu quo* conseguirá apenas a ruína, e não remediará a situação. A verdadeira virtude é saber *atravessar* a transformação (e tirar todo o proveito possível dela). Em especial, se a inversão

---

68 *Songlun*, cap. 6, p.118.
69 Ibid., cap. 8, p.155.

A propensão das coisas

do mal em bem advém por si só, já que decorre da lógica de alternância que rege o processo, então compete a nós explorar a possibilidade que se apresenta e fazê-la resultar em algo positivo. O "Céu" "ajuda o homem", mas depois cabe ao homem se ajudar.

Portanto, a sabedoria resume-se logicamente a este grau zero da intervenção humana que, como tal, é prenhe da **Wang Fuzhi** maior eficácia: "saber esperar". Sábio é aquele que, sabendo que todo processo que conduz ao desequilíbrio fragiliza-se por si só, à medida que se intensifica, e que a tendência que o leva em uma direção exige infalivelmente sua reversão, *sabe esperar* o processo objetivo atingir o estágio mais propício a sua contraversão — *i.e.*, esgote todos os seus fatores negativos e seja levado a seguir o mais completamente a direção positiva — para então, com uma mínima intervenção pessoal, reorientar tudo na direção certa e restabelecer a situação.[70] O curso das coisas vem naturalmente ao nosso encontro, e podemos aproveitar a dinâmica inerente do dispositivo em sua intensidade máxima. É loucura querer "lutar contra o Céu", *i.e.*, empreender uma ação quando o curso natural do processo segue em sentido contrário, mas é igualmente perigoso, apesar de nos darmos menos conta disso, intervir cedo demais, antes que o curso natural do processo tenha se consumado no sentido desejado. Pois, ainda que nossa ação obedeça ao sentido desejado "logicamente" pelo processo, ela o força e nos leva a passar da medida que lhe era natural: será mais difícil depois reequilibrar o processo de

---

70 Ibid., cap. 7, p.134.

maneira estável e duradoura. Essa precipitação não só nos expõe inutilmente ao conflito, como também nos priva da ocasião oportuna, quando esta finalmente calha a nós. A impaciência é um grande erro. A sabedoria dos antigos fundadores de dinastia foi saber perceber o momento em que, tendo a tirania dos reis decadentes atingido seu ponto máximo, a situação estava madura e o pêndulo retornava a suas mãos: sabendo aguentar firme e esperar, tiveram apenas de se "levantar tranquilamente" e, respondendo às aspirações de todos, realizar sem esforço seus planos salutares.[71]

A mesma lição deve ser tirada dos exemplos precedentes de um poder autoritário e coercivo: os que o enfrentaram de pronto deram-se mal, enquanto os que, "apoiando-se na tendência progressiva ao declínio",[72] esperaram que "o que é impraticável dissolva-se por si próprio" conseguiram controlar a situação e conduzi-la a um apaziguamento (Huo Guang sob Wudi e Zhaodi dos Han, Sima Guang sob os Song).[73] Nesse sentido, a sorte e o "Céu insondável" nada mais são do que essa "lógica", e esta "nada mais é do que a simples conformidade com a tendência decorrente da situação [o *che* histórico]".[74] No entanto, embora seja racionalmente possí-

---

71 *Ju zhen yi si, xu qi er shun zhong zhi yi tu cheng* 居贞以俟, 徐起而顺众志以图成。

72 *Yin qi jian shuai zhi shi* 因其渐衰之势。

73 *Songlun*, cap. 7, p.134. Sobre essa interpretação do papel histórico de Huo Guang na historiografia chinesa, reportar-se a Michael Loewe, *Crisis and Conflict in Han China*, Londres, Georges Allen, 1974, p.72, 79 e 118.

74 *Tian zhe, li er yi yi; li zhe, shi zhi shun er yi yi* 天者, 理而已矣, 理者, 势之顺而以矣。

A propensão das coisas

vel prever e antecipar o rumo inevitável dos acontecimentos pela análise da situação atual (já que os acontecimentos são implicados pela tendência em curso e, quando essa tendência chega ao ápice, já se encontra presente o gatilho de sua contraversão),[75] "raros", não obstante, "são os que se dão conta disso" – e por isso é que há "sabedoria". Veja-se, por outro exemplo, o crescimento do poder dos eunucos sob os Han posteriores (século I-II): todos os que o enfrentaram diretamente foram mortos (todos os grandes dignitários: Dou Wu em 168 e He Jirt vinte e um anos depois). Ora, bastava perceber que essa tirania, quando se tornou excessiva, suscitou ressentimentos diversos, que se acumularam em silêncio e a condenaram sem apelação possível: um belo dia, "um simples golpe de vento será suficiente para extinguir de vez essa chama prestes a se apagar", "a rapidez e a facilidade dessa queda estão desde já garantidas". Um general perspicaz (Cao Cao) apenas riu e manteve-se à distância: "Um simples carcereiro será suficiente para nos livrar desse flagelo!" – e, afinal, foi ele quem soube impor-se.

Uma prova *a contrario* é dada por uma análise sutil do caso do ilustre general dos Song (Yue Fei, século XII) que, após a dinastia chinesa entregar aos invasores a metade norte do país, não descansou enquanto não retomou os ataques e teve sua revanche: como a corte se inclina para o pacifismo, cansada não apenas das guerras, mas também da

---

75 *Qing zhong zhi shi, ruo bu ke fan, fan zhi ji zheng zai shi ye* 倾重之势，若不可返，返之幾正在是也。*Dutongjianlun*, cap. 8 (Lingdi), p.263.

turbulência de seus generais, o zelo de Yue Fei, antes tão elogiado, torna-se inoportuno, dá pretexto para suspeitas, e ele acaba executado na prisão, na força da idade. Se ele, ao contrário, tivesse adiado seu desejo de glória e sacrificado um pouco de seu mito de bravura, teria esperado que seu principal adversário político (Qin Kui) morresse, os invasores topassem com as dificuldades que os esperavam e o moral da corte se "reanimasse" – o que de fato aconteceu:[76] ele poderia ter tomado a frente das tropas com grandes chances de ser bem-sucedido. O "que não pode ser concomitante", porque é exclusivo, acontece sempre "por substituição de um por outro" e sucessivamente:[77] quem sabe "recuar" quando a tendência é contrária e tomar a iniciativa quando esta é de novo favorável nunca está "sob pressão" e, com o tempo, "consegue tudo". O essencial, nos momentos difíceis, é preservar-se para assegurar as chances do futuro. Aqueles que, depois, tanto elogiaram esse general "heroico", alegando que ele nunca se deu por vencido, aplaudiram precisamente o que o levou ao fracasso

---

76 *Songlun*, cap. 10, p.193. Sobre esse "mito" pelo qual Yue Fei fez tantos sacrifícios, ver o estudo de Hellmut Wilhelm, "From Myth to Myth: The Case of Yüeh Fei's Biography", in Arthur F. Wright e Denis Twitchett (orgs.), *Confucian Personalities*, Stanford, Stanford University Press, 1962, p.146 et seq. O tema do "oportunismo" (no sentido mais positivo do termo, é claro) já se encontra em Mêncio e segue o modelo de Confúcio (*Mencius*, cap. 5 "Wanzhang", parte 2, § 1; cf. trad. Legge, p.369-72).

77 *Qu yu ci zhe, shen yu bi, wu liang de zhi shu, yi wu bu fan zhi* 屈于此者, 伸于彼, 无两得之数, 亦无不反之势。

A propensão das coisas

e à morte; e o ditirambo inesgotável da História revela-se, a esse respeito, mais "venenoso" que a pior das calúnias.

Isso leva a uma hierarquia de valores: a "constância" moral vence a "perspicácia" intelectual como fator de sucesso.[78] A segunda, enquanto pura captura do intelecto, opera no momento; a primeira, apelando para a firmeza da alma, escora-se no tempo e, portanto, é coextensiva à totalidade do real, em seu desenrolar. Esta última é "natureza", aquela outra é (apenas) "função". Virá o dia em que a perspicácia, de tanto ser requisitada, fatalmente se esgotará; já a constância, que consiste em permanecer firme abraçando o curso do tempo, é inesgotável. Nesse sentido, é comparável ao Céu, cuja virtude é "perseverar sempre". Repousa sobre uma inteligência superior do processo, porque se abre para o longo prazo, para o qual todo sucesso é temporário e nenhum revés é definitivo. Tendo consciência desse caráter lógico e, portanto, inelutável da tendência,[79] devemos saber ser prudentes quando ganhamos e confiantes quando perdemos. Assim foi interpretada a famosa luta dos dois pretendentes do Império, no fim século II a.C. (Xiang Yu contra Liu Bang): um deu mostras de perspicácia durante muito tempo, mas, quando foi derrotado e condenado a fugir, cortou o próprio pescoço, por rancor; o outro, ao contrário, esteve vários vezes a ponto de ser liquidado e, com muito custo, conseguiu se salvar; contudo, logo em seguida, aproveitou os tumultos, recompôs suas forças

Wang Fuzhi

---

78 *Dutongjianlun*, cap. 28, p.1038-9.

79 *Sheng zhi yu si, cheng zhi yu bai, jie lishi zhi bi you* 生之与死, 成之与败, 皆理势之必有。

e recomeçou o ataque. Por fim, venceu este último – e a vitória foi justa.*

Por mais simplesmente autodeterminado que pareça à primeira vista, o *dispositivo da História*, tal como foi concebido na China, dá amplo espaço, por sua lógica própria, à iniciativa humana. Em primeiro lugar, porque o processo histórico possui certo "jogo" que supera a inelutabilidade da tendência.[80] Essa é a parte – residual – do acaso (ou destino). Porque, se é verdade que toda tendência, uma

Wang Fuzhi

---

* Os dirigentes chineses do século XX não renegaram essa sabedoria. Quando não pôde mais enfrentar as expedições de cerco do Kuomindang, Mao Tsé-tung soube recuar, a custa de uma "longa marcha", até as grutas do Shenxi; e lá, mais afastado, soube recompor suas forças, estabelecer suas primeiras "bases" e esperar tranquilamente que a situação lhe permitisse tomar a iniciativa (com a invasão japonesa e, em seguida, a Segunda Guerra Mundial) de finalmente atacar e conquistar a vitória. Seu rival, Chiang Kai-shek fez o mesmo: derrotado pelos exércitos comunistas, recolheu-se em Taiwan, que se tornou ponto de partida de um novo impulso.

É usual, aliás, que os atuais observadores chineses expliquem a política em termos de alternância: ora "abertura", ora "fechamento"; o partido exala ora "quente", ora "frio". Os que são ameaçados pela tendência atual "recuam" – mas para preparar seu retorno: retiram-se para o campo, fingem estar "doentes", ou aceitam condescendentemente fazer uma autocrítica, a fim de ressurgir renovado, quando a situação lhes for novamente favorável.

80 *Li zhe gu you ye, shi zhe fei shi ran; yi shi wei biran, ran er you bu ran zhe cun yan* 理者固有也，勢之非适然，以势为必然，然而不然者存焉。 Wang Fuzhi, *Chunqiu jiashuo*, cap. I. A última frase desse trecho, *ran er you bu ran zhe cun yan*, recebeu diversas interpretações; cf. Vierheller, op. cit., p.88; e Jean-François Billeter, op. cit., p.155.

A propensão das coisas

vez despertada, tende necessariamente para certo sentido, resta mesmo assim — ainda que no estágio embrionário do despertar, em que tudo é decidido em proporções ínfimas[81] — certa dose de aleatoriedade e, portanto, de imprevisibilidade, que, para nós, está ligada à dimensão insondável do "Céu" (e, nesse sentido, devolve a ele certo aspecto transcendente — que ele perdia por causa da pura racionalidade da tendência). Trate-se do curso da natureza ou do curso da História, o Céu é a um só tempo princípio de *constância* e fator de *circunstância*:[82] em grande escala, opera-se uma regulação inelutável (por alternância entre aparecimento e desaparecimento, florescimento e declínio), ao mesmo tempo que, em pequena escala, esse funcionamento parece operar-se de modo puramente adventício. Mas o Céu é uno, e o saber do Sábio é unir um e outro aspecto: compreender a lógica reguladora a partir da ocasião circunstancial e perceber o mais cedo possível a ocasião que está despontando, graças à consciência dos processos em curso. Em segundo lugar, se a "tendência é sempre determinada", geri-la bem ainda está no poder do homem. Porque sabemos de antemão, e por princípio, que, em estado de debilidade, não se pode ter esperança de "chegar de uma só vez à expansão da força", mas também que nenhum poder é definitivo e basta "esperar que o poder contrário se enfraqueça".[83] No interior da relação de força, a tendência ao declínio nunca é inexorável, e nós mesmos somos responsáveis por nossa perdição.

---

81 *Ji* 幾。

82 *Dutongjianlun*, cap. 2 (Wendi), p.49-50.

83 *Songlun*, cap. 4, p.94.

François Jullien

Wang Fuzhi A prova é um dos fins mais dramáticos da história chinesa: o da dinastia dos Song e a invasão mongol. Como nos foi demonstrado, a invasão mongol não era inevitável, porque, entre a primeira invasão parcial do Norte pelos Jin (século XII) e a invasão definitiva dos mongóis, um século e meio depois, a situação evoluiu diversas vezes, assim como a tendência oscilou.[84] Ainda havia muitos trunfos contra os mongóis, e a luta poderia prosseguir por muito mais tempo, se tivesse recuado para o Sul: os combatentes acabariam impedindo o avanço do inimigo e teriam conservado praças importantes, e, para quem "avalia corretamente a tendência do momento", havia ainda uma solução possível. A aniquilação foi culpa dos dirigentes (imperador Lizong e seus dois primeiros-ministros sucessivos) e, sem dúvida, mencionando o fim dos Song, o autor dessa análise justifica o fato de ele próprio nunca ter se desarmado, quatro séculos depois, diante da invasão manchu:[85] fundamentar-se no determinismo da tendência, longe de levar à resignação, nos encoraja a ser resistentes.

VI. O ponto de vista do *che* está relacionado também a formas de historicidade mais particulares, a outros tipos de processo: como toda situação é orientada por uma tendên-

---

84 Ibid., cap. 14, p.244.

85 Sobre a atividade de Wang Fuzhi como resistente contra a invasão manchu, cf. o estudo de Ian McMorran, "The Patriot and the Partisans, Wang Fu-chih's Involvement in the Politics of the Yung-li Court", in Jonathan D. Spence e John E. Wills (org.), *From Ming to Ch'ing*, New Haven, Yale University Press, 1979, p.135 et seq.

A propensão das coisas

cia que, como tal, preside sua evolução, toda história pode ser concebida de acordo com esse mesmo esquema e, em particular, com esse tipo de história que tanta importância teve na China, a história literária. Cabe a esta, portanto, servir de verificação cômoda – para dois pontos principais. Em primeiro lugar, quando se leva em conta a tendência em literatura, isso permite evidenciar a necessidade das mutações e serve de argumento aos defensores da modernidade (o que corrobora o ponto de partida dessa reflexão, reatando os argumentos dos reformistas de inspiração legista); em segundo lugar, fornece à história literária a justificação de seus conceitos de base, que se fundamentam na alternância e, portanto, são aqueles mesmos aos quais acabamos de chegar: florescimento, declínio e renovação.

Aparece muito cedo, na concepção chinesa da literatura, a ideia de que "certa tendência segue seu curso" (*che*: a do gosto, da moda), e não é possível voltar para trás,[86] assim como o ponto de vista segundo o qual a imitação é impossível, uma vez que "as situações [*che*] diferem" de época para época.[87] Mas é sobretudo no fim dos Ming, a partir do século XVI, que essas concepções adquirem importância: de um lado, porque as teorias da imitação são excessivamente

---

86 *Shi liu bu fan* 势流不反。Liu Xie, *Wenxin diaolong*, cap. "Dingshi", edição de Fan Wenlan, p.531.

87 *Ci suowei shi bu tong er wu moni zhi neng* 此所谓势不同而无模拟之能。Jiaoran, "Pinglun"; esse trecho é citado no *Wenjing mifulun* (*Bunkyô hifuron*), cap. "Lunwenyi", edição de Wang Liqi, p.321; cf. Richard Wainwright Bodman, op. cit., p.414; a tradução japonesa de *shi* por *choshi*, usual em Kozen (cf. op. cit., p.458), não me parece adequada aqui.

coercivas na época (imitar somente a prosa da Antiguidade e dos Han, a poesia dos Tang), cresce o abismo entre a criação literária viva (romance, teatro, prosa poética...) e o julgamento esclerosado dos críticos e, portanto, é preciso agir com urgência contra a opressão do dogma e do imobilismo; de **Li Zhi séc. XVI** outro lado, porque surge uma filosofia "intuicionista" que, concedendo a primazia ao movimento ingênuo da consciência, valoriza a espontaneidade.[88] Segundo ela, apenas nossa ingenuidade é autêntica em nós, mas somos privados dela por nossas percepções sensíveis e pelos raciocínios lógicos que formamos a partir dessas percepções. Nosso saber aumenta, nosso "gosto" se forma, porém essa cultura, fortalecida pelo estudo e pela leitura, impede nossa inocência primeira; sendo assim, nossa expressão não vem mais do fundo de nós mesmos, mas é "emprestada": por mais bem formada que pareça, essa expressão, que não tem mais ligação com nossa interioridade, não vale nada, perde-se no artificial, afasta da única literatura "verdadeiramente perfeita", a que nasce do "nosso coração de criança". Não se poderia levar mais longe a exigência de *naturalidade*. Ora, é ela que leva a literatura a transformar-se: é a única maneira que esta última tem de distanciar-se dos gêneros e das formas que em todas as épocas ameaçam impor-se a ela como modelos, obstruir sua fonte ingênua e fazê-la "emprestada". A literatura está condenada a inovar para manter-se fiel a sua exigência de autenticidade. A *propensão à evolução* é sua condição de possibilidade.

---

88 Li Zhi, "Tongxinshuo", in Guo Shaoyu, II, p.332. A primazia da espontaneidade da consciência é derivada, obviamente, da filosofia de Wang Yangming; e sabemos que Li Zhi, herdeiro de Wang Yangming, tem influência direta sobre Yuan Hongdao.

A propensão das coisas

Daí o partido tomado pelos modernistas, os que sabem levar em consideração a tendência de sua época: a literatura não pode evoluir do passado para o presente, tal é o fator tempo,[89] e há um corte de uma era para outra; plagiar a expressão dos antigos para se fazer de "antigo" é como vestir roupas leves de rami no auge do inverno. Como todas as outras produções humanas (do vestuário às instituições), a literatura evoluiu do mais "complexo" ao mais "simples" e do mais "escuro" ao mais "claro"; ou ainda, da "desordem" à "ordem", do "difícil" ao que "brota naturalmente" e é "retirado".[90] Portanto, a tendência é orientada naturalmente no sentido da viabilidade. Assim, "o passado não poder servir ao presente detendo-se ao *che*",[91] e a evolução é inevitável. De fato, o caráter da modernidade é incompatível com o da Antiguidade, não podemos redigir hoje um pronunciamento político nos mesmos termos de dois mil anos atrás,

**Yuan Hongdao
séc. XVI**

---

89 Yuan Hongdao, "Prefácio ao *Pavilhão das ondas de neve*", in Guo Shaoyu, II, p.396. Sobre essa afirmação modernista da escola Gong-an, reportar-se ao rico estudo de Martine Valette-Hémery, *Yuan Hongdao: théorie et pratique littéraires*, Paris, Institut des Hautes Études Chinois, v.18, 1982, p.56 et seq.; e Chih-P'ing Chou, *Yüan Hung-tao and the Kung-an School*, Cambridge, Cambridge University Press, p.36 et seq. Nesse texto, a partícula *er* parece significar uma transição de um estado para outro (a passagem inelutável do passado para o presente), e não uma concessão (não podemos traduzir: "se a literatura não pode não ser moderna, se bem que antiga..."). Sobre o tema da diferença radical das épocas expressa a partir da oposição roupas de verão/roupas de inverno, cf. também Wang Fuzhi, *Dutongjianlun*, cap. 3, p.56.

90 Yuan Hongdao, "Carta a Jiang Jinzhi", in Guo Shaoyu, II, p.401.

91 *Gu zhi bu neng wei jin zhe ye, shi ye* 古之不能为今者也, 势也。

e nossas canções de amor não podem imitar as de antiga-
mente. Os tempos mudaram, e a literatura mudou com
eles: "não sermos obrigados hoje a imitar o passado deve-se
também ao *che*". Esse último termo, em si mesmo, adquire
valor de argumento, ou serve como explicação última.

Gu Yanwu
séc. XVII

A literatura é compreensível, portanto, apenas em perspectiva histórica. Melhor ainda: ela é de natureza histórica —
não em razão de um condicionamento externo refletido por
ela, mas por necessidade interna. Porque a poesia de cada
época "não pode não" ser conduzida a "ceder seu lugar, de-
caindo", à poesia da época posterior, na qual se transformou:

> Os *Trezentos poemas* (primeira antologia poética da China,
> séculos IX-VI) não podiam não decair, e vieram os *Cantos*
> *de Chu* (fim da Antiguidade); os *Cantos de Chu* não podiam
> não decair, e veio a poesia das dinastias Han e Wei; a poesia
> dos Han e dos Wei não podia não decair, e veio a das Seis
> Dinastias (século III-VI); a poesia das Seis Dinastias não
> podia não decair, e veio a dos Tang (séculos VII-IX): tal é
> o *che* [como propensão à evolução].[92]

O gênero identifica-se com essa evolução, assim como
essa metamorfose, de era em era, constitui a lei do gênero.
Renovação inevitável, porque, se imito a poesia passada, ou
a imitação malogra e "perco aquilo por que havia poesia",
ou é um êxito, mas perde-se "aquilo por que há eu". A
solução do dilema está no ideal (encarnado pelos grandes

---

92 Gu Yanwu, *Rizhilu*, "Shiti daijiang" ("Evolução da poesia"),
cap. 7, p.70.

A propensão das coisas

poetas Li Bo e Du Fu) segundo o qual "aquilo se assemelha sempre sem jamais se assemelhar": a identidade do poético é mais forte quanto mais se consegue inovar. Ou ainda, é cessando de tornar-se *outra* que a poesia permanece *ela mesma*. Expressão paradoxal, mas que nos leva de volta à intuição primeira – e mais geral – de que nada subsiste senão pela transformação.

O partido dos modernistas chega assim a uma visão equilibrada da história literária. Entre uma visão progressista da literatura (desenvolvendo-se por etapas, em consonância com a civilização) e a perspectiva inversa de decadência (segundo a qual, para além dos textos canônicos que representam a suprema perfeição, toda literatura posterior está condenada à degeneração),[93] a concepção de uma renovação periódica oferece o ponto de equilíbrio desejado: cada época é herdeira da anterior e ao mesmo tempo criadora.[94] Simultaneamente "ruptura" e "tradição" ("virada" e "filiação"). Em vez de dividir as épocas

> Ye Xie séc. XVII

---

93 A primeira opção é ilustrada pelo prefácio do *Wenxuan*, a segunda persegue um teórico como Liu Xie (cf. nosso estudo "Ni écriture sainte ni œuvre classique: du statut du texte confuciéen comme texte fondateur vis-à-vis de la civilisation chinoise", *Extrême-Orient Extrême-Occident*, PUV, Paris VIII, n.5, p.75 et seq.).

94 Ye Xie, *Yuanshi*, edição de Huo Songlin, Pequim, Renmin Wenxue Chubanshe, 1979. Sobre a diferença dessa concepção da história literária em relação à periodização ocidental, cf. o excelente estudo de Maureen Robertson, "Periodization in the Arts and Patterns of Change in Traditional Chinese Literary History", in Susan Bush e Christian Murck (orgs.), op. cit., p.6 e 17-8.

como blocos de tempo, unitários e isolados, as noções da história literária chinesa sublinham o caráter contínuo da evolução: toda "fonte" é seguida de um "curso", da "cepa" chega-se aos "ramos". Os fatores de mudança inserem-se naturalmente na regularidade do processo, a dinâmica da alternância é inesgotável: como qualquer outra história, a da literatura passa por uma sucessão ininterrupta de fases de florescimento e declínio, o que não significa que "o que vem antes é necessariamente um tempo de florescimento e o que vem depois é um tempo de declínio". Porque todo declínio acarreta um novo florescimento: a "tendência" à transformação, vista como "inelutável",[95] faz parte da "ordem das coisas", e é justificada pela razão.

VII. A análise da História implica, portanto, "partir da individualidade do momento" para "avaliar o *che*".[96] O que significa, finalmente, que a noção de *tendência decorrente da situação* serve de intermediário entre a sucessão de épocas que constituem o curso da história vivida e a lógica interna, que deve ser descoberta por meio delas e justifica essa evolução. É ela que permite passar de uma para outra, articular o devir e a razão: visto que a orientação inevitável – e, portanto, o resultado legítimo – que a tendência tem necessariamente de conferir a essa evolução deriva de forma sempre imediata, e também sempre nova, do jogo dos fatores que compõem a cada instante a relação de força. "Se os momentos diferem,

---

95 *Ci li ye, yi shi ye* 此理也, 亦势也。; *Shi bu neng bu bian* 势不能不变。

96 A expressão aparece com frequência na reflexão de Wang Fuzhi; cf. *Songlun*, cap. 6, p.93, e cap. 10, p.169; ou na conclusão geral de *Dutongjianlun*, "Xulun", II, p.1110.

as tendências [que resultam deles: o *che*] também diferem e, se essas tendências diferem, as lógicas [que regem os processos] também diferem";[97] "a tendência apoia-se na ocasião, do mesmo momento que a lógica interna se apoia na tendência".[98] Podemos debater apenas de modo geral, portanto abstrato, o curso das coisas: "É necessário tomar conhecimento do momento de maneira a detectar a tendência deste e, graças a ela, procurar conformar-se a sua coerência".[99] Mas, visto que ela é percebida como um certo dispositivo, toda situação particular torna-se inteligível; e é tendência sua — e apenas sua — que se possa deduzir o que hoje temos o costume de denominar o "sentido da História".

Com efeito, não se pode negar certa analogia objetiva entre, de um lado, essa concepção chinesa da racionalidade do dispositivo histórico e sua evolução e, de outro, a visão hegeliana da História como realização da Razão, já que ambas se baseiam na ideia de uma inevitabilidade do processo iniciado (cf. Hegel: "Do estudo da história universal deve resultar que tudo sucedeu racionalmente, ela foi a marcha racional e necessária do espírito universal": "*der vernünftige, notwendige Gang des Weltgeistes*").[100] De um lado e de outro, a negatividade é temporária, como momento

---

97 *Du qi shi* 度其势; *Shi yi er shi yi, shi yi er li yi yi* 时异而势异, 势异而理异。*Songlun*, cap. 15, p.260; cf. também cap. 6, p.105.

98 *Dutongjianlun*, cap. 12 (Mindi), p.386; cf. também cap. 14 (Andi), p.455.

99 *Zhi shi yi shen shi, yin shi er qiu he yu li* 知时以审势, 因势而求合于理。*Songlun*, cap. 4, p.106.

100 Georg Wilhelm Friedrich Hegel, *Vorlesungen über der Geschichte*; cf. tradução de Jean Gibelin, *Leçons sur la philosophie de l'histoire*, Paris, Vrin, 1987, p.23.

necessário da transformação, e deixa-se compreender e ultrapassar a partir da evolução mais geral que se encontra em curso; e somos convidados não a lamentar as desgraças da História, mas a ter um "conhecimento conciliador"[101] desse devir. De maneira análoga, por fim, o curso da História aproveita as paixões humanas e o interesse privado para realizar o que corresponde, de fato, ao interesse geral. Seguindo a ótica chinesa, poderíamos dizer do primeiro imperador da China o que Hegel disse de César: unificando politicamente o mundo e impondo-lhe um regime administrativo novo, "o que lhe valeu a execução de um plano negativo" (a ambição de ser "o único mestre do mundo") era em si também uma determinação necessária na História (da China e do mundo), "de modo que não houve apenas seu ganho particular, mas um instinto que cumpriu o que os tempos em si exigiam".[102] Esse "instinto" secreto (da Razão) é o que os chineses denominam o "Céu", como fundo insondável da Regulação.[103] Aliás, não é só o destino infeliz desses grandes homens – aqueles que, ainda segundo Hegel, "tinham como vocação ser os homens de negócios do gênio do universo" – que é logicamente similar. César foi assassinado; a dinastia do primeiro imperador chinês não demorou a cair e a longevidade dinástica diminuiu para sempre:[104] a "casca" caiu assim que perdeu o grão.

---

101 Ibid., p.26.

102 Ibid., p.35.

103 Cf., por exemplo, Wang Fuzhi, *Dutongjianlun*, cap. I, p.2, "Yi zhe qi tian hu".

104 Hegel, op. cit., p.36; Wang Fuzhi, *Dutongjianlun*, p.2.

A propensão das coisas

Contudo, a partir dessa analogia, a diferença entre essas duas concepções da História só aumenta – e revela o abismo entre as duas configurações discursivas em que se inserem. Hegel concebe a Razão na História por uma relação de "meio" e "fim": tudo que acontece no decurso do tempo, até a ação dos grandes homens, é apenas o meio pelo qual se realiza o "fim do universo", que é a ascensão da consciência à liberdade. Para Hegel, herdeiro da tradição judaico-cristã, a história universal deve ser concebida como um progresso cujo resultado, embora não seja mais pensado de forma puramente religiosa (a Cidade de Deus), é ainda assim seu destino, desde o princípio. Ora, já vimos que, desde a sua primeira formulação (em estratégia), a concepção do *che* não passa por essa relação – que nos parece tão natural ao intelecto – de meio e fim: se, no âmbito da História, o Céu pode aproveitar o interesse particular dos grandes homens, é por pura determinação interna do processo, que, concebido em sua totalidade, tem de deixar transparecer seu papel eminentemente regulador. Mas sem a intervenção de uma Providência ou plano concertado. A visão chinesa da História não é teológica, já que não é lugar de Revelação e não há nenhum desígnio decifrado nela; é desprovida de escatologia, já que não é conduzida por uma causa final. Nenhum *télos* a justifica, sua "economia"[105] é imanente. Em última análise, essa diferença se explica, em larga medida, pela concepção do tempo: embora a tradição chinesa possua

---

105 Sobre essa "economia" do plano divino na história humana segundo a tradição cristã, cf., por exemplo, Henri-Irénée Marrou, *Théologie de l'histoire*, Paris, Seuil, 1968, p.31 et seq.

claramente a noção de um futuro próximo, que já existe indicialmente no momento presente e que a evolução do processo, tal como é encetado, fatalmente fará advir, ela não parece dar consistência própria ao futuro puro. O tempo do processo é o infinitivo; sua lógica, visto que é autorregulada, implica que não possa haver término: uma *conclusão* da História é impensável.

A diferença entre as duas tradições, por consequência, só pode aumentar. Mesmo a definição que parecia absolutamente geral e da qual era impossível escapar: "A História é a narrativa de eventos (ou fatos) verídicos que têm o homem como ator" (o não eventivo, como mostraram as novas concepções da História, é apenas "a historicidade da qual não tomamos consciência como tal"),[106] não é mais tão pertinente em relação à tradição chinesa como foi em relação a nossa tradição durante vinte e cinco séculos. O gênero histórico, na China, dirige sua atenção mais para a transformação do que para o evento, ou fato, e não se apresenta como uma narração contínua (registro em anais ou coleção de documentos: o fato/evento intervém sobretudo como ponto de referência da evolução). O que nos instiga de fora a nos repensar: se em nossa tradição o gênero histórico tem como objeto o fato ou evento, essa "escolha", no recorte e na montagem que ele faz do real, reflete a primazia que demos, no plano metafísico, ao ente individual (*ens individuum*, do átomo a Deus, enquanto a tradição chinesa privilegia a relação); do mesmo modo,

---

106 Cf. o estudo de Paul Veyne que nos serve de inspiração aqui, *Comment on écrit l'histoire*, Paris, Seuil, 1971, reed., 1979, p.24.

A propensão das coisas

se a forma que damos à História é narrativa, é porque, no Ocidente, o gênero histórico deriva da narrativa épica (ora, a China é a única grande civilização a não propor nem cosmogonia nem epopeia). Por fim, a diferença está relacionada à própria natureza do trabalho do historiador: a explicação ocidental da História repousa sobre o esquema causal; ora, vimos que a tradição chinesa dava amplo espaço à interpretação tendencial.

Sabemos qual é a lógica da explicação causal em história: ela repousa sobre uma operação que não é apenas de seleção (realizado o recorte do fenômeno "efeito", separar e escolher os antecedentes mais adequados), mas é também de ficção (imaginando evoluções irreais para medir a eficácia das causas: o que teria acontecido "se", *i.e.*, sem tal antecedente).[107] Trata-se, nesse caso, de um cálculo retrospectivo do provável (à maneira de uma predição às avessas ou "retrodição")[108] que, como tal, nunca é exaustivo (cada fato/evento situa-se no cruzamento de séries incontáveis e poderíamos recuar ao infinito à origem de cada uma delas): voltamos, de outro modo, ao ponto de vista da probabilidade, que, como constatamos no início desta reflexão, marcava as concepções estratégicas do Ocidente e ao qual se contrapunha, como aqui, o ponto de vista de "automaticidade" próprio da estratégia chinesa. Porque, ao contrário da montagem hipotética da causalidade, a interpretação tendencial apresenta-se como pura dedução do "inevitável"

---

107 Cf. a análise, já clássica, de Raymond Aron, "Le schéma de la causalité historique", in *Introduction à la philosophie de l'histoire*, reed., Paris, Gallimard, 1981, p.201 et seq.

108 Cf. Paul Veyne, op. cit., cap. 8.

(e este, nesse caso, não é mais devido a uma ilusão retrospectiva, mas é lógico): de um estágio para o seguinte, como vimos, o processo pode evoluir num sentido ou noutro (ou como acentuação da tendência, ou como contraversão dela, por reequilíbrio e compensação). Como o que acontece no estágio eventivo "não se realiza em um dia", é conveniente "voltar ao ponto de partida da evolução" que levou, por transformação contínua, ao que "seja assim" (daí o interesse tradicional da reflexão chinesa pelos tempos longos e suas "transformações silenciosas" – entre nós, esse é um interesse muito mais recente).[109] Contudo, essa explicitação de uma necessidade tendencial só é possível a partir de uma dupla operação teórica (da qual a tradição chinesa parece ter pouca consciência): de um lado, considerar a evolução histórica como um processo global e formando um sistema isolado (ao contrário da explicação causal, que permanece aberta e, quando se encarrega do devir, aceita que novos dados entrem em cena);[110] de outro, articular a realidade de

---

109 Essa é a fórmula com que Wang Fuzhi define globalmente a tarefa do historiador: *tui qi suoyi ran zhi you* (*you* deve ser entendido aqui em seu sentido próprio: "a partir de"); cf. *Dutongjianlun*, "Xulun", II, p.1110.

110 Esse caráter fechado do sistema é indicado com frequência, na reflexão chinesa (e em especial na reflexão histórica de Wang Fuzhi), pelo termo *shu* ("número"; cf. cap. posterior). Citemos, para marcar o contraste, Raymond Aron: "O real integral é impensável. Uma relação necessária aplica-se somente a um sistema fechado ou a uma série isolada. Reportada ao concreto, toda lei é provável; circunstâncias, alheias ao sistema ou ignoradas pela ciência, podem interromper ou alterar o desenvolvimento dos fenômenos previstos" (op. cit., p.206).

A propensão das coisas

modo bipolar, em que entram apenas as relações de oposição e complementaridade (disso decorre o equilíbrio possível: tensão-relaxamento, florescimento-declínio...). Ora, a civilização chinesa presta-se duplamente a isso: levando em conta apenas sua própria tradição e captando-a de um ponto de vista sempre unitário (essa é a força de seu etnocentrismo), não encontra dificuldade em considerar que o curso da História evolui dentro de um recipiente fechado; e, no plano filosófico, a dualidade de instâncias que serve para estruturar o devir histórico corresponde, para ela, ao próprio princípio de toda realidade, a correlação do *yin* e do *yang*. Portanto, a civilização chinesa era culturalmente predisposta a explicar o devir humano segundo essa lógica da tendencialidade.

VIII. No entanto, a reflexão sobre a História, no Ocidente, não ignorou completamente a interpretação tendencial. Um tema tão clássico como a "grandeza e decadência dos romanos" prestava-se comodamente a isso. Por exemplo, quando Montesquieu compara Cartago e Roma, da maneira bipolar tão prezada pelos chineses, ele tem plena consciência da lógica interna que leva do sucesso ao seu contrário. "Foram as próprias conquistas de Aníbal que começaram a mudar a sorte da guerra": sendo sempre vencedor, Aníbal não recebe mais reforços; tendo conquistado tantos territórios, não consegue mais mantê-los. Mais em geral, a noção de "corrupção", que está no centro da obra, quando consegue abandonar o sentido moral, ideológico demais para servir de explicação histórica (os romanos teriam se corrompido por influência do epicurismo),

François Jullien

encarrega-se de explicar a necessidade estrutural da contraversão.[111] Consequentemente, apesar de continuar preso
ao esquema causal, Montesquieu também se sente tentado
a ir além dele:

> Não é a fortuna que domina o mundo: podemos
> perguntar aos romanos, que passaram por uma sucessão
> contínua de prosperidades quando se governaram por certo
> plano, e uma sucessão não interrompida de reveses quando
> se conduziram por outro. Há causas gerais, sejam morais,
> sejam físicas, que agem em cada monarquia, elevam-na,
> conservam-na ou a derrubam; todos os incidentes estão
> submetidos a essas causas; e se o acaso de uma batalha, isto
> é, uma causa particular, arruinou um Estado, havia uma
> causa geral que determinava que esse Estado devia perecer
> por uma única batalha. Em suma, a atitude principal car-
> rega com ela todos os incidentes particulares.[112]

---

111 Desenvolvida em seu sentido moral, tradicional, no capítulo
10 de *Grandeza e decadência dos romanos*, a noção de "corrupção"
foi tomada pouco antes em sentido lógico (o da queda necessária): "Existe neste momento no mundo uma república
que quase ninguém conhece, e que, em segredo e em silêncio,
ganha força dia a dia. É certo que, se chegar algum dia ao
estado de grandeza ao qual a destina sua sabedoria, ela mudará
necessariamente suas leis; e não será por obra de um legisla-
dor, mas da própria corrupção". É essa noção de corrupção
que Montesquieu desenvolverá a respeito dos diversos tipos
de governo – a exemplo dos pensadores da Antiguidade – em
O espírito das leis (livro VIII). Nesse caso, porém, trata-se de
uma desagregação dos princípios políticos, e não de uma
evolução interna do devir.

112 Montesquieu, Grandeza e decadência dos romanos, cap. 18.

A propensão das coisas

"Causa geral" ou, como o próprio Montesquieu corrige, "atitude principal": estamos muito perto da tendência. Montesquieu teve a intuição do *che*: "Nem sempre os erros que os homens de Estado cometem são livres; muitas vezes são consequências necessárias da situação em que se está; e os inconvenientes fizeram nascer os inconvenientes".[113] O que lhe era historicamente possível, uma vez que, no século XVIII, saíamos de uma visão providencial da História (a que culmina com Bossuet) e a versão laicizada desta última ma (a partir do desenvolvimento da ciência: como lei de

---

113 Id. A ideia de uma tendência subterrânea, que irrompe de repente, é desenvolvida na comparação que abre o capítulo 14: "Assim como se vê um rio minar sem ruído e lentamente os diques que se erguem contra ele, derrubá-los num instante e cobrir os campos que antes protegiam, assim também a potência soberana sob Augusto agiu insensivelmente e caiu com violência sob Tibério". Essa concepção de uma "acumulação" da tendência é comum em Wang Fuzhi (*shi yi ji*; cf. *Dutongjianlu*, cap. 3, p.66) e leva a uma comparação análoga à de Montesquieu no *Songlun* (cap. 7, p.135). Do mesmo modo, a ideia de uma contraversão por reação tendencial e compensação – segundo o modelo tensão-relaxamento – encontra-se no capítulo 15: "Calígula restabeleceu os comícios que Tibério extinguira e aboliu o crime arbitrário de lesa-majestade que este estabelecera; a partir disso, podemos considerar que o início do reinado dos maus príncipes é semelhante ao fim do reinado dos bons: porque, por um espírito de contradição da conduta daqueles a quem sucederam, eles podem fazer o que os outros fazem por virtude"; e, em seguida, é generalizada de modo trágico (em vez de lógico): "Qual o quê! Esse senado eliminou tantos reis apenas para cair na mais baixa escravidão de alguns de seus mais indignos cidadãos, e extinguir-se por suas próprias sentenças! Eleva-se a potência apenas para melhor vê-la caída!".

François Jullien

um progresso humano inevitável, generalizada pelo século XIX) ainda não havia se imposto. Do mesmo modo, no início do século XX, quando nos distanciamos do esquema progressista, tivemos de nos voltar para a interpretação tendencial (florescimento-declínio): prova disso são os trabalhos de Spengler e Toynbee que tentam estabelecer uma morfologia das civilizações a partir de suas fases de crescimento e desagregação. Mas, nesse caso, como observa Raymond Aron, o problema é "o que significa para nós, no século XX, essa velha ideia de ciclos".[114]

A dificuldade teórica suscitada pela obra de Toynbee não se deve apenas ao fato de que ele teve de isolar cada uma das civilizações em um processo fechado (como os chineses foram levados a fazer em relação a sua própria). Essa dificuldade se deve sobretudo à ausência de um modelo – além da generalização por comparação – para dar forma ao devir. Os esquemas cíclicos da nossa Antiguidade não eram problema porque se baseavam numa visão cosmogônica em que, por princípio, a vida do homem e o destino do mundo eram indissoluvelmente ligados. No entanto, quando essas hipóteses cosmológicas ruíram (restaram apenas traços dela no Renascimento, ou em Vico), o único suporte que restou ao pensamento cíclico, não podendo ser astronômico, era de tipo zoológico ou botânico: a civilização é comparada a uma espécie animal ou vegetal, cada uma tem um período certo de floração, chega à maturidade e cai em decadência (segundo o modelo do *De generatione et corruptione*, de Aristóteles). Em Spengler, esse ponto de vista biologista se mantém; mas

---

114 Arnold Toynbee, op. cit., p.18.

A propensão das coisas

Toynbee tem consciência de que, no fundo, trata-se apenas de uma analogia: "... todo ser humano, como organismo vivo, está fadado à morte ao término de um tempo mais longo ou menos longo, porém [...] de minha parte, não vejo necessidade teórica de que as criações de um organismo mortal sejam mortais, embora seja indubitável que muitas morrem".[115] Daí a aporia a que o esquema cíclico acaba conduzindo, na obra de Toynbee, e seu retorno a uma visão progressista, que afinal é transformada em teologia. Podemos avaliar a contribuição que representou, para a tradição chinesa, o famoso *Livro das mutações* (o mais importante dos textos canônicos estabelecidos desde a Antiguidade): pela alternância de linhas contínuas e descontínuas, e pela série de sessenta e quatro hexagramas que deriva dela, é-nos dada uma fórmula única, livre de qualquer referência, da transformação. A interpretação é sistemática, assim como seu uso é polivalente. O próprio devir deixa-se interpretar e ordena-se segundo um princípio próprio: a teoria chinesa da História teve apenas, em todas as épocas, de fundir-se nesse molde.

Convém levarmos mais adiante a análise da diferença — recuar mais na genealogia da diferença. Devemos entender por que o pensamento grego teve tanta necessidade de extrair o "ser" do devir — enquanto, na China, somente existe realidade na transformação. Não se trata, é claro, de que os gregos não tivessem a mínima consciência do efêmero: prova disso são as cosmogonias primitivas, em que se sucedem gerações de deuses. Mas, nesse catálogo teogô-

---

115 Ibid., p.119.

nico, havia mais interesse na identificação das figuras da divindade, por fixação, do que nos modos de sucessão; não é a série de etapas que importa, mas o contorno, nítido e definido, que essas formas sucessivas adquirem.[116] Progressivamente, esse devir obscuro nascido do caos é dominado pelo pensamento, graças à instauração transcendente de uma lei encarnada pela Necessidade do destino; esse fluxo contínuo das coisas encontra consistência no arcabouço teórico que lhe é fornecido por números, figuras e elementos: a coerência do devir nasce da fórmula matemática ou lógica que estabelece nele a imutabilidade dos tipos. Como sabemos, essa dissociação é consumada com o platonismo: de um lado, o "ser", que é eterno e perfeito e diz respeito à ciência; de outro, o devir (a ordem da *génesis*), o que nasce e morre, mas não "é" jamais. Sob esse reinado do Mesmo revela-se a natureza rebelde do *outro*, o devir é, em si, princípio de irregularidade, desordem, mal: à medida que descemos na hierarquia dos seres, a parte correspondente ao devir torna-se maior, e é apenas por "participação" nas Ideias imutáveis que o que é mutável pode ser ordenado. Ora, o realismo aristotélico, embora se apresente como uma doutrina do devir, não muda essa perspectiva: ainda

---

116 Cf., por exemplo, Albert Rivaud, *Le Problème du devenir et la notion de la matière dans la philosophie grecque depuis les origines jusqu'à Théophraste*, Paris, Félix Alcan, 1905, p.15. Muitas vezes um simples "depois" (*épeita*) une os diferentes versículos da cosmogonia: ele significa apenas que os deuses vêm um *depois* do outro e são de idades diferentes, mas não diz que "estão todos unidos uns aos outros pela comunhão de uma substância, pela unidade de um mesmo desenvolvimento".

A propensão das coisas

que formas e devir não sejam mais separáveis, essas formas eternas conservam seu império e somente delas vem a determinação do devir.[117] O que escapa de seu domínio é o resíduo irracional – acidente, fortuna, monstruosidade ou qualquer outra manifestação ininteligível da necessidade. Em última análise, o devir identifica-se com a "matéria" e não sairemos mais dessa imobilização das essências.*

Essa seria, portanto, sob essa perspectiva, a diferença fundamental: o pensamento grego introduziu de fora uma ordem no devir (a partir dos números, das Ideias, das formas); ao passo que, no pensamento chinês, a ordem é concebida como interior ao devir, o que constitui este último como processo. Poderíamos dizer, ao menos como imagem, que o pensamento grego foi marcado pela ideia ao mesmo tempo trágica e bela da "medida" tentando impor-se ao caos; o pensamento chinês, por sua vez, mostrou-se sensível, desde cedo, à fecundidade regular e espontânea que decorre da alternância das estações do ano. Contudo, o que importa são sobretudo as implicações teóricas dessa dife-

---

117 Ibid., p.461.

* De Platão (*República*, livros VII e XI) e Aristóteles (*Política*, livros III e IV) a Montesquieu (*O espírito das leis*, livro VIII), os filósofos ocidentais consideraram o devir histórico apenas como a passagem de um regime político para outro: da monarquia para a tirania, da tirania para a democracia (ou vice-versa) etc. (Cf., por exemplo, Raymond Weil, *Aristote et l'histoire: essai sur la "Politique"*, Paris, Klincksieck, 1960, p.339 et seq.) Mais uma vez, é a partir de *formas*, em si mesmas imutáveis (as das diversas constituições consideradas em seu princípio), que o devir é pensado – e não a partir de uma lógica interna da transformação.

François Jullien

rença: porque projeta a ordem do exterior, o pensamento ocidental privilegia a explicação causal (nesta, antecedente e consequente, A e B, são extrínsecos um ao outro); porque concebe a ordem como interna ao processo, o pensamento chinês dá mais espaço à interpretação tendencial (antecedente e consequente são estágios sucessivos do mesmo processo, A-A'..., e cada fase transforma-se por si mesma na seguinte). É claro que a concepção de um dispositivo histórico só é inteligível a partir dessa oposição. Ainda resta considerarmos, abandonando o campo da história pelo da filosofia primeira, como se justificam essas duas atitudes, tanto em princípio como em generalidade.

8

*A propensão em ação na realidade**

I. "Acreditamos não saber nada antes de captar o porquê, isto é, a causa primeira"; é "o conhecimento da causa pela qual uma coisa é" que nos dá "a ciência dessa coisa de maneira absoluta e não acidental"; e ainda, "ensinar é dizer as causas de cada coisa":[1] essas sentenças de Aristóteles valem tanto no domínio da natureza física abandonada ao devir, geração e corrupção, como no da filosofia primeira, do Ser enquanto ser — a metafísica — em que a "causa primeira própria da coisa" equivale à Causa absolutamente primeira e remete a Deus. *Rerum cognoscere causas*: essa sentença foi o lema do nosso aprendizado filosófico, porque voltar na causalidade das coisas é como nos damos conta do real, até

---

* Como anteriormente, os textos chineses da Antiguidade são citados, em sua maioria, do *Zhuzi jicheng* (v.2, 3 e 7); os de Wang Fuzhi, no outro extremo da tradição, remetem à edição de Beijing, Zhonghua Shuju (1975, 1976 e 1981).

1 Aristóteles, *Física*, 194b; *Analíticos posteriores*, 71b; *Metafísica*, 982a.

em seus princípios; é ela que dá forma a nossa pergunta, que comanda a atitude de nosso espírito.

Parece impossível pôr em dúvida a validade absoluta dessa apreensão causal quando se está no interior da tradição própria do Ocidente. A tal ponto essa legitimidade se constituiu como evidente e lhe serviu de fundamento lógico: a causalidade é uma lei geral do entendimento, diz Kant, estabelecida *a priori*. Ora, o pensamento chinês, mesmo em sua interpretação da natureza, construiu-se muito pouco a partir desse princípio. Não que possa ignorar a relação causal, mas só recorre a ela no âmbito da experiência ordinária – à vista –, quando sua apreensão é imediata. Não a extrapola em supostas séries de causas e efeitos que possam explicar, ao fim de seu encadeamento, a razão oculta das coisas, ou mesmo o princípio de toda realidade.

Um primeiro indício desse interesse menor da tradição chinesa pela explicação causal é dado pela pouca simpatia que demonstrou pelos mitos. Sabemos a importância que nossa civilização deu à função etiológica do mito, quer este intervenha num estágio "pré-científico" do desenvolvimento do pensamento, quer continue vivo para responder a todos os porquês que não cansam de ultrapassar o conhecimento positivo. Na China, os elementos mitológicos esparsos que podemos encontrar pelo "folclore" nunca foram articulados pela especulação teórica para servir de resposta a esse atordoamento causado pelo enigma e pelo mistério. Em contrapartida, o importantíssimo desenvolvimento pelo qual passou a prática da adivinhação, no alvorecer da civilização chinesa, mostra, a partir da análise do diagrama divinatório, o embrião de outra lógica: a configuração das

A propensão das coisas

finas rachaduras que aparecem no casco de tartaruga exposto ao fogo, depois de uma série de manipulações muito elaboradas, nunca é interpretada em função da relação de causa e efeito que a implicou, mas como uma certa *disposição particular* eminentemente reveladora. Segundo diz Léon Vandermeersch:

> De um evento a outro, a relação que a ciência divinatória nos faz constatar não se apresenta como uma cadeia de causas e efeitos intermediários, mas como uma mudança de configuração diagramática, sinal da modificação global do estado do universo necessário a toda nova manifestação eventiva, por mais infinitesimal que seja.[2]

---

2 Léon Vandermeersch, "Tradition chinoise et religion", in Alain Forest e Yoshiharu Tsuboï (orgs.), *Catholicisme et Sociétés Asiatiques*, Paris, L'Harmattan, 1988, p.27; ver também os importantes desenvolvimentos que o mesmo autor dedicou a essa questão em *Wangdao ou la voie royale*, Paris, École Française d'Extrême-Orient, 1980, II, em especial p.267 et seq. ("Ritualisme et morphologique"). Léon Vandermeersch pôs perfeitamente em evidência como a lógica chinesa se distinguia da "teleológica" ocidental. Retomando essas análises, pergunto-me se é a noção de "forma" que explica melhor essa originalidade chinesa: talvez o aspecto dinâmico interno da configuração não esteja suficientemente marcado; além do mais, o pensamento ocidental, a partir de seu fundo aristotélico, tende a confundir forma e finalidade (ao invés de contrapô-los). Toda "morfologia" implica, de acordo com o costume, que se acrescente uma "sintaxe" a ela. Ora, na China, a configuração serve de sistema de funcionamento, e por isso fui conduzido a privilegiar a noção de *dispositivo*.

O diagrama divinatório torna-se mensageiro, por si só, de todo o jogo das implicações cósmicas do acontecimento que será previsto, e tais implicações "ultrapassam imensamente suas determinações causais e comandam inteiramente estas últimas": a configuração se oferece à leitura como uma captura momentânea e global de todas as relações em ação – e não ao modo dedutivo de um encadeamento.

Portanto, qualquer que seja o campo, e até em sua especulação mais geral, a interpretação chinesa da realidade procede por apreensão de um dispositivo: identificando primeiro certa configuração (disposição) vista como um sistema de funcionamento. Assim, à *explicação* causal opõe-se a *implicação* tendencial: a primeira deve remeter, na qualidade de antecedente, a um elemento que é sempre externo, de modo regressivo e hipotético; no segundo caso, a evolução em curso decorre totalmente da relação de força inserida na situação inicial, constituindo-se como sistema fechado e, portanto, à maneira do inevitável. É essa *inevitabilidade* da *tendência* que o termo *che* designa – no que diz respeito aos fenômenos naturais e na esfera da filosofia primeira. Tendência ou "propensão", conforme o termo a que recorreram os primeiros intérpretes ocidentais do pensamento chinês para explicar sua originalidade. Como Leibniz retomando os argumentos de Longobardi para contestá-los: "Os chineses, longe de ser condenáveis, merecem o louvor de fazer as coisas nascerem por suas propensões naturais"...[3]

---

3 Gottfried Wilhelm Leibniz, "Lettre à M. de Rémond", *Discours sur la théologie naturelle des Chinois*, Paris, L'Herne, 1987, p.93-4; cf. também Olivier Roy, *Leibniz et la Chine*, Paris, Vrin, 1972, p.77 et seq.

A propensão das coisas

Mas o que é então a "natureza", comparativamente a essa "propensão"?

II. A principal disposição, para os chineses, é a do Céu e da Terra: o Céu está em cima e a Terra está embaixo, um é redondo e o outro é quadrado. Porque a Terra, em razão de sua situação, está abaixo do Céu e corresponde a ele, sua "propensão" (*che*) sempre a conduz a "conformar-se e obedecer" à iniciativa que emana do Céu.[4] Graças ao efeito dessa disposição, Céu e Terra encarnam os princípios antitéticos e complementares que governam todos os eventos. A um só tempo o "iniciador" e o "receptivo", Pai e Mãe: desse dispositivo primeiro decorre todo o processo da realidade.

A lógica do evento atualizador deve ser pensada, portanto, pela propensão. Desde o fim da Antiguidade chinesa, quando começa a ser considerada, de modo teórico e global, a renovação sem fim dos existentes:

> O *Tao* [o "Caminho"] os engendra,
> a Virtude os alimenta,
> a realidade material lhes confere forma física,
> e a propensão os faz advir concretamente.[5]

De modo mais geral, a "virtude" atualizadora inerente ao processo é o dinamismo, constantemente renovado, que deriva da dualidade original, a do Céu e da Terra, do *yin* e

O livro das mutações

Laozi

---

4 *Di shi kun* 地势坤。 *O livro das mutações*, hexagrama *Kun*. O comentário de Wang Bi vai nesse sentido.

5 *Shi cheng zhi* 势成之。 *Laozi*, § 5, p.31.

do *yang*; e o *Tao*, o Caminho, é o princípio unitário desse infinito desenrolar. Ao cabo de todo esse encadeamento que explica o grande processo do mundo, a propensão designa as circunstâncias individuais que caracterizam os diversos estágios do processo e a tendência particular que decorrem delas: é essa "propensão" que conduz a seu advento concreto a mínima potencialidade de existência, mal esta última se esboça. Mesmo no estágio mais ínfimo e embrionário, essa tendência ao advento atualizador já se encontra implicada.[6]

Guiguzi

Portanto, é ela que devemos investigar atentamente no início de qualquer manifestação de existência; é ela que nos informa com certeza da evolução futura e, assim, fornece a base confiável sobre a qual devemos nos apoiar para sermos bem-sucedidos.[7]

Porque seria inútil e, portanto, absurdo querer agir no mundo, físico ou social, sem abraçar a tendência que se encontra objetivamente implicada nele e rege seu desenvolvimento. Seria inútil e, portanto, absurdo querer intrometer--se no curso da realidade, ao invés de conformar-se à lógica da propensão que decorre de dada situação. Esse ponto de vista é particularmente ressaltado por aqueles que, no início do Império, tentaram manter o "taoismo" como doutrina do Estado.[8] A sentença parece a mais banal evidência, mas é

---

6 *Ji zhi shi* 幾之勢。 *Guiguzi*, cap. 7, "Chuaipian".

7 *Yin qi shi yi cheng jiu zhi* 因其勢以成就之。 *Guiguzi*, cap. 10, "Moupian".

8 Sobre esse ponto, cf. o estudo de Charles Le Blanc, *Huai Nan Tzu: Philosophical Synthesis in Early Han Thought*, Hong Kong, Hong Kong University Press, 1985, p.6 et seq.

uma lição de sabedoria: "decorre espontaneamente da propensão das coisas"[9] que "o barco flutua na água e a carroça roda na terra".[10] Isso acontece porque as coisas tendem por si mesmas para o que é do mesmo gênero delas e se "correspondem por sua propensão".[11] Da disposição particular que nasce do encontro desses coisas resulta a possibilidade ou impossibilidade; para cada coisa, há um tempo e um lugar próprios que não podem ser alterados ou transgredidos:[12] o grande Yu conseguiu limpar o território chinês fazendo as águas correrem para o Leste, porque se apoiou na inclinação natural do relevo; Ji fez os desmatamentos necessários e conseguiu espalhar a agricultura, mas não conseguiria nunca fazer as plantas crescerem no inverno.[13] É impossível ir contra a propensão que está inserida na regularidade dos processos:[14] o que certamente não implica não agir, mas saber abrir mão do "ativismo" ingênuo, abstrair do próprio desejo de iniciativa e, respeitando o sentido dos fenômenos, poder aproveitar seu dinamismo e fazê-los cooperar.[15]

Huainanzi séc. II a.C.

Huainanzi

Consequentemente, podemos entender melhor como, por essa lógica do dispositivo, que é ela própria indissociável de certa estratégia da relação com a natureza, a expli-

---

9 *Shi zhi ziran* 勢之自然。

10 *Huainanzi*, cap. 9, p.131.

11 *Wu lei xiang ying yu shi* 物类相应于势。 *Guiguzi*, cap. 8, "Mopian".

12 *Huainanzi*, cap. 1, p.6.

13 Ibid., cap. 9, p.134-5.

14 *Tui (er) bu ke wei zhi shi* 推而不可为之势。

15 *Huainanzi*, cap. 19, p.333 (citado em Joseph Needham, *Science and Civilisation in China*, Cambridge, Cambridge University Press, 1956, v.2, p.68-9.

cação causal dos fenômenos pode ser suplantada por uma interpretação tendencial:

> Se dois paus são friccionados um contra o outro,
> [disso resulta uma brasa,
> se fogo e metal entram em contato, disso resulta a fusão;
> que o que é redondo tenha como norma rolar,
> que o que é oco tenha por princípio flutuar:
> essa é a propensão natural.[16]

Do mesmo modo que cada realidade do mundo possui sua natureza própria – "os pássaros voam batendo as asas no ar, os quadrúpedes deslocam-se pisando o solo" –, de cada encontro apropriado entre os elementos (madeira e madeira, metal e fogo, o que é redondo em relação com o solo, o que é oco em relação com a água) resulta uma evolução inevitável, porque decorre dessas disposições. A relação é considerada a jusante, por transformação de estágios,[17] no sentido do desenrolar do processo implicado – e não por subida exploratória na série de fenômenos, como encadeamento de causalidade.

"Natural", portanto, confunde-se com *espontaneidade*. E essa concepção da propensão levou a uma crítica explícita da causalidade finalista.[18] Não é em função de uma causa, e

Wang Chong
séc. I

---

16 Ibid., cap. I, p.5.

17 Ver o papel fundamental que coube, nesse tipo de expressão, à "palavra vazia", *er*, com o sentido de passagem de um estágio a outro.

18 A esse respeito, é interessante notar como se corroboram perfeitamente o início dos dois capítulos de Wang Chong,

A propensão das coisas

intencionalmente,[19] que o Céu e a Terra geraram o homem, mas, "da união de seu sopro, nasceu espontaneamente o homem"; do mesmo modo que é da união dos sopros, entre esposos, que nasce espontaneamente a criança: não porque, naquele momento, os esposos desejam gerar uma criança, mas porque "da emoção de seus desejos resultou a união, [e] disso procede a geração". Ou ainda: não é para atender às necessidades do homem que o Céu faz brotar os cereais ou o linho (e tampouco é para puni-lo que ocorrem as calamidades que prejudicam as colheitas). Portanto, essa geração "espontânea" se opõe ao modelo da fabricação humana, que, de sua parte, é concertada.[20] O Céu procede sem causas, por sua interação com a Terra, em função apenas de suas disposições recíprocas: ele não é "criador".

III. Um dos traços mais originais da civilização chinesa é ter evoluído desde cedo, a partir do sentimento religioso, para a consciência de uma regulação universal. Desde o fim do segundo milênio antes da nossa era, a divinização primitiva atrofiou-se: tomando o lugar do sacrifício, a manipulação divinatória encarregada de detectar as regularidades que se encontram em ação orienta a especulação para um

---

"Wushi" ("Da propensão das coisas") e "Ziran" ("Do natural", *i.e.*, o que acontece *sponte sua*), mesmo que o termo *shi* ainda não seja pensado por ele como uma noção própria (cf. os empregos secundários e comuns que se encontram no fim do capítulo "Wushi"). Essa elaboração filosófica da noção de *shi* visando explicar os fenômenos naturais começa de maneira clara, parece-me, somente em Liu Yuxi.

19 Sentido de *gu* oposto a *zi*.

20 Cap. "Wushi".

sentido cosmológico. Do animismo antigo que culminava na noção de um "Senhor do alto", comandando toda a natureza e impondo sua vontade aos homens, passe-se à ideia de um "Céu" que tende a libertar-se dessas figurações antropomórficas, assim como a conter, apenas por seu funcionamento físico, toda a onipotência divina. Paralelamente, as antigas potências ctônicas fundem-se todas em um único ente cósmico, a Terra, considerada simétrica em seu aspecto físico ao do Céu e agindo correlativamente a ele. Todo o universo é "funcionalizado" – *ritualizado* – e é pela perfeição e universalidade das normas encarnadas por ele que o Céu é transcendente.[21] O sentido do mistério retira-se do sobrenatural, não repousa mais no temor de um divino arbitrário, mas confunde-se com o próprio sentimento da "natureza": esse *fundo* de espontaneidade insondável derivando – sem descanso – do dispositivo inesgotável da realidade.

Com o florescimento das escolas de pensamento, no fim da Antiguidade, aparece um desenvolvimento filosófico maior ("Do Céu") que tende a separar – em oposição à ideia religiosa de ingerência – função celeste e destino humano. A marcha do Céu caracteriza-se pela constância: **Xunzi séc III a.C.** ela não poderia variar em função das alternâncias de ordem e desordem por que passa a sociedade; em sentido inverso, o Céu não poderia ter consideração pelos sentimentos humanos e "acabar com o inverno porque o homem detesta o frio".[22] Toda uma tradição do pensamento chinês

---

21 Sobre esse ponto importante, ver os excelentes desenvolvimentos de Léon Vandermeersch, *Wangdao ou la voie royale*, t. II, p.275 et seq.

22 Xunzi, "Tianlun", p.208.

A propensão das coisas

continuará a desenvolver essas concepções: em especial sob os Tang, na virada do século VIII para o IX, nos círculos "neolegistas" que tentam reagir com reformas radicais à crise política e social que abala o Império cada vez mais profundamente. O "materialismo elementar" dos neolegistas está associado a seus projetos reformistas, como afirmam os historiadores chineses da filosofia? O que é inquestionável, ao menos, é que, para eles, trata-se de uma posição de princípio: é absurdo imaginar um Céu que retribui e faz justiça; mais absurdo ainda é queixar-se ao Céu e pedir que tenha piedade. Como se o Céu pudesse sensibilizar-se e não ser mais do que um "teimoso"...[23]

Liu Zongyuan
séc. VIII-IX

Ante a concepção de uma consciência soberana que vê tudo e "determina o destino dos homens em segredo", o ponto de vista "naturalista" defende a ideia de duas "capacidades" independentes, desenvolvendo-se em planos parale-

Liu Yuxi
séc. VIII-IX

---

23 Liu Zongyuan, "Tianshuo". A Han Yu, que nega ao homem o direito de queixar-se ao Céu depois de tantos malefícios que lhe causou (estragando a natureza, como vermes que perfuram uma fruta – que grande defensor do meio ambiente!), Liu Zongyuan responde com o argumento de que o Céu é tão insensível ao bem ou ao mal que lhe fazem quanto o fruto. E Liu Yuxi, amigo muito próximo de Liu Zongyuan tanto na vida pessoal quanto na vida política (ambos foram do partido de Wang Shuwen), faz um desenvolvimento filosófico mais elaborado da tese "naturalista" de Liu Zongyuan. Aqui, portanto, há um debate de época, e é por meio dele que o termo *shi* adquire valor teórico (cf. o mesmo uso central desse termo na reflexão de Liu Zongyuan sobre a História, a respeito da evolução que levou ao feudalismo). Sobre a interpretação "materialista" que os historiadores chineses da filosofia fazem dessa reflexão, cf. Hou Wailu, op. cit., p.7.

los: a vocação do Céu é fazer brotar e manifesta-se na força física; a vocação do homem é a organização e manifesta-se nos valores sociais.[24] Quando reina a ordem na sociedade e os valores são objeto de reconhecimento unânime, o mérito é automaticamente recompensado e a má conduta recebe sua justa punição: ninguém cogitaria invocar qualquer ingerência do Céu. Entretanto, quando essa ordem "afrouxa" minimamente que seja e os valores se confundem, a função retributiva que cabe à organização social já não é assegurada com tanta regularidade: o que vai bem continua a ser explicado pela "razão das coisas", mas, para o que é injustificável, não há outro recurso senão conjurar o Céu. Por fim, quando a ordem social afrouxa completamente, e nada é como deveria ser, parece que tudo deixa de ser da responsabilidade dos homens e passa a ser competência apenas da autoridade celeste. Portanto, como é demonstrado, a religião deve sua existência exclusivamente ao estado insatisfatório da sociedade: apenas quando a ordem social falha é que se começa a fazer um plano interferir — abusivamente — no outro: a regulação do Céu na felicidade humana. Sob os bons soberanos, é impossível "iludir o povo com o sobrenatural"; mas, quando os costumes políticos se degeneram, o Céu é invocado "para ludibriar as pessoas".[25]

Liu Yuxi   O mesmo vale para a relação com a natureza: o homem somente começa a crer na ingerência do Céu quando não vê mais a razão daquilo que acontece com ele. Ora, esse "mistério" é sempre relativo: quem navega por um ribeirão

---

24 Liu Yuxi, "Tianlun", parte 1.
25 Ibid., parte 3, fim.

sente-se inteiramente senhor da manobra, ao passo que, num grande rio ou no mar, tendemos muito mais a apelar para o Céu. Trata-se do mesmo tipo de processo, contudo a diferença de proporções torna a explicação racional dos fenômenos ora mais clara, ora mais obscura. Mesmo no caso extremo de dois barcos navegando lado a lado, nas mesmas condições de vento e correntes, o fato de um flutuar e o outro afundar não implica a alegação de uma intervenção do Céu, e explica-se em termos de *che*, somente pela propensão.[26] A água e o barco são duas "realidades materiais" e, assim que entram em relação, disso resulta certa "ligação" que é objetivamente (e numericamente) determinada; e assim que essa ligação é determinada de certa forma, aparece inevitavelmente certa "tendência" que orienta o processo num sentido ou noutro (ou uma tendência a flutuar, ou uma tendência a afundar).[27] Cada caso se amolda a sua determinação singular e se casa com a propensão resultante:[28] esta advém de modo tão indissociável quanto "a sombra ou o eco". No entanto, de acordo com o comportamento dos fenômenos, a razão dessa propensão ora é perceptível, ora não é – porém é sempre a mesma lógica que se encontra em ação.

Assim, de maneira mais precisa ainda do que antes, a explicação causal que se espera é suplantada por uma interpretação tendencial que, nesse caso, serve como argumento supremo, o mais forte de todos, na desmistificação

---

26 Ibid., parte 2.

27 *Shu cun, ranhou shi xing hu qi jian yan* 数存, 然后势形乎其间焉。

28 *Shi dang qi shu cheng qi shi* 适当其数乘其势。

da ilusão religiosa. A questão é colocada explicitamente nesses termos, e seria conveniente medir sua incidência no plano metafísico: se tudo, na realidade, é regido por certa propensão que decorre de maneira sistemática da relação objetivamente mensurável que se instaura entre as coisas, "o próprio Céu não é limitado [e coagido] por essa inevitabilidade da tendência?".[29] Com efeito, o próprio Céu, em seu curso, é submetido à determinação da medida, como a das horas ou das estações do ano; e uma vez que "se fez alto e grande", ele não pode voltar a ser, por si mesmo, "baixo e pequeno"; uma vez que se pôs em movimento, "não pode parar, por si mesmo, nem um único instante": ele é submetido à inviolabilidade da tendência. E o reino desta última é absolutamente geral.

IV. Esse império da tendência é não apenas geral, como lógico também. Com o desenvolvimento do neoconfucionismo, a partir do século XI, os pensadores chineses mostram-se cada vez mais propensos a ressaltar o princípio de coerência interna que explica o processo da realidade. Embora se rebelem contra a influência do budismo, que, segundo eles, perverteu seus modos de pensar, eles são levados a considerar, retornando às fontes da reflexão chinesa, a exigência metafísica que essa outra tradição os fez descobrir. Desse modo, a noção de *princípio* e *razão das coisas* (o *li*) passa a primeiro plano para servir de fundamento à visão de mundo desses pensadores. Daí certa estruturação

---

29 *Tian guo xia yu shi ye* 天果狭于势耶。

A propensão das coisas

do real proposta segundo os seguintes três termos:[30] no nível do "princípio" existe "dualidade-correlatividade"; no nível da "tendência" (*che*), "atração mútua" entre os dois polos ("eles buscam um ao outro");[31] e, no nível da "relação", e de sua "determinação numérica", existe "fluxo" contínuo, que está sempre se "transformando". No início, portanto, são postuladas duas instâncias que se confrontam e correspondem; dessa disposição decorre uma interação recíproca que constitui a propensão dessas instâncias; e dessa relação dinâmica procede a atualização das manifestações fenomenais, em perpétua variação. Nesse encadeamento, a tendência é o termo intermediário que une a relação de princípio e o advento do concreto e constitui a tensão geradora e reguladora que é coextensiva ao real em sua totalidade.

> **Liu Yin séc. XIII**

Na tradição chinesa, há unanimidade acerca da concepção desse dispositivo. A discordância provém da maneira de servir-se dele. Reagindo ao agravamento da situação política com um rigorismo cada vez mais intransigente, o letrado confuciano, preocupado com o "povo" e o "Estado", tentou acusar seus adversários de se aproveitarem fraudulosamente da tendência para concretizar suas ambições privadas com segurança. O sábio taoista (à maneira do *Laozi*) não recomenda que nos rebaixemos de vontade própria e nos retiremos humildemente, ou até nos "esvaziemos" de nosso eu? Não prega como exemplo a "madeira bruta" ou a "criança de colo"? Mas isso é porque ele sabe que os contrários

> **Liu Yin**

---

30 *Jingxiu siansheng wenji*, "Tuizhaiji".

31 *Yi li zhi xiang dui, shi zhi xiang xun* 以理之相对, 势之相寻。

necessariamente se exigem e se substituem, e a função de compensação da tendência atuará em seu favor (não num além hipotético, obviamente, mas no futuro iminente); se ele se rebaixa, é para ser conduzido mais facilmente a elevar-se; se se retira, é para ser conduzido mais infalivelmente a avançar; se se esvazia ostensivamente de seu eu, é para impor mais imperiosamente este último. Porque sabe que, em sentido contrário, "a propensão do que é resplandecente é ser conduzido inevitavelmente a apagar-se";[32] "a propensão do que é pleno, ser conduzido a derramar-se"; ou ainda, "a propensão do que é afiado, ser conduzido a quebrar-se"...*

Essa falsa humildade esconde uma arte muito estrita da manipulação, protesta o letrado. Porque não só os outros se deixam desconcertar por essa aparência, mas sobretudo porque a tendência que nos impele não pode ser imputada a nós mesmos e procede da situação objetiva: não sou eu que procuro me impelir, mal e mal e por mim mesmo, mas sou

---

32 *Jiao zhi shi bi wu* 缴之势必污。

* Essa lógica de inversão está presente nesse texto fundador que é o *Laozi* (cf. em especial § 7, 9, 22 e 36): pondo-se atrás, o Sábio chega na frente e, não tendo interesse pessoal, pode fazer advir seus próprios interesses; e Wang Bi a interpreta em termos de *che* no século III. (*Shi bi qing wei* 势必倾危; *Shi bi cui nü* 势必摧衄。Cf. Comentário do § 9 do *Laozi, Wang Bi jixiaoshi*, Pequim, Zhonghua Shuju, 1980, I, p.21.) O que é significativo nesse caso, segundo o ensinamento do *Laozi*, é que isso é uma *compensação* inerente à tendência das coisas, implicada por esta última, portanto é "logicamente" necessária, e não uma *recompensa* dada num além e fora deste mundo por boa vontade divina (como na visão religiosa, em especial a cristã).

A propensão das coisas

empurrado, quase que contra a minha vontade, pela lógica inelutável da realidade. Taticamente, já que tem sempre em vista o desenvolvimento posterior da tendência e coloca-se em condições de aproveitá-la, o astuto manipulador está sempre à frente: "mal chega ao ponto de começar e já se antecipa ao fim, nem bem entra e já prepara a saída".[33] Sempre bem servido de recursos, tal como o grande processo do mundo, ele se torna tão "insondável" quanto este último. Vimos anteriormente que, por influência do taoismo antigo, a tradição chinesa definiu uma sabedoria que consistia em apoiar-se na tendência objetivamente em ação no interior dos fenômenos para deixar-se levar por eles e conseguir agir: ora, essa sabedoria possuía também um lado sombrio, que nada mais é que o uso perverso desse mesmo modo de proceder. Nesse mundo que rejeitou a arbitragem soberana da divindade, o Sábio e o manipulador confundem-se na arte de servir-se do dispositivo, unem-se por seu sentido comum da eficácia. É claro que as intenções diferem. Mas isso é critério suficiente pelo qual possam ser distinguidos?

V. Essa concepção de uma racionalidade da propensão resultou, afinal, numa noção única, a de "tendência lógica",[34] que, como tal, serviu para explicitar, nos últimos séculos do pensamento chinês, a visão da natureza e do mundo que essa civilização criou para si. De fato, o binômio une o que o pensamento chinês não saberia dissociar: de um lado, a ideia de que tudo, na realidade, advém sempre

---

33 *Jingxiu siansheng wenji*, "Tuizhaiji".
34 *Lishi* 理势。

de forma imanente, por desenvolvimento interno e sem que se possa invocar uma causalidade externa; de outro, a ideia de que essa geração espontânea é em si mesma eminentemente reguladora e a norma que ela veicula constitui o fundo de transcendência da realidade. Porque tal é, em última análise, o "Céu" dos chineses: seu curso "natural" serve também de absoluto "moral".

Trata-se, mais uma vez, da alternância — dessa vez, porém, na escala da realidade inteira — que decorre do dispositivo e serve de modo geral de funcionamento. De fato, o curso do mundo é apenas a sucessão ininterrupta das fases, opostas e complementares, de "latência" e "atualização": porque, no estágio harmonioso da latência, a dualidade bipolar (do *yin* e do *yang*) já se encontra implicada, uma "tendência lógica" acarreta "inevitavelmente" o processo que se desenvolverá em seguida por si próprio, por "impulso" recíproco desses princípios opostos.[35] Decorre disso, sem nenhuma intervenção, a atualização fenomenal. Mas esta em seguida é conduzida, por uma "tendência lógica" igualmente "espontânea", a regressar ao estágio de latência e diluir-se no "Grande Vazio" indiferenciado:[36] o universo inteiro é cadenciado pela concentração e pela dispersão, sempre correlativas, das duas energias cósmicas, pela vida e pela morte dos existentes, sucedendo-se infinitamente.[37] Quer se trate da fase de ida, quer da de volta, é impossível apressá-las ou, ao contrário,

Wang Fuzhi séc. XVII

---

35 *Xiang dang, qi biran zhi lishi* 相荡，其必然之理势。Wang Fuzhi, *Zhangzi zhengmeng zhu*, cap. I, "Taihe", p.1-2.

36 Wang Fuzhi, *Zhangzi zhengmeng zhu*, cap. I, "Taihe", p.5.

37 *Jie sheng jiang fei yang ziran zhi lishi* 皆升浑飞扬自然之理势。Wang Fuzhi, *Zhangzi zhengmeng zhu*, cap. I, "Taihe", p.13.

retardá-las: diante do caráter inevitável dessa *tendência lógica*, o Sábio não pode ter outra atitude senão "esperar pacificamente seu destino".

Essa concepção geral se prestou a uma interpretação física bem mais precisa. Das duas energias que proveem à atualização da realidade, uma (o *yin*) "congela" e "se concentra" por natureza, e a outra (o *yang*) "floresce" e "se dispersa": o que uma condensa, a outra dissipa inevitavelmente, e "então ambas tendem igualmente [com um mesmo *che*] a dispersar-se".[38] Todavia, dois casos devem ser levados em consideração: ou essa dispersão sucede harmoniosamente e, nesse caso, ocorrem os fenômenos normais da geada, neve, chuva e orvalho (cada um correspondendo a sua estação: geada no outono, neve no inverno, chuva na primavera e orvalho no verão); ou essa dispersão não sucede harmoniosamente e, nesse caso, ocorrem turbilhões violentos, que escurecem o céu: isso acontece porque o *yang* tendeu precipitadamente a dispersar-se, enquanto o *yin* se tornava cada vez mais sólido. É evidente que a tendência leva inevitavelmente este último a não poder manter-se muito tempo desse modo, mas primeiro ocorre certa explosão de violência e, em seguida, dá-se a dispersão:[39] fenômeno exatamente análogo ao que se constata, ocasionalmente, na sociedade quando, por exacerbação das contradições, a transformação progressiva e ininterrupta que constitui o curso da História é substituída por distúrbios e choques (recordemos, em particular, a análise que o mesmo autor faz da passagem do feudalismo para a burocracia, p.233).

Wang Fuzhi

---

38 Ibid., cap. "Canliang", p.39 (texto de Zhang Zai).
39 Ibid., p.41.

De um lado como de outro, porém, ainda que ocasione irrupções repentinas, a tendência é sempre resultado de uma necessidade absolutamente racional; e basta analisar "com sutileza" esse fenômeno de propensão,[40] diz o filósofo, para que essa aparente descontinuidade seja assimilada. As crises e as tempestades também são "lógicas".

VI. Com efeito, seria equivocado acreditar, como nos levaria a fazer uma abordagem grosseira, que o mundo, **Wang Fuzhi** "quando é bem governado", obedece apenas à "lógica" (*li*) e, "quando é mal governado", obedece apenas à "tendência" (*che*).[41] Tanto num caso como noutro, lógica e tendência são indissociáveis – e compete ao filósofo demonstrá-lo. O fato, para retomarmos a alternativa dada pelo *Mencius*, de que o menos merecedor seja submetido ao mais merecedor, ou simplesmente que o mais fraco seja submetido ao mais forte, é sempre uma relação de "dependência" que, como tal, exerce-se na forma de *tendência*. E, tanto num caso como no outro, se a tendência se exerce dessa forma, é porque "não pôde ser de outro modo", a tendência é justificada e possui sempre uma *lógica* própria.

O primeiro caso é claríssimo: "o menos merecedor submeter-se ao mais merecedor" corresponde simplesmente ao "dever ser"; e, nesse caso, é a lógica (a conformidade com o princípio) que faz advir a tendência (a relação de submissão) por si mesma.[42] Tanto de um lado como de outro,

---

40 *Jing ji lishi* 精极理势。Wang Fuzhi, *Zhangzi zhengmeng zhu*, cap. "Canliang", p.42.

41 Wang Fuzhi, *Dusishu daquanshuo*, t. II, p.599-601.

42 *Li dangran er ran, ze cheng hu shi* 理当然而然, 则成乎势。

A propensão das coisas

governantes e governados recebem o que lhes é devido: aos primeiros, "respeito"; aos outros, "paz". A hierarquia, baseada em valor, impõe-se por si só.

Obviamente, o caso inverso é que causa problema: quando do a superioridade hierárqrica não é merecida porque se tem mais sabedoria ou virtude e repousa exclusivamente na relação de força. É preciso reconhecer que, nesse caso, a tendência que submete o mais fraco ao mais forte não é "intrinsecamente" lógica (uma vez que não corresponde ao dever ser moral); contudo, ela também não é ilógica, como se quer demonstrar. Para nos convencermos, basta proceder *a contrario*, imaginando que o mais fraco – que não se diferencia do mais forte do ponto de vista do mérito – recusa-se a submeter-se ao mais forte e rivaliza com ele: essa louca ambição o leva infalivelmente à ruína e, se ele é responsável por um pequeno reino (caso considerado pelo *Mencius*), causará a desgraça de todo o país. O que é "absurdo": visto que só pode levar à autodestruição, essa insubmissão é certamente pior, do ponto de vista do mais fraco, do que submeter-se. Embora não corresponda à lógica do dever ser, essa última solução se justifica por que é preciso passar por isso. Mais exatamente: "não se poderia dizer que a submissão do mais fraco não é aquilo por que a razão das coisas não possa passar". Apesar de não ser ideal, essa justificação deriva da necessidade:[43] a força das coisas faz as vezes da razão das coisas, e, nesse caso, a "tendência" serve de "lógica".[44]

---

43 *Shi jiran er bu de bu ran* 势既然而不得不然。

44 *Shi zhi shun zhe, ji li zhi dangran zhe yi* 势之顺者，即理之当然者已。

François Jullien

Wang Fuzhi   O preconceito moral que consiste em dissociar tendência e lógica, conforme o mundo seja ou não governado "de acordo com o Caminho", fundamenta-se num preconceito metafísico: o que consiste em separar, na noção de Céu, *a energia que provê à atualização* (o *qi*) e *o princípio que rege esse processo* (o *li*).[45] Ora, o Céu, em seu curso, é um e outro ao mesmo tempo, é aquilo em que se transforma continuamente a energia atualizadora sob o comando do princípio regulador.[46] Porque não há atualização possível, positiva ou negativa, sem a energia que provê a essa atualização; e as épocas ruins, assim como as boas, são submetidas a um processo de evolução que é eminentemente lógico: elas não se devem a uma ausência de regulação, mas ao fato de que a regulação se opera de maneira negativa, no sentido da desordem. Testemunho disso é a experiência da doença, em que há uma regularidade em ação – mesmo que seja em sentido desfavorável. Na série de hexagramas d'*O Livro das mutações*, todos possuem certa "virtude", inclusive os que simbolizam reverso e estagnação.

Wang Fuzhi   O fato de a energia atualizadora poder se desenvolver sem ser submetida a um princípio diretor intervém apenas excepcionalmente: na natureza, quando surgem de repente turbilhões e borrascas; na história, em épocas de completa desordem, quando "tudo que se esboça desfaz-se sem tardar", ou quando nenhum poder, bom ou mau, consegue impor-se (na China, no século IV, na época dos Liu Yuan

---

45 *Qi, li* 气, 理。

46 *Li yi zhi qi, qi suo shou cheng, si wei zhi tian* 理以治气, 气所受成, 斯谓之天。

A propensão das coisas

e dos Shi Le). Mas as borrascas não põem em dúvida a regularidade das estações do ano, e a anarquia total não poderia durar muito no mundo sem levá-lo à destruição. Daí a conclusão necessária: como a energia atualizadora e seu princípio diretor não podem ser dissociados, "a tendência em ação nas coisas depende não só, para seu advento, da energia atualizadora, como também do princípio diretor". Aliás, em última análise, pela relação entre esses dois termos pode-se definir melhor o que é "tendência". Porque como se pode pensar a "tendência" – da forma mais abstrata, fora até desse contexto filosófico particular – senão como a *energia* que é espontaneamente *orientada* em certo sentido?

VII. Essa argumentação, emprestada de um dos mais profundos pensadores chineses (do século XVII), impressiona pelo caráter sistemático e radical. Mas ela somente pôde elaborar-se a partir de uma pluralidade de planos que implicam níveis de consciência muito diferentes entre si. O que é mais claro nela é a rigorosa crítica que faz à metafísica: rejeitando a dissociação entre regulação em ação e energia atualizadora, entre domínio do princípio e domínio do fenômeno, entre abstrato ideal e concreto empírico, rejeita ao mesmo tempo, e em plena consciência (visto que reage à influência do budismo, que, segundo o autor, insinuou--se até na tradição letrada), o corte idealista. Não que não haja uma distinção precisa entre esses termos, mas essa distinção, como mostrou Jacques Gernet,[47] não leva a uma

---

47 Cf. *Annuaire du Collège de France: résumé des curs et travaux, 1987-1988*, Paris, p.598 et seq.

separação: há concepção – abstrata – da dualidade possível, mas no sentido de uma correlação dos contrários que vai precisamente de encontro ao dualismo: na lógica chinesa do dispositivo, como vimos, o Céu e a Terra funcionam conjugados e o "aquém" não poderia ser separado de um "além". Aliás, em plena consciência também, essa mesma argumentação rejeita aquela ilusão do moralismo que acompanha a ruptura metafísica (foi até por essa ilusão que ela começou), a que opõe categoricamente a felicidade à infelicidade e abandona-se ao Céu quando alguma coisa vai mal. Hoje, os comentadores chineses fazem comumente a comparação com Hegel: a famosa inversão do "real" e do "racional" (conforme a sentença: "Tudo que é real é racional e tudo que é racional é real"), à qual a filosofia ocidental só chegou quando levou a posição idealista ao extremo, parece estar naturalmente implicada – e brotar espontaneamente – no fundo da filosofia chinesa da propensão.

Mais ambíguo, em contrapartida, é o estatuto que essa argumentação atribui à negatividade. Quando justifica o caráter lógico do processo que evolui em sentido negativo, ela apenas quer mostrar que toda desregulação possui seus modos de regularidade, como no caso da doença, ou considera que essa fase negativa contém uma positividade própria, que conduz a sua superação, como no caso do inverno preparando a renovação da primavera (conforme o exemplo usualmente privilegiado pela tradição chinesa, em especial *O livro das mutações*)? Tal ambiguidade (ao menos de nossa perspectiva) remete, na verdade, ao que constitui desde sempre o *parti pris* – oposto àquele que a tradição ocidental adotou em geral – da perspectiva chinesa: seu desinteres-

A propensão das coisas

se pelo estatuto ontológico do Mal, a prioridade que dá ao *funcionamento* (o "mal" aparecendo, em geral, apenas como um desfuncionamento). Mas, nesse estágio, é-nos forçoso reconhecer que uma leitura propriamente filosófica não leva a lugar algum: ela deve ser substituída por uma leitura mais antropológica, que reflita sobre a diversidade das tomadas de consciência que – em função de certa tipologia dos possíveis, como "grandes opções" – são a panóplia das civilizações.

Terceiro modo de leitura exigido aqui: uma leitura de ordem ideológica. Porque a noção de desordem com a qual trabalha essa argumentação peca menos por ambiguidade do que pelo efeito de perturbação do qual se serve essa argumentação (e isso, é claro, em relação à questão da hierarquia e do poder). Existem dois contrários possíveis à "boa ordem": a *má* ordem e a *ausência* de ordem. Ora, aqui é feito todo o esforço, dissimulado sob certa confusão, para valorizar o primeiro em detrimento do segundo. E, por trás desse esforço, esconde-se, como se pode desconfiar, a preocupação congênita da civilização chinesa a propósito da anarquia: melhor o pior tirano que uma vacância de autoridade.

Com efeito, a argumentação toda repousa, desde o princípio dessa reflexão, no fato de que é lógico que o mais fraco se submeta ao mais forte, "considerando-se que sua virtude e sua sabedoria não se diferenciam das de seu superior". Mas o que acontece no caso, ignorado aqui, em que aquele que está em posição de inferioridade seja mais merecedor – por "virtude" e "sabedoria" – do que aquele que o domina? Não é concebível uma revolta que faça (de novo?) o poder corresponder ao mérito? O que significaria se perguntar se, em vez de contentar-se com o pior de uma "lógica" que, em dissonância com a idealidade dos princípios, não tem outra justificação a não ser emanar das relações de força, portanto em vez de aceitar que a "força das coisas" sirva de "razão" suficiente, não seria conveniente rejeitar categoricamente essa reversibilidade bastante cômoda dos dois termos (rejeitar a ideia de que a situação também seja aceitável *ao inverso*), isto é, *querer* fazer sempre que a razão das coisas vença a força das coisas e *lutar* – apesar da relação de força e com sacrifício – para que o ideal domine enfim.

O que levaria a reatar, de uma maneira ou de outra, com o corte metafísico – o que sacraliza o Ideal (e postula um Bem absoluto) – e transformá-lo no fundamento desse heroísmo moral... Retornamos ao "Ocidente"?

É apenas no fim do desenvolvimento, e entre parênteses, que nosso pensador considera que o mais fraco (mas não diz se ele é mais merecedor) possa "contraverter uma lógica da desordem em uma lógica da boa ordem". Mas faz isso para constatar em seguida que, enquanto não consegue, ele cava a própria ruína... Já tivemos oportunidade de observar: a concepção do grande dispositivo do mundo e da regulação universal influenciou desde muito cedo as concepções políticas na China, a ponto de favorecer uma teoria totalitária e absolutista do poder. Ritualismo cosmológico e ritualismo social caminham juntos, é evidente. A irrupção da "desordem" somente pode ser levada em consideração nos interstícios da regulação e para ser logicamente incorporada a ela. São pensadas "tempestade" e "crise" – mas não revolução.

VIII. Na crítica que é feita aqui ao idealismo metafísico, a noção de tendência (*che*) serve, como vimos, de principal articulação. Uma vez que une os dois planos do real:[48] de um lado, o princípio regulador, que, enquanto princípio, nunca é "uma coisa" que possa advir concretamente, nunca se esgota numa orientação e, por conseguinte, é da ordem do "intangível" (deve-se evitar, segundo nos é dito, que a concepção do princípio seja reificada por confusão com o que ainda é apenas uma determinação singular, mesmo de modo hiperbólico, consagrado pela reflexão político-moral, que é o *Tao* ou "Caminho"); de outro lado, a energia que provê à atualização, a energia que (se) transforma continuamente e cujo caráter "ordenado" e "harmonioso" é a manifestação sensível desse princípio invisível. "Somente na inevitabilidade da tendência é que se percebe o princípio regulador":[49] como a tendência que orienta o curso da realidade decorre *sponte sua* desse dispositivo, é a ela precisamente que compete *revelar*, na atualização sensível, o princípio diretor sempre em ação.

Mais uma vez, portanto, mas dessa vez no estágio de toda a realidade, a propensão que decorre da disposição das coisas serve de mediação entre o visível e o que o ultrapassa: basta nos recordarmos da estética chinesa da paisagem, em que a tensão que emanava da configuração do traço abria para a dimensão do Vazio e predispunha a uma experiência espiritual; ou da teoria chinesa da História, em que a tendência implicada pela situação concreta permitia passar da

---

48 Ibid., p.601-2.
49 *Zhi zai shi zhi biran chu jian li* 只在势之必然处见理。

história imediata à lógica oculta que explica o curso dos acontecimentos. Pela propensão objetivamente em ação, o chinês vivencia o encontro com o invisível: por isso não precisa da "encarnação" de um Mediador ou de "postulados metafísicos". E as coisas possuem *naturalmente* um sentido.

A melhor prova da impossibilidade de qualquer ruptura idealista entre os planos do "princípio" e do "concreto" é fornecida – como começamos a perceber – pela reversibilidade da relação que existe entre eles. Mas tentemos pensar com mais cuidado sobre essa reversibilidade, passando da concepção do dispositivo para a da *praxis* correspondente a ele. É impossível não encontrar aqui estes dois pontos de vista complementares que, no entanto, cada vez dão lugar a uma alternativa diferente (já que correspondem a uma escolha moral): de um lado, a "conformidade", ou a "não conformidade", com relação ao princípio de ordem que determina o "caminho" que se vai seguir (no plano da idealidade moral, o *Tao*); de outro, a "possibilidade", ou a "impossibilidade", no nível da situação concreta que faz advir a tendência (enquanto orientação efetiva do curso das coisas).[50] Quer façamos advir a possibilidade concreta, ao

Wang Fuzhi

---

50 Wang Fuzhi, *Shiguangzhuan*, "Xiao ya", § 41, p.97-8. Breve análise desse texto no estudo de Lin Anwu, *Wang Chuanshan renxingshi zhexue zhi yanjiu*, Taipei, Dongda Tushugongsi, p.123 et seq. De modo geral, o tema da reversibilidade entre *li* e *shi* é hoje um dos que os historiadores chineses da filosofia abordam com mais frequência, a propósito de Wang Fuzhi – mas de forma muito simplificadora, parece-me (porque procuram muito diretamente nele um equivalente da nossa "dialética"), e sem extrair implicações filosóficas próprias.

nos conformarmos ao princípio de ordem, quer tornemos a situação impossível, indo contra esse princípio, o "princípio" é que "faz advir a tendência".[51] Mas a relação pode ser considerada no sentido contrário: do fato de perseguir o que é efetivamente possível resulta uma ordem ideal; ao passo que do fato de empregar algo impossível decorre um princípio de desordem. E, nesse caso, a "tendência" (no interior do concreto) é que "faz advir o princípio".[52]

É tomado como exemplo, na junção da política, do econômico e do social, o modo como o Estado deve conduzir sua política de cobrança de impostos em relação ao povo. **Wang Fuzhi** Uma boa gestão, nesse domínio, consiste em efetuar a cobrança quando o povo tem em abundância, mesmo que o Estado não se encontre em necessidade premente (uma má gestão corresponde ao princípio inverso de cobrar quando o Estado está necessitado e sem consideração pela situação do povo). De acordo com esse exemplo, cobrar os excedentes de que dispõe o povo para gratificar seus superiores satisfaz a todos e corresponde à equidade: tal é, nesse caso específico, a conformidade com o "princípio de ordem"; por outro lado, cobrar somente aquilo de que o povo dispõe como excedente e, assim, poder realizar efetivamente essa cobrança, de maneira que, tendo-se o cuidado de constituir uma reserva para as épocas difíceis, nunca haja falta de recursos: tal é a "possibilidade efetiva", no nível da situação concreta. Podemos ver, portanto, como é concebida a boa política (considerada, é claro, segundo seu

---

51 *Li cheng shi* 理成势。
52 *Shi cheng li* 势成理。

modelo chinês de regulação harmoniosa): ela corresponde ao caso da *conformidade com o princípio* que faz advir a *viabilidade da tendência*. Imaginemos, agora, o caso inverso (aliás, não é necessário "imaginar", já que o exemplo é fornecido com frequência pela história chinesa): se o Estado, porque necessita de dinheiro, tenta onerar o povo com impostos pesadíssimos, sem consideração por sua miséria, por mais que o pressione, só conseguirá esgotá-lo e arruinar-se ainda mais: tal é a impossibilidade efetiva, no nível da situação concreta. Nesse caso, é a *tendência* que, *pressionada pelas circunstâncias*, faz advir o *princípio*, mas de modo *negativo* – como "princípio de desordem":[53] aquilo a que nos constrange a situação (cobrar impostos com urgência do povo, porque o Estado tem necessidade premente de dinheiro), mas que, em si, não é possível (porque o povo não tem como acudir às despesas), leva à discórdia entre governantes e governados, entre "alto" e "baixo", e destrói a Harmonia. No caso precedente, da conformidade com o princípio resulta que as coisas correm bem (no nível do concreto); no caso em questão, do caráter impraticável do que se põe à obra nasce o absurdo (no plano lógico).

O "princípio", a "razão", determinarem o advento do concreto é o que a filosofia idealista sempre pôs em evidência. Mas, em sentido inverso, que a tendência efetiva, seja ela viável ou não, repercuta na ordem dos princípios e suscite uma lógica de regulação ou desregulação é aquilo mediante o qual o pensamento chinês vai de encontro à posição idealista e mostra a parcialidade desta. Com efeito,

---

53 *Yi shi zhi fou cheng li zhi ni* 以势之否成理 之逆。

A propensão das coisas

a lógica da transcendência repousa numa relação unívoca (do *logos* com o devir, da inteligibilidade com o empírico, do celeste com o humano); ao contrário, fundamentando todo o sistema de funcionamento numa dualidade de polos, o pensamento do dispositivo é conduzido a valorizar a interação e a reciprocidade – e isso *mesmo numa relação hierárquica*: o Céu é superior à Terra, mas não poderia existir sem ela; o princípio de ordem não só dá forma ao mundo, mas também depende do curso das coisas e advém a partir dele.

IX. O modelo do dispositivo é absolutamente geral, assim como a *praxis* que lhe corresponde e da qual acabamos de considerar um caso particular. Quer se trate do curso do mundo ou da conduta humana, compreender o que é a regulação das coisas significa pensar a consonância íntima e reversível que une princípio e propensão, e implica rejeitar estas duas posições opostas: não apenas, como acabamos de fazer, a do idealismo metafísico que tende a pensar o princípio separado da propensão concreta, mas também a do realismo político que tende, ao contrário, a privilegiar a propensão em detrimento do princípio – e que também devemos denunciar aqui. No caso da política, o "princípio" é o ideal que permite assegurar um funcionamento social harmonioso e remete à ordem imutável da moralidade; ao passo que a "propensão" (*che*) é a tendência favorável que emana da relação de força, em dada situação histórica, e na qual é possível apoiar-se de forma eficaz. Ora, também na política, seria ilusório acreditar que esses dois planos podem ser separados, isto é, que ideal e eficácia não se

Wang Fuzhi

acompanham necessariamente.[54] Se o "realismo" político erra, como nos é demonstrado, é do ponto de vista da realidade (quando, por oportunismo ou cinismo, leva em conta apenas as relações de força): ele deve ser criticado não em nome de um *a priori* moral que transcende a História, mas do ponto de vista da eficácia objetiva e *de dentro* do curso da História. Pois, como uma análise mais rigorosa fatalmente revelaria, apenas o respeito aos princípios pode gerar uma tendência verdadeiramente favorável: porque somente na medida em que ela abraça a regularidade das coisas é que esta é realmente confiável e pode durar.[55]

Poderíamos considerar, por exemplo, que, em nome do "realismo", deve-se distinguir entre a situação de tomada de poder e a condição de sua manutenção:[56] considerar que só se pode conquistar o poder apoiando-se na tendência

---

54 Wang Fuzhi, *Shangshu yinyi*, "Wu cheng", p.99-102. Eu não poderia seguir, para a leitura desse capítulo, a interpretação que Fang Ke esboça em *Investigações sobre o pensamento dialético de Wang Fuzhi* (*Wang Chuanshan bianzhengfa sixiang yanjiu*), Changsha, Hunan Renmin Chubanshe, 1984, p.140 e 144. A meu ver, Fang Ke considera equivocadamente que a expressão "casar a propensão efetiva favorável a seu poder de maneira a conciliar--se com o princípio regulador" corresponde ao caso do rei Wu (e da batalha de Mu). Na verdade, nesse estágio do desenvolvimento, trata-se de uma formulação geral e de princípio. Com efeito, todo o capítulo tenta distinguir a obra do rei Wu da do rei Wen, usando o primeiro para criticar toda política que separe princípio e propensão, por mais bem-intencionada que seja, e concebe a tomada de poder sem respeitar a exigência moral necessária para conservá-lo.

55 *Li zhi shun ji shi zhi bian* 理之顺即势之便。

56 *Gong shou yi shi* 攻守异势。

A propensão das coisas

favorável que emana da relação de força (*che*), e que se deve agir com moralidade e respeito aos "princípios" para preservar o prestígio da autoridade. Mas, na verdade, só é possível conquistar o poder, isto é, "submeter realmente o outro", quando já temos condições de conservá-lo; do mesmo modo, só é possível conservar o poder, isto é, "suscitar realmente a adesão do outro", quando temos condições de (re)conquistá-lo. Obviamente, devemos conquistar o poder para poder conservá-lo, mas apenas nossa capacidade de conservar o poder permite conquistá-lo efetivamente, de forma completa e estável, e sem oposição. A tomada de poder não é, portanto, esse tempo forte e essencial que imaginamos ingenuamente, e ela só se deixa conceber segundo seu modelo de conservação: *conservar o poder* é "suscitar a adesão de todos, fazendo reinar a ordem", o que significa "apoiar-se na idealidade do princípio para fazer advir a propensão efetiva [favorável ao seu poder]";[57] *conquistar o poder* é "obter a submissão de todos, conformando-se à exigência moral", o que significa "abraçar a propensão efetiva favorável ao seu poder de maneira a harmonizar-se com o princípio regulador".[58] O que significa concluir que o *princípio* de moralidade necessário à conservação do poder deve ser respeitado também no estágio de sua conquista, e que a *propensão* necessária à conquista do poder deve estar presente também no estágio de sua manutenção.[59] Portanto, ainda que esses dois momentos se oponham, na medida em

Wang Fuzhi

---

57 *Yin li yi de shi fi* 因理以得势。

58 *Yi shun shi yi xun li* 亦顺势以循理。

59 *Feng shou zhi li yi gong, cun gong zhi shi yi shou* 奉守之理以攻，存攻之势以守。

que escandem, por alternância, o curso da vida política e da História, a tomada e a manutenção do poder são perfeitamente homogêneas entre si: dependem da "mesma lógica reguladora", recorrem ao "mesmo tipo de propensão".

Porque, a despeito dessa alternância entre conquista e manutenção do poder a que é submetida, a História constitui um curso uniforme e contínuo em que *princípio e propensão* devem sempre se acompanhar é que podemos chegar legitimamente à seguinte consequência: toda tomada de poder que não obedeça ao princípio ideal e se apoie exclusivamente na tendência favorável existente no interior da relação de força está condenada de antemão e só pode malograr. Pois, mesmo que à primeira vista pareça favorecer tal empreendimento, a situação histórica evoluirá necessariamente em sentido inverso a partir de certo momento; portanto não podemos nos fiar na tendência futura[60] e esta acabará agindo contra nós. Tanto é verdade que, se a História procede das relações de força, estas não podem escapar da lógica da compensação. Por isso os chineses não imaginaram um julgamento final, transcendente em relação à história humana: logra, afinal, apenas o que é justo, e a História é totalmente legitimada a partir dela mesma.

A história dos grandes fundadores de dinastia na China
Wang Fuzhi Antiga constitui uma prova exemplar. Porque souberam tomar o poder respeitando a moralidade, puderam fazer a dinastia reinar durante séculos e séculos (como Tang, fundador dos Shang, ou Wen, fundador dos Zhou). Em primeiro lugar, não tentaram tomar o poder por ambição

---

60 *Bu neng yu chi hou shi* 不能豫持后势。

pessoal, mas porque a linhagem reinante degenerara completamente e a situação exigia que fosse substituída. Em segundo lugar, mesmo diante de soberanos tão corrompidos, empenharam-se em conduzir-se o mais que puderam como súditos fiéis e tardaram tanto quanto possível a bani-los ou castigá-los; já os vassalos que apoiavam esses maus príncipes, eles se apressaram em exterminá-los, sem a menor piedade, mesmo que seus erros parecessem ter "menos peso" que os do suserano, do ponto de vista de certa avaliação positiva da situação: porque tinham mais peso de certo ponto de vista moral, considerando-se o respeito que se deve ter, por princípio, ao seu senhor. Isolando o soberano e privando-o de apoio, e estendendo ao mesmo tempo sua ascendência à população, eles conseguiram inverter a relação de força, a seu favor, sem ter de confrontar diretamente o soberano, e sem se tornarem culpados em relação ao princípio hierárquico. Eles não "tomaram" o poder: este é que veio *sponte sua* para suas mãos, e foi mais solidamente conquistado porque eles nunca transgrediram a legitimidade.

Em contrapartida, se um vassalo, ao invés de proceder dessa maneira, por influência de sua virtude, começa a confrontar abertamente o soberano (como o rei Wu na planície **Wang Fuzhi** de Mu), por mais corrompido que seja esse soberano, e por mais justa que seja sua causa, ele fragiliza objetivamente o poder que tenta conquistar, por desrespeito ao princípio moral (hierárquico). (Por mais que o rei Wu tenha proclamado o "fim da guerra" e se empenhado em demonstrações pacíficas para provar sua boa vontade, as revoltas não demoraram a explodir e ele foi obrigado a retomar as expedições punitivas.) Porque, se o vassalo que aspira ao poder não respeita o que é devido a todo soberano, seus próprios vassalos "regatearão" o respeito que devem a ele, e a ordem não poderá ser estável nem seu poder poderá ser assegurado. É esse o caso quando se tenta "conquistar o poder" (apoiando-se na relação de força) sem fazer o necessário para "mantê-lo" (*i.e.*, respeitar a legitimidade), e o resultado – do ponto de vista da força positiva – é que nunca se é realmente vitorioso.

Podemos avaliar a incidência que teve essa concepção no plano da política e da História. Em vez de atribuir às revoluções a virtude de dinamizar o desenvolvimento histórico, os chineses se empenhar em unir poder e legitimidade da forma mais íntima possível: não conceber capacidade efetiva a não ser no âmbito de um processo contínuo e por transmissão; reduzir ao mínimo toda forma de irrupção ou rompimento, em benefício de uma eterna *transição*. A oposição só tem chance de afirmar-se na medida em que, longe de desgastar-se numa relação conflituosa, faz o papel de fator substitutivo e regenerador, insere-se numa lógica reguladora de alternância e consegue servir de sucessor.

Também podemos avaliar a incidência que ela teve no plano filosófico. Porque, ao mesmo tempo que conduz a uma crítica explícita do idealismo metafísico (separando o princípio de ordem do curso atualizador das coisas) – e do moralismo que o acompanha (opondo as épocas em que "reinaria apenas o princípio" àquelas em que "reinaria apenas a tendência") –, a correlação que é estabelecida dessa forma entre o princípio ideal e a propensão efetiva leva a fundar *em nome do realismo* – e até no domínio da política – um idealismo moral cujo caráter de *idealidade* é tanto mais pronunciado quanto não repousa sobre nenhuma base ontológica ou religiosa. Essa é, a meu ver, uma das articulações mais fortes do pensamento chinês. Ela poderia ser resumida na seguinte fórmula: "Não há princípio de ordem separado da realidade concreta nem tendência em ação separada do princípio de ordem".[61] De um lado, os filósofos chineses se recusam a hipostasiar o princípio de ordem para transformá-lo em um Ser metafísico; de outro, consideram que nada pode ser conduzido a advir fora desse funcionamento regulador. Não há Norma transcendendo o real (tomada como Verdade), mas a normatividade está sempre em ação, e é ela que gere todo o "fluxo" do real em um eterno processo. O homem, se realmente se conforma a ela, não só é sempre bem-sucedido, como ainda, procedendo no sentido desse dispositivo, "cumpre" sua natureza, pode "conhecer" o "Céu" — "tomar parte" dele.

Wang Fuzhi

X. Para explicar o advento do real, a filosofia ocidental dividiu-se em duas opções rivais: de um lado, a explicação "mecanicista", ou "determinista" (cujos precursores foram pensadores como Empédocles ou Demócrito), que explica esse advento do ponto de vista da gênese e dos encadeamentos necessários; de outro, a explicação "finalista" e teleológica (esboçada em Anaxágoras e Diógenes de Apolônia, desenvolvida no Platão de *Timeu* e das *Leis* e consagrada por Aristóteles),[62] que interpreta o processo da realidade do

---

61 *Li shi wu li, li li wu shi* 离事无理, 离理无势。

62 Sobre a história dessa tradição, cf. Michel-Pierre Lerner, *La Motion de finalité chez Aristote*, Paris, PUF, 1969, p.11 et seq.

François Jullien

ponto de vista do cumprimento – ótimo e "lógico" – do qual é o objetivo. Duas opções que, por se contradizerem, dinamizaram o desenvolvimento da reflexão ocidental: "a partir de quê?", por um lado, e "a fim de quê?", por outro.[63] Ora, a concepção chinesa de um dispositivo de funcionamento e da propensão que decorre espontaneamente dele parece coincidir, de certo modo, com cada termo dessa alternativa, isto é, parece não corresponder a nenhum dos dois, no fim das contas. De fato, esses dois termos, apesar da discordância, fundamentam-se num *senso comum* – o da causalidade. É precisamente esse "senso comum" que a tradição chinesa não parece compartilhar.

Como na opção determinista, a concepção chinesa do dispositivo evidencia o desenrolar inelutável do curso das coisas, que é expresso pela propensão, e explica seu engendramento exclusivamente pelas qualidades físicas ("duro" – "mole" etc.) e como fenômenos de energia.[64] Mas, na concepção grega, essa necessidade inelutável é apenas a outra face do acaso, e a adaptação constatada na natureza não poderia ser um princípio imanente desta (em Empédocles, criticado por Aristóteles sobre esse ponto, ela deriva de encontros bem-sucedidos e por eliminação de tudo que não é viável). Ao contrário, a ideia de regulação encontra-se na origem do pensamento chinês do processo: longe de ser um mecanismo

---

63 Cf., por exemplo, Aristóteles, *Das partes dos animais*, 639b (trad. fr.: *Traité sur les parties des animaux*, ed. J.-M. Le Blond, Paris, Aubier, 1945, p.83-4).

64 Cf., por exemplo, a apresentação da teoria mecanicista em Aristóteles, *Física*, 198b (trad. fr.: *Physique*, trad. Henri Carteron, Paris, Les Belles Lettres, [s.d.], p.76).

A propensão das coisas

cego, a propensão que o conduz é concebida, como vimos, como eminentemente lógica.

Daí a conivência que acreditamos notar entre a tradição chinesa e a posição contrária (aristotélica), que aborda o real do ângulo da "constância" ou do "mais frequente": mesma ênfase, de ambos os lados, nas regularidades funcionais, como a do ciclo das estações do ano;[65] mesmo sentimento, de ambos os lados, de um dinamismo organizador que age em todo o universo (o *ouranos*). Mas, na concepção grega, essa regularidade do processo se justifica por seu cumprimento, que corresponde ao cumprimento da natureza enquanto forma ou noção (*eidos*) e lhe serve de "fim" (*télos*), em relação aos meios materiais empregados. Ora, como vimos, quer se trate de estratégia, da concepção da História ou da filosofia primeira, a lógica chinesa da propensão não pensa em termos de finalidade. Daí certa divergência fundamental na concepção da natureza: embora critique a concepção cosmogonista e demiúrgica que inspira Platão no *Timeu*, Aristóteles considera as transformações da natureza por "analogia" com a fabricação técnica:[66] "conforme se fabrica uma coisa, assim ela se produz por na-

---

65 Cf., por exemplo, Aristóteles, *Física*, 199a (trad. de Carteron, p.77).

66 Cf., por exemplo, ibid., ou *Das partes dos animais*, 640a (ed. Le Blond, p.87); sobre esse ponto, cf. Joseph Moreau, *Aristote et son école*, Paris, PUF, 1962, p.109 et seq., assim como, entre os estudos recentes, Lambros Couloubaritsis, *L'Avènement de la science physique: essai sur la "Physique" d'Aristote*, Bruxelas, Ousia, 1980, cap. 4, ou Sarah Waterlow, *Nature, Change and Agency in Aristotle's Physics*, Oxford, Clarendon, 1982, cap. 1 e 2.

tureza", e, se a arte de construir barcos estivesse na madeira, ela agiria como a natureza (a principal diferença deve-se apenas ao fato de que, conforme o caso, o "princípio do movimento" está em si ou fora de si). Assim como na arte, é do fim que a natureza parte, e a série de antecedentes é determinada pela forma que será realizada (como as partes pelo todo: as monstruosidades da natureza são apenas "erros de finalidade"). O que significa que a ordem, no devir, não procede do próprio devir (da lógica própria), mas da causa final à qual ela leva. Em sentido contrário, os chineses nunca conceberam a geração do mundo e as transformações da natureza pelo modelo da criação divina, ou pelo modelo desmistificado da fabricação humana. Por isso não precisaram extrair (abstrair) da ideia de processo regular a noção de *bem* posta como *fim*:[67] a ideia de autorregulação é suficiente.

A relação de meio e fim corresponde, na física de Aristóteles, ao de *matéria e forma*. Ora, assim como os chineses não se dedicaram a instituir formas como fins dos processos, assim também é difícil fazer sua concepção da energia que provê à atualização corresponder a essa ideia

---

67 Mesmo para o "naturalista" Aristóteles, o Bem não é imanente ao Mundo: ele emana de Deus, que é sua fonte, como atesta a comparação com o general e seu exército. Cf. Aristóteles, *Metafísica*, L, 1075a (trad. fr.: *Métaphysique*, trad. Jules Tricot, Paris, Vrin, 1964, p.706): "Com efeito, o bem do exército está em sua ordem, e o general que o comanda é também seu bem, e até em um grau mais alto, porque não é o general que existe em razão da ordem, mas é a ordem que existe graças ao general".

de matéria-meio. No Ocidente, o debate remonta a nossa descoberta da China (os padres Longobardi, Sainte-Marie, Leibniz...): os chineses são "materialistas" ou não? Mas a questão é marcada demais por nossas próprias concepções para poder ir ao encontro de outra cultura e admitir um sentido – e, portanto, não pôde ser resolvida. Pois reconhecer, como fizemos anteriormente, um "anti-idealismo" da posição chinesa (reagindo à exigência metafísica importada para a China *via* budismo) não implica ter de considerá-la positivamente materialista: como se devesse seu advento à identificação de certa "matéria" e adquirisse sentido de acordo com essa lógica.*

Daí o problema de método para tornar a comparação pertinente: para escapar do quiproquó e encerrar os falsos debates, que outra solução há, senão tentar voltar às origens do estabelecimento dos quadros do nosso pensamento – a fim de descobrir onde começa a clivagem e em que sentido ela se opera? Ora, mesmo isso somente é possível se fixarmos um ponto de entendimento efetivo, aquém dessa clivagem, do qual possamos ver surgir a diferença e que sirva de base para sua reconstrução. Evidentemente, não da perspectiva – realista – de uma história, mas de acordo com a exigência de uma *genealogia* teórica.

XI. Esse *ponto de entendimento* entre física grega e concepção chinesa do processo, que antecede a diferença, é encontrado no fato de que cada uma dessas tradições pensa

---

* Sobre esse ponto, cf. nosso ensaio anterior, *Procès ou création*, Paris, Seuil, 1989, p.149 et seq.

a mudança a partir dos contrários. Nisso concordam, segundo Aristóteles, todos os pensadores que o precederam, apesar das aparências e da "falta de razão" destes últimos, "como se a própria verdade os forçasse a isso":[68] não apenas os contrários servem de princípio para a mudança (segundo a noção aristotélica mais geral: *metabolé*, ao mesmo tempo geração e corrupção, movimento, alteração), como deve tratar-se de uma contrariedade única (uma vez que "há uma contrariedade única num gênero uno" e "a substância é um gênero uno"). Há unanimidade também na tradição chinesa, na qual os princípios opostos *yin* e *yang* servem, sozinhos, para explicar todas as transformações: podemos imaginar um pensamento da "mudança", da "transformação", que se atribua um ponto de partida que não seja essa "contrariedade" inicial (como *enantíosis*)?

Mas a diferença entre pensamento grego e chinês intervém quando Aristóteles, retomando uma argumentação do *Fédon*, é levado a acrescentar aos dois princípios contrários (*antikeimena*) um terceiro termo que sirva de suporte aos dois primeiros e possa recebê-los alternadamente: *substrato-sujeito* (o que "jaz sob": *hypokeimenon*) que se deve "pressupor", além dos "opostos" que substituem um ao outro, como princípio permanente da mudança. Consideremos, seguindo o exemplo da *Física*, os dois termos contrários "densidade" e "raridade": "seria bastante embaraçoso dizer por qual disposição natural a densidade exerceria uma ação sobre a raridade ou esta sobre a densidade"; portanto, é preciso necessariamente que "a ação de ambas se dê num

---

68 Aristóteles, *Física*, cap. 1, 188b (trad. Carteron, p.40).

A propensão das coisas

terceiro termo", e por esse motivo somos conduzidos a "postular", sob os contrários, "uma outra natureza".[69] O mesmo raciocínio é repetido múltiplas vezes por Aristóteles, de modo igualmente sistemático. Como na *Metafísica*:

> A substância sensível é sujeita à mudança. Ora, se a mudança ocorre a partir dos opostos ou dos intermediários — certamente não de todos os opostos (pois o som também é não branco), mas somente a partir do contrário —, há necessariamente um substrato que muda do contrário para o contrário, visto que não são os próprios contrários que se transformam um no outro.[70]

E essa "alguma coisa" que "permanece sob" a transformação (*hypomenei*) é a "matéria".

Por que essa necessidade lógica de um terceiro princípio concebido como "substrato" – "sujeito"? Como se disse anteriormente, é porque os contrários "não têm ação um sobre o outro", "não se transformam um no outro" e "destroem-se reciprocamente".[71] Em termos lógicos, eles se excluem. Ora, a tradição chinesa enfatiza o fato de que os contrários, ao mesmo tempo que se opõem, "contêm-se mutuamente": no *yin* há o *yang*, do mesmo modo que no *yang* há o *yin*; ou ainda: enquanto o *yang* penetra a densidade do

---

69 Ibid., 189a (Carteron, p.41-2).

70 Id., *Metafísica*, L, 1069b (trad. Tricot, p.644); cf. *Da geração e da corrupção*, 314b (trad. Tricot, p.6) e 329a (trad. Tricot, p.99).

71 Ibid., 1075a (trad. Tricot, p.708); cf. A. Rivaud, op. cit., p.386.

yin, este se abre para a dispersão do *yang*:[72] ambos procedem constantemente da mesma unidade primordial e suscitam mutuamente sua atualização. Portanto, podemos inverter literalmente a expressão de Aristóteles: há uma "disposição natural" pela qual os contrários interagem um com o outro, e essa interação é ao mesmo tempo espontânea e contínua (contínua porque espontânea).

"Não existe ser do qual se veja que a substância seja constituída pelos contrários", diz ainda Aristóteles. Ora, na China, toda energia que provê à atualização é constituída ao mesmo tempo pelo *yin* e pelo *yang*, e estes não são apenas os termos últimos da mudança: eles formam *juntos* tudo o que existe; portanto, não há por que pressupor um "terceiro termo" que sirva de suporte para a relação entre eles (o próprio princípio diretor não existe além dos contrários, mas exprime relação harmoniosa que se estabelece entre eles). Eles formam, sozinhos, um dispositivo autossuficiente, e a propensão que decorre de sua interdependência, como constatamos, orienta o processo da realidade. Ao mesmo tempo que cessa de dissociar-se, a energia é constantemente levada a atualizar-se, num funcionamento regular e compensador: há constante *materialização*, mas não "matéria" propriamente dita. Ao passo que, em Aristóteles, a insuficiência dinâmica dos contrários acompanha seu substancialismo: o real não é pensado como dispositivo (*i.e.*, dinamizando-se a partir de sua disposição), mas numa relação entre matéria e forma,

---

72 Essas fórmulas aparecem em toda a tradição chinesa; cf., por exemplo, Wang Fuzhi, *Zhangzi zhengmeng zhu*, cap. 2, "Canliang", p.30, 37 e 40.

A propensão das coisas

e a partir da noção de essência (em que os contrários só podem ser "inerentes" a um sujeito, enquanto "acidentes"). Consequentemente, a mudança não pode mais ser interpretada em termos de tendência espontânea, como numa estrutura bipolar, mas implica a elaboração de um sistema complexo de causalidade.

Esta sentença, extraída da *Metafísica*, poderia parecer culturalmente neutra e simplesmente óbvia: "Tudo o que muda é alguma coisa que é mudada, por alguma coisa, em alguma coisa".[73] Mas talvez agora se perceba melhor quanto de *a priori* teórico essa generalidade da definição dissimula. (Quero dizer: quanto de *parti pris* se encontra escondido sob a trivialidade da expressão.) Poderia parecer que estamos apenas frisando a tautologia, mas encontra-se aí, na explicitação mínima da definição, tudo o que serviu para articular nosso pensamento. Ela implica, além dos dois contrários (aqui transformados em relação entre "forma" e "privação"), a noção de um sujeito que serve de matéria para a mudança e a de um agente "pelo qual ocorre a mudança". Porque, a partir do momento em que, por ausência de interação dos contrários, fazemos intervir um terceiro princípio que serve de suporte para a relação dos dois primeiros, somos levados a fazer intervir um quarto elemento, enquanto "fator externo", que serve de causa eficiente da transformação. Assim é introduzida, em consequência do substrato-sujeito, a necessidade de um "motor" (*to kinoun*). A "matéria", por um lado; a "forma", que é também o "fim", por outro; e mais o "motor": a partir daí a teoria das quatro

---

73 Aristóteles, *Metafísica*, L, 1069b-1070a (trad. Tricot, p.648).

François Jullien

causas está completa e parece evidente. Em outras palavras, a *episteme* ocidental está pronta.*

Porque, ainda que seja ao rompimento com a autoridade das teorias de Aristóteles que a ciência ocidental, sobretudo a partir do Renascimento, deva seu desenvolvimento, a elaboração das representações gregas, cujo resultado é o pensamento aristotélico, parece, por contraste com a China, ter servido de articulação de base – até na crítica a que levou desde então, no nível da explicitação teórica – para o empreendimento de conhecimento a que se dedicou o Ocidente: empreendimento, afinal de contas, muito peculiar (em suas escolhas), apesar da influência, em comparação com as outras culturas, que veio a exercer em seguida.

O que deveria nos estimular a reler nossa filosofia de fora e, ao invés de desfiar sempre a mesma história, ir além de suas primeiras operações lógicas, até seu fundamento não consciente. E procurar, nesse *montante*, a ligação que o sistema de causalidade tem com o "preconceito" da substância. Porque, uma vez que a "física" se faz substancialista, a ordem estática é insuficiente para explicar a ordem dinâmica e, por isso, é preciso que haja um motor. Em sentido

---

* Essa noção de *episteme* é tomada aqui no sentido de Foucault, mas dirigida contra Foucault: uma vez que a configuração discursiva, constitutiva da *episteme*, que se revela a partir do ponto de vista da "heterotopia" de uma outra cultura (como da China em relação à cultura europeia), está relacionada a um tempo longo e nos leva mais uma vez a recorrer a uma representação tão criticada por Foucault como a de tradição. (Mas os últimos trabalhos de Foucault sobre a história da sexualidade também não significaram, de certa maneira, nos fazer reconhecer esse tempo longo?)

A propensão das coisas

inverso, o pensamento chinês que se dispensa de pensar o sujeito é conduzido de forma igualmente lógica a fazer economia de uma causalidade externa. Dentro do dispositivo, a eficiência não vem de fora: ela é totalmente imanente. A ordem estática é ao mesmo tempo dinâmica, a estrutura do real é de ser em processo.

XII. Em todo o caso, somos tentamos a retomar a comparação por outro viés: a dinâmica que a física ocidental concebe como imanente à natureza não corresponde, de certo modo, à tendência inerente ao processo, o *che* chinês? "Em potência" – "em ato" (*dunamis – enérgeia*): foi exatamente por uma oposição desse tipo que fomos levados a interpretar, pelos quadros de nosso pensamento, a grande alternância que cadencia a visão chinesa do processo (ao tratar de "latência" e "atualização", cf. p.300). Aliás, essa comparação se vale de uma convergência mais geral. Sabemos que o pensamento chinês se distingue essencialmente do pensamento grego pelo fato de que não tendeu a pensar o ser (o eterno), mas o devir (a transformação). Ora, a noção de *em potência* é justamente o viés pelo qual o pensamento grego tentou sair da aporia do ser à qual o conduziram os elatas (o ser não pode derivar nem do "ser" nem do "não ser"), a fim de tornar pensável, nesse intermédio, graças a esse não ser relativo, a possibilidade mesma do devir (o que justifica, como consequência, voltarmos mais uma vez a Aristóteles, o pensador da *génesis*).

Comparação indispensável, portanto, visto que parece objetivamente a mais apta a revelar uma comunhão de implicações, a fazer coincidir as perspectivas. E, no entanto, mais

François Jullien

uma vez, a comparação não se sustenta quando é estreitada. Podemos até compreender melhor o que é a propensão chinesa quando a opomos à *dunamis* grega. De acordo com esta última, a atualização não decorre da própria "potência", mas da "forma" que serve de fim (*télos*) a ela: a "atualidade" é, portanto, ontologicamente superior à "potência", visto que é assimilável à forma, ao passo que a outra está ligada à matéria. É por essa razão que, segundo Aristóteles, "pode acontecer que a potência não passe ao ato".[74] Ao contrário, de acordo com a visão chinesa, a atualização é completamente dependente da potencialidade, encontra-se implicada nela, e o *che* é inevitável: os estágios do potencial e o atual são correlativos, transformam-se um no outro, tem paridade.

Essa primazia da causa final é tão generalizada no pensamento grego que influiu até na concepção dos movimentos naturais. Desde cedo, tanto pensadores gregos como pensadores chineses foram sensíveis, em sua explicação da natureza, ao fato de que certos corpos tendem a subir, enquanto outros têm propensão a descer: é porque "tais determinações [alto e baixo]", diz Aristóteles ao criticar a noção tão prezada pelos atomistas de espaço indiferenciado, "diferem não apenas por sua posição, mas também por sua potência".[75] Não temos aqui, no âmbito desse espaço físico estruturado de modo bipolar – alto e baixo – e em relação aos fenômenos de gravidade (concebidos como tendência inevitável), um equivalente possível da concepção chinesa

---

74 Aristóteles, *Metafísica*, L, 1071b (trad. Tricot, p.667).

75 Id., *Física*, IV, 208b (trad. Carteron, p.124); sobre esse assunto, cf. o estudo de Joseph Moreau, *L'Espace et le temps selon Aristote*, Padova, Antenore, p.70 et seq.

do dispositivo e sua propensão (uma vez que a "posição" tem aspecto de "potência" e a *dunamis* corresponde à *thésis*)? Mas, mesmo nesse caso, se o fogo tende naturalmente a subir e a pedra a cair (observe-se a diferença significativa a esse respeito, no que se refere à dimensão disposicional do *che*; cf. o exemplo chinês da pedra redonda no alto de uma encosta), é porque, segundo Aristóteles, sua "forma" (*eidos*) os destina a tal, conferindo-lhes um lugar próprio: mais uma vez, a tendência não é compreendida a partir de certa disposição funcional, mas teleologicamente. O que nos leva a individuar, para concluir, dois aspectos fundamentais pelos quais a concepção grega da tendência se distingue do pensamento chinês: por um lado, ela é conduzida a opor a tendência natural à espontaneidade – ao passo que o pensamento chinês os une; por outro, ela é levada a conceber a tendência como aspiração e desejo, o que resulta numa hierarquização do real e o orienta metafisicamente – ao passo que o pensamento chinês ignora os "graus do ser" e exime-se de um Primeiro Motor.

Diferentemente da geração natural e da fabricação humana, o terceiro tipo de advento do real, segundo Aristóteles, aquele que se dá sozinho e "por si mesmo" (*automaton*), não faz intervir nem forma nem fim: as propriedades naturais da matéria levam – sem coordenação da forma – ao resultado obtido comumente com intercessão desta última; a causa material dá-se por si mesma, sem ter um objetivo para alcançar. Contudo, para Aristóteles, refutando Demócrito, é excepcional que um concurso espontâneo de ações elementares possa simular a organização pela forma (enquanto a finalidade se traduz por efeitos constantes e regulares) e refere-se apenas a fenômenos muito inferiores dentro da ordem do real: geração de insetos, parasitas, minhocas...; ou então à mudança de direção de águas, à corrupção e podridão, ao crescimento de unhas e cabelo...[76] Dá-se *sponte sua* o que seria normalmente produzido *a natura*; trata-se, nesse caso, de uma "privação de natureza" (*steresis phuseos*), do mesmo modo que os fatos fortuitos devem ser concebidos como uma "privação de arte". Na explicação causalista da filosofia ocidental, a espontaneidade é mencionada apenas residualmente. Ao contrário da tradição chinesa, que, como vimos, não somente concebe o natural à maneira da espontaneidade, como também faz desta última o ideal tanto do curso do mundo quanto da conduta humana. É lógico que, na visão ocidental, baseada na hierarquização ontológica, o valor supremo consiste numa alforria da ordem da causalidade material e culmina na liberdade. Mas também é lógico que, na concepção chinesa do dispositivo, o valor supremo consiste na espontaneidade da propensão, quando o dispositivo funciona sozinho, por si mesmo e, portanto, de forma regular: toda alforria individual em relação a essa automaticidade do grande funcionamento das coisas deve ser banida, qualquer jogo dentro do dispositivo constituiu uma irregularidade – por isso o pensamento chinês não pensou a liberdade.

Mas que tensão anima o real, a nosso ver, já que o dinamismo não pode nascer da interação dos polos, como na

---

76 Aristóteles, *Física*, II, 196a-198a (trad. Carteron, p.69-74); *Metafísica*, A, 984b (trad. Tricot, p.35, cf. nota 2), e Z, 1032a (trad. Tricot, p.378 et seq.); *Das partes dos animais*, I, 640a (ed. Le Blond, p.87, e nota 34).

A propensão das coisas

visão chinesa? Essa contrariedade inicial da qual partiram ambas as tradições, como vimos, foi convertida por Aristóteles numa relação desigual entre "forma" e "privação": o terceiro princípio, a matéria-sujeito, tende para a forma como para seu bem — do mesmo modo que "a fêmea com relação ao macho" (ou o feio com relação ao belo).[77] Portanto, a tendência, por intermédio do real, não é concebida, como na China, à maneira objetiva e inevitável da propensão, mas ao modo subjetivo e teleológico do "desejo" e "aspiração" (*ephiesthai kai oregesthai*). No topo da hierarquização do real, essa tendência se polariza em Deus, concebido como Primeiro Motor: este, ao cabo de todo encadeamento causal, "move sem ser movido", não age mecanicamente (do contrário teríamos de recuar ainda mais nas origens da causalidade), mas, segundo a célebre frase, age pelo "desejo" (ou "amor") que suscita (*kinei hos eromenon*).[78] Todo outro ser que é apenas em potência *tende para o Ser* o mais plenamente possível, aspira a sua eternidade: pela rotação circular, no nível superior da esfera dos Fixos, e, na base do escalão, pela simples perpetuação da espécie, pela transmutação recíproca dos elementos e pelo equilíbrio das forças físicas. Deus, *ens realissimum*, Ato e Forma puros, serve de *polo único* para todos os movimentos e transformações do mundo, de modo que o céu e toda a natureza "dependem dele": ao contrário, no sistema bipolar que é o do pensamento chinês, movimentos e transformações naturais decorrem sempre de uma lógica imanente, não derivam de uma *enérgeia* divina e

---

77 Id., *Física*, I, 192a (trad. Carteron, p.49).
78 Id., *Metafísica*, L, 1072b (trad. Tricot, p.678).

não tendem a nada além da renovação contínua do processo. A tendência não é nunca orientada de outro modo que não seja por sua implicação inicial, e não culmina jamais nessa anulação absoluta de toda tendência que, por eliminação de toda matéria e toda potência, define Deus. De um lado, a tendência foi concebida tragicamente como expressão de uma carência: motivada por insuficiência de ser – sede de unir-se a Deus; de outro, é percebida positivamente como o motor interno da regulação e justifica-se plenamente pela lógica do funcionamento.

O "supremo desejável" é também o "supremo inteligível": a sabedoria grega que decorre dessa aspiração ao Ser é imitar Deus em sua vida eterna e perfeita, pela prática libertadora da contemplação – única fonte de beatitude. Na China, a sabedoria também é imitar o Céu, mas para conformar-se a seu dispositivo, deixar-se levar proveitosamente pela espontaneidade de sua propensão e confundir-se com a razão das coisas.

Conclusão III
Conformismo e eficácia

I. Dois modelos de realização humana vieram até nós da Grécia Antiga e contribuíram para moldar nossa aspiração ao Ideal. Primeiro, o de um engajamento heroico na ação – concebido à maneira trágica: quando o indivíduo decide intrometer-se pessoalmente no curso das coisas e assume resolutamente essa iniciativa, apesar de todas as forças contrárias que encontra no mundo, ou se arriscando a deixar-se esmagar e arrastar por elas. Segundo, o de uma vocação para a contemplação – concebida à maneira filosófica e religiosa: tendo desvendado as ilusões do sensível, tendo compreendido que tudo neste mundo está condenado, porque é efêmero, a alma aspira às verdades eternas e concebe o "Bem soberano", e, portanto, a "felicidade", apenas num mundo do Inteligível, aproximando-se do absoluto divino.

Ora, o pensamento chinês antigo preocupou-se prioritariamente em evitar o *confronto*, extenuante e estéril, e concebe a partir da lógica de funcionamento por correlação, identificada no interior dos processos objetivos, o modelo de uma eficácia que é a única que vale no plano humano.

François Jullien

Ele também ignorou a *dúvida a respeito do sensível* da qual derivou nossa oposição entre aparência e verdade, e que orientou nossa atividade filosófica no sentido de uma construção abstrata, com finalidade descritiva e desinteressada. Para o pensamento chinês, não há o plano do conhecimento de um lado e o plano da ação de outro: sábio é aquele que, alcançando a intuição do dinamismo implicado no curso das coisas (e explorado como *Tao*), abstém-se de ir contra ele e tende a deixá-lo operar – em todas as situações – o mais plenamente possível.

II. A prova é o que aprendemos sobre a palavra *che*. Porque esta não é em absoluto marcada pela dissociação que opõe a prática à teoria, não se afasta jamais de seu sentido original e serve sempre para a concepção, pela ótica de um *modo de usar*, dos processos dos quais visa prestar contas. Porque os princípios do dinamismo, através do real, são, no fundo, sempre os mesmos: ele pode servir tanto para a análise da natureza como da História, tanto no campo da gestão política como da criação artística. Porque a realidade se apresenta sempre como uma situação particular, decorrente de uma *disposição* própria e levada a exercer certo *efeito*: cabe não apenas ao estrategista, mas também ao político, ao pintor, ao escritor, "apoiar-se no *che*"[1] (encontramos a mesma fórmula em todos os domínios) a fim de explorá-lo segundo sua potencialidade máxima.

Portanto, se o pensamento chinês não propende para a especulação, em compensação inclina-se – e desde muito

---

1 *Cheng shi* 乘势。

A propensão das coisas

cedo – à sistematização. Na medida em que tende a excluir o máximo possível qualquer forma de intervenção externa (como modo supremo da causalidade que, nesse estágio, escapa a nossa percepção: tanto "Deus" enquanto Primeiro Motor da natureza como o "destino" na guerra ou a "inspiração" na poesia), ele é conduzido a conceber a realidade como um *sistema* fechado, *evoluindo* em função apenas do princípio de interação e necessariamente remetendo a uma dualidade de polos. Essas duas instâncias constitutivas de todo dispositivo, ao mesmo tempo opondo-se entre si e funcionando correlativamente uma em relação à outra, são encontradas em todos os níveis da realidade: da relação entre *yin* e *yang* (ou Terra e Céu) na ordem da natureza à relação entre soberano e sujeito (ou homem e mulher) na ordem da sociedade; ou ainda, da relação entre alto e baixo (ou denso e leve, lento e rápido...) na arte da escrita à relação entre emoção e paisagem (ou vazio e cheio, tom "plano" e tom "oblíquo"...) na composição poética... Do sistema bipolar decorre a *variação* por *alternância*, como tendência ao engendramento implicado pelo dispositivo, e é ela que permite ao "real", seja ele qual for, continuar a advir. Podemos encontrá-la tanto inserida no relevo como cadenciando o tempo: podemos observá-la no encadeamento de montanhas e vales da paisagem; podemos segui-la no desenrolar dos períodos de florescimento e declínio do curso da História. Oscilando de um polo a outro, tudo se transforma e renova: é o que o estrategista toma como exemplo, passando de uma tática a seu contrário de maneira tão flexível quanto o corpo de um "dragão-serpente" – com o intuito de manter sempre vigoroso seu poder de ataque; é o que o poeta toma como exemplo, fazendo o texto poético "ondular" como as "pregas de um papel pintado" – para manter sempre viva a expressão de sua emoção.

O que temos aqui é uma concepção absolutamente geral, já que vale tanto para o grande processo do mundo quanto para as atividades humanas, diz respeito tanto à ordem da *phusis* quanto da *tekhne*: pintor ou poeta, aquele que "cria o *che*" apenas explora por conta própria, e por uma intermediação particular, a lógica que preside toda existência – e que compete a ele justamente revelar. Mas ao mesmo tempo que é comum, esse modelo permite uma apreensão *particular* e nuançada. Visto que é a situação que está em questão e, em cada caso, a cada instante, ela é diferente e evolui continuamente, a propensão que rege e faz advir o real é necessariamente singular e nunca se repete. "O real" nunca é fixado, escapa do estereótipo, e é exatamente isso que o preserva como realidade. A única exceção é o *che* tal como desejaram fixá-lo os autoritaristas legistas, preocupados em obstruir o dispositivo do poder e impedir qualquer risco de evolução. Mas, de sua parte, a arte e a natureza renovam incessantemente seu próprio dispositivo e, por isso, possuem uma dimensão de insondável ou "maravilhoso"[2] que ultrapassa qualquer explicação racional – ao mesmo tempo generalizante e simplificadora. Por isso também é que não se pode tratar do *che* de forma abstrata. O pensamento chinês, ao mesmo tempo que é profundamente unitário, assinala-se por seu sentido íntimo do concreto.

---

2 *Miao* 妙。

A propensão das coisas

III. Concebendo o real como um dispositivo, os chineses não são conduzidos a remontar a série, necessariamente infinita, das causas possíveis; sensíveis ao caráter inelutável da propensão, tampouco são levados a especular sobre os fins, apenas prováveis. Não lhes interessa nem as narrativas cosmogônicas nem as suposições teleológicas. Nem contar o início nem imaginar um desfecho. O que existe, desde sempre e para sempre, são interações em ação, e o real é apenas o incessante processo destas. Portanto, não é o problema do "ser" que os chineses se colocam, segundo sua concepção grega, em oposição ao mesmo tempo ao devir e ao sensível, mas o da capacidade de funcionamento: de que procede a eficácia que se constata em ação no real e como aproveitá-la da melhor maneira possível?

A partir do momento em que se concebe por princípio, como fazem os chineses, que toda oposição *age correlativamente*, toda visão antagonista se dissolve, não há mais drama possível da realidade. Recordamos que, mesmo no caso do dispositivo estratégico, aquele em que, em face do inimigo, o aspecto mais marcado é o de conflito, os pensadores chineses aconselham que se evolua adaptando-se completamente aos movimentos do adversário, em vez de atacá-lo com brutalidade: de modo que se possa aproveitar o dinamismo desse "parceiro", enquanto ele o tiver, para deixar-se renovar por ele – à custa do outro, portanto, e sem custo nenhum para si mesmo – e assim manter, tão inteira quanto no início, sua própria energia. Se todo ataque frontal causa desgaste e, além do mais, é arriscado, basta responder e reagir sempre à incitação do outro, como a água adaptando-se incessantemente às variações do relevo, para

François Jullien

ver conservado seu dinamismo e permanecer em segurança (e esse *sempre* é fundamental, porque qualquer quebra no processo de correlação, fazendo-nos independente do outro, nos deixaria por conta própria e numa posição em que o adversário, encontrando-nos face a face e desconectados dele, tem de novo domínio sobre nós e pode vencer.)

A "razão prática" na China, portanto, é abraçar a propensão para nos deixar levar por ela e fazê-la agir por nós. Não existe alternativa entre o Bem e o Mal (ambos têm estatuto ontológico), mas apenas entre o fato de "ir no sentido" da propensão, e tirar proveito dela, ou, ao contrário, "ir de encontro" a ela e arruinar-se. Porque o que vale para o estrategista vale também para o Sábio. Ele não abstrai de uma codificação momentânea do real uma norma que possa ser colocada como objetivo para a vontade (como mandamentos e regras de conduta), mas "conforma-se"[3] à iniciativa do curso contínuo das coisas (o "Céu" como Fundo inesgotável do Processo) para conectar-se a sua eficiência; de um ponto de vista subjetivo, não visa afirmar sua liberdade, mas segue a inclinação do bem que existe embrionariamente na consciência (como sentido da solidariedade das existências: o *ren* confuciano) para elevar-se a uma perfeita moralidade. Longe de querer reconstruir o mundo segundo uma ordem qualquer, tentar imprimir nele seus próprios planos, forçando o curso das coisas, ele apenas responde e reage à incitação do real: não de maneira parcial e pontual, porque interesseira, mas global e contínua, portanto necessariamente positiva; e é por isso que seu poder de transformação sobre

---

3 *Shun* 顺。

o real não conhece entraves ou limites. Ele não "age", não faz nada por si mesmo (a partir dele mesmo), e sua eficácia é proporcional a sua não ingerência: pois de sua correlação com o real abarcado em sua totalidade resulta um poder de influência que pode ser ao mesmo tempo invisível, infinito e perfeitamente espontâneo.

Com relação à ação ou causalidade, que são transitivas, não existe eficácia que não seja intransitiva, e o "Céu" — que se erige em Transcendência em relação ao horizonte humano — é apenas a totalização — ou absolutização — dessa imanência.

Como se admirar, então, que o pensamento chinês seja tão profundamente *conformista*? Quero dizer, que não tente distanciar-se do "mundo", não questione o real ou nem mesmo se surpreenda com ele. O pensamento chinês não precisa de mitos — e nós, de nossa parte, sabemos que os mais loucos são os mais sólidos — para salvar a realidade do absurdo e dar-lhe sentido. Em vez de inventar *mitos* que tentam explicar, por uma fuga fabulosa, o enigma do mundo, ele criou *ritos* cuja missão é encarnar e exprimir por símbolos, no plano da conduta, o funcionamento inerente a sua disposição. O real não nos provoca enquanto interrogação, mas oferece a si mesmo, desde o princípio, como um processo confiável. Não deve ser decifrado como um mistério, mas elucidado em sua *marcha*: do mesmo modo que o "sentido" não deve ser projetado no mundo para satisfazer à expectativa de um eu-sujeito, mas decorre inteiramente — e sem exigir ato de Fé — da propensão das coisas.

Da tensão monopolizante do Ideal surgem o Santo ou o gênio — Prometeu, "ladrão do fogo", mártir realizado. Entre

François Jullien

a angústia do abandono e o entusiasmo do Encontro, do desespero do nosso nada ao júbilo de um "deus em nós" começa uma busca febril e apaixonada. Ao contrário, da bipolaridade do sistema decorrem a centralidade e o equilíbrio – daí nasce a serenidade; assim como da alternância, que assegura a constância do funcionamento, brota o ritmo vital. Toda abertura para um Fora, em vez de provocar uma efusão sem fim, em vez de conduzir ao desvario do êxtase, é compensada por um cerramento – que cria processo e faz respirar. Não há por que inventar uma moral que tende à superação. Entre alegria e estremecimento, não há por que inventar uma salvação. Basta conciliar-se com a transformação – que é também sempre regulação e contribui para a harmonia.

SOBRE O LIVRO

Formato: 14 x 21 cm
Mancha: 23 x 44 paicas
Tipologia: Venetian 301 12,5/16
Papel: Off-white 80 g/m² (miolo)
Cartão Supremo 250 g/m² (capa)

1ª *edição Editora Unesp*: 2017

EQUIPE DE REALIZAÇÃO

Edição de texto
Diego Amorim (Copidesque)
Tomoe Moroizumi (Revisão)

Capa
Tatiana Josefovich

Editoração eletrônica
Eduardo Seiji Seki

Assistência editorial
Alberto Bononi

Impresso por :

gráfica e editora

Tel.:11 2769-9056